ALGUÉM COMO...
ADELE

Caroline Sanderson

ALGUÉM COMO...
ADELE

Tradução:
Barbara Menezes

MADRAS®

Publicado Originalmente do inglês sob o título *Someone Like...Adele*, por Omnibus Press.
© 2012, Omnibus Press.
Direitos de edição e tradução para o Brasil.
Tradução autorizada do Inglês.
© 2012, Madras Editora Ltda.

Editor:
Wagner Veneziani Costa

Produção e Capa:
Equipe Técnica Madras

Pesquisa de Imagens:
Jacqui Black

Tradução:
Barbara Menezes

Revisão da Tradução:
Ricardo Nascimento Barreiros

Revisão:
Aparecida Pereira S. Maffei
Letícia Pieroni

Dados Internacionais de Catalogação na Publicação (CIP)
(Câmara Brasileira do Livro, SP, Brasil)

Sanderson, Caroline
  Alguém como – : Adele/Caroline Sanderson;
tradução Barbara Menezes. – São Paulo: Madras, 2012.
  Título original: Someone like Adele.
  ISBN 978-85-370-0791-4
  1. Adele 2. Cantoras – Inglaterra – Biografia
  I. Título.

  12-08556   CDD-780.092

  Índices para catálogo sistemático:
  1. Cantoras inglesas: Biografia 780.092

É proibida a reprodução total ou parcial desta obra, de qualquer forma ou por qualquer meio eletrônico, mecânico, inclusive por meio de processos xerográficos, incluindo ainda o uso da internet, sem a permissão expressa da Madras Editora, na pessoa de seu editor (Lei nº 9.610, de 19.2.98).

Todos os direitos desta edição, em língua portuguesa, reservados pela

MADRAS EDITORA LTDA.
Rua Paulo Gonçalves, 88 – Santana
CEP: 02403-020 – São Paulo/SP
Caixa Postal: 12183 – CEP: 02013-970
Tel.: (11) 2281-5555 – Fax: (11) 2959-3090
www.madras.com.br

Quando você era jovem
e estava por conta própria,
como se sentia
estando sozinho?

"Only Love Can Break Your Heart"
Neil Young, 1970

É melhor quando algo está errado.

"Right As Rain"
Adele, 2008

Nota do editor internacional:
Fizemos todos os esforços para cumprir os requerimentos no que diz respeito aos direitos autorais do material.
Os autores e editores retificarão, prontamente, quaisquer omissões.

Agradecimentos

Meu muito obrigada a todos da Omnibus Press; Mathew Lyons pela edição criteriosa e paciente; minha agente Sarah Such por sempre ser sábia e incentivadora; Jon Scott pelas observações musicais; Sarah Scott pelos cafés e bate-papos; Nikki Michael pelo apoio técnico; Anne Joseph e Jane Bailey pelo apoio na escrita e os bons conselhos; Christina Stead por ser "My Same"; Kane's Records em Stroud por ser uma ótima loja de álbuns *indie*; David, Alexander e Julia Brookes pela vida e a alma e por serem fãs leais.

Índice

Prólogo	Há Algo na Maneira como ela Canta	11
Capítulo 1	Sonhos	14
Capítulo 2	Saem Pássaros Azuis	24
Capítulo 3	*19*: Sobre um Garoto	40
Capítulo 4	Correndo Atrás de Calçadas	57
Capítulo 5	E o Prêmio Vai Para	70
Capítulo 6	Bolsas e Roupas	86
Capítulo 7	Dias de Cão	98
Capítulo 8	Tristeza na Califórnia	105
Capítulo 9	*21*: Sobre uma Mulher	115
Capítulo 10	Dor Gostosa	136
Capítulo 11	Pouca Voz	152
Capítulo 12	O "Grande" Problema	165
Capítulo 13	O Segredo do Seu Sucesso	170
Capítulo 14	Garota da Realidade	178
Epílogo	Quando todos se importavam	188
Observações Sobre as Fontes		190

Prólogo

Há algo na maneira como ela canta

Estou de joelhos, de verdade.
Adele em "Someone Like You"
Terça-feira, 15 de fevereiro de 2011

Foi a música que subiu ao palco e dominou-o naquela noite. Não precisou estourar com palavrões ou grosserias. Nem contar piadas ensaiadas. Nem fazer pegadinhas de bêbado e jogar insultos descuidados aos rivais. Tudo de que precisou foi alguém como Adele.

Logo depois das acusações de que sua premiação anual extravagante havia se tornado não apenas "tediosa, constrangedora e irrelevante" mas também uma "relíquia ultrapassada", a indústria fonográfica britânica decidiu fazer algumas mudanças para 2011. A 31ª cerimônia do Brit Awards iria para o leste, trocaria o Earls Court pela O2 Arena; um novo troféu – uma estatueta da Britânia enrolada na bandeira do Reino Unido, criada por Vivienne Westwood – iria para casa com os vencedores; e o foco do evento passaria das gracinhas das celebridades que apresentam a cerimônia para os shows dos artistas mais comentados da noite. "Estou desesperado para que a premiação seja mais séria. Quero que se dedique fundamentalmente à música", afirmou o novo presidente dos Brits e CEO da Universal Music UK, David Joseph, ao *The Guardian*.

Na fila para se apresentar na cerimônia – que seria apresentada pelo ator e comediante James Corden –, estava um elenco de estrelas, formado pelos recém-coroados vencedores dos prêmios de 2011:

Rihanna, Mumford & Sons, Plan B, Arcade Fire, Tinie Tempah, Cee Lo Green, Paloma Faith e Take That.

E havia Adele, que não fora indicada a nenhum prêmio.

Take That pisou no palco atrás de um pelotão da polícia de choque que exibia a marca "TT".

Adele era esperada no palco apenas por um pianista.

E ela simplesmente cantou. E havia verdade em cada palavra. E o efeito em todos que a assistiam era tangível.

Sua voz enfeitiçadora espalhou-se para todos os cantos do enorme teatro e silenciou todos que estavam lá. Toda a plateia, todas as celebridades, todos os executivos do mundo da música.

Em cinco minutos hipnotizantes, Adele fez o público lembrar o poder da música de embasbacar aqueles que a ouvem e de fundir-se diretamente com as emoções deles, de uma maneira que nenhum outro meio consegue. Quando "Someone Like You" chegava ao fim, sua a voz tremeu de puro sentimento e ela pareceu arrancar as lágrimas dos olhos das pessoas. Lágrimas que vinham de memórias criadas pela própria Adele.

Quando Adele cantou, todo o resto – o champanhe, as armadilhas do *rock'n'roll*, a postura empertigada e coreografada, até os próprios prêmios – se desfez e evaporou na noite; os sons e fúrias tinham uma importância menor, muito menor do que aquilo.

Os Brits haviam recuperado um pouco da integridade e Adele tinha se transformado em uma superestrela. Os elogios à sua apresentação foram arrebatadores e quase universais.

"Uma apresentação virtuosa de Adele com sua canção 'Someone Like You' extasiou e encantou a arena com a mesma intensidade", entusiasmou-se o *The Guardian*.

"Embora o O2 tenha ampla capacidade para pirotecnia e elencos de centenas de artistas nas apresentações do Brit, a simplicidade da canção de Adele – apenas um vocal ao vivo e perfeito acompanhado por um piano – colocou os convidados em pé, admirados", relatou o site da *BBC News*.

"Adele roubou a cena no Brit Awards de ontem", pronunciou o *The Mirror*.

"Adele surpreendeu a todos sem firulas, apenas um piano, sua voz maravilhosa e uma supercanção", enalteceu o *Daily Telegraph*.

E não foram somente os críticos que se impressionaram. Logo após a apresentação de Adele nos Brits, mais de 5,5 milhões de pessoas assistiram a ela no YouTube. "Someone Like You", lançada como *single* três semanas antes, pulou para o primeiro lugar. Com seu segundo álbum, *21*, já na primeira posição das paradas de sucesso, ela tornou-se a primeira artista viva desde os Beatles a ter dois sucessos entre os Top 5 nas duas paradas oficiais, a de *singles* e a de álbuns.

Mais tarde, Adele referiu-se ao dia 15 de fevereiro de 2011 como a "noite que mais mudou minha vida". É verdade que ela já havia tido outras noites que mudaram sua vida. Como a noite em que encontrou um CD de Etta James. A noite em que um amigo colocou suas primeiras músicas no Myspace. A noite em que apareceu no programa *Saturday Night Live*, no horário nobre dos Estados Unidos. A noite em que bateu na cara de um namorado infiel. E saiu correndo.

Porém, a noite do Brit Awards foi especial. Havia algo na maneira como ela cantou.

Alguém como você. Ninguém exatamente como Adele.

Esta é a história dela. Até agora.

Capítulo 1

Sonhos

Eu me ensinei a cantar.

Adele, 2008

Esta é uma história de glória para a cidade natal. Ela começa em North London, na área postal N17 para sermos precisos. Famosa pelo seu time de futebol da liga principal, o Spurs, Tottenham é uma das áreas com maior diversidade étnica de Londres; está apenas cerca de dez quilômetros ao norte do brilho e das luzes do West End, mas poderia estar centenas de quilômetros longe de lá. Embora tenha sido o lugar onde Henrique VIII uma vez caçou, em suas florestas há muito desaparecidas, a história recente dessa parte desprovida de Londres tem muito menos a ver com a realeza. Ela tem a taxa de desemprego mais alta de Londres e uma das maiores do Reino Unido. Considerada um local propício para gangues e crimes com arma de fogo, Tottenham é também há muito tempo um caldeirão de tensões entre a comunidade afro-caribenha e a polícia. No verão de 2011, a desordem espalhada pelo país teve como gatilho a morte de um homem mestiço com tiros vindos de oficiais da polícia metropolitana em Tottenham.

Foi nessa área problemática da capital britânica que Adele Laurie Blue Adkins nasceu, em 5 de maio de 1988, no North Middlesex Hospital. Sua mãe "pseudoartista", Penny Adkins, tinha 18 anos e era solteira. "Ela engravidou na época em que entraria na faculdade, mas decidiu ter o bebê", Adele contou mais tarde. Embora o nome não apareça na certidão de nascimento, seu pai é Mark Evans, "um galês enorme que trabalha em navios e essas coisas". Evans participou brevemente da vida de Adele enquanto ela crescia, mas ela tinha a família da mãe à sua volta e não sentia falta daquilo que mal conhecia. "Eu tinha uns 30 primos que moravam perto, então, eu ia visitá-los. Sempre brigávamos e detestávamos compartilhar as coisas. Depois, eu voltava para o meu quarto bem-arrumado e meus brinquedos bem-cuidados e ninguém disputava a minha Barbie. Era como ter o que há de melhor em duas situações diferentes", ela relembra. Foi uma época boa. "Não tínhamos dinheiro. Porém, tive a melhor infância do mundo." Esse início de vida um pouco caótico, com boas companhias e ao lado da família, sem dúvida, contribuiu para formar sua personalidade sensata, que seria tão importante para o seu futuro sucesso.

Adele conta que era obcecada por vozes desde os 3 anos, uma idade da qual a maioria das pessoas mal se lembra: "eu costumava ouvir como os tons mudavam de nervosos para animados, para alegres, para tristes". Foi sua mãe quem a levou para assistir ao seu primeiro show quando criança, era o The Cure no Finsbury Park. The Cure, uma banda pós-punk com nuances góticas, cujas letras tinham a tendência de serem obscuras e atormentadas, havia conquistado o *status* de *cult* entre fãs leais ao longo dos anos. Mais tarde, Adele iria incluir uma versão triste e emocionante da música "Lovesong" da banda em seu segundo álbum, *21*, em tributo àqueles dias. Os shows são as memórias mais antigas de Adele. Ela também se lembra da mãe entrando com ela escondida em um show da The Beautiful South na Brixton Academy. "Foi um show incrível, muito barulhento, mas verdadeiramente fantástico", ela relembra. "Eu era tão pequena que não conseguia ver nada, mas tinha um fisiculturista perto de nós, então, minha mãe me colocou nos ombros dele e eu consegui assistir sem problemas."

E houve também um show da East 17 quando ela tinha 6 anos. Sua paixão pela *boy band* de Walthamstow durou pelo menos até ter 18 anos, quando ela foi ao show de reunião da banda em 2006 no Shepherd's Bush Empire. "O melhor show do mundo!", este foi o veredicto de Adele para a revista *Q*.

Penny – massagista treinada, artista e artesã de móveis, e um pouco *hippie* – não apenas expôs a filha a todos os tipos de música levando-a para shows desde pequena. Ela também tinha grande interesse em incentivar a proeza vocal precoce de Adele, arrumando todos os abajures da casa para criar um foco de luz na filha. A cena era um estranho presságio de como seria o palco para a turnê "Adele Live", 18 anos depois, com abajures vintage e o clima de sala de estar.

Aos 5 anos, no horário em que a maioria das crianças estava na cama, Adele também tinha permissão para subir na mesa durante jantares e divertir os convidados com sua interpretação de "Dreams", um sucesso emocionante e cativante de Gabrielle, que chegou ao primeiro lugar no Reino Unido em 1993. Gabrielle, vencedora do Brit Awards, era uma tocante cantora e compositora negra de um distrito próximo, Hackney, que foi o primeiro ídolo vocal de Adele. Como parte de sua imagem glamorosa, mas nada convencional, Gabrielle usava um tapa-olho de lantejoulas pretas para disfarçar uma pálpebra caída. Era uma declaração de estilo que Adele tentaria usar quando cantou pela primeira vez em público em um show da escola, ao interpretar o sucesso seguinte de Gabrielle, "Rise". "É constrangedor; minha mãe fez para mim um tapa-olho de lantejoulas, para que eu me parecesse com Gabrielle", ela contou ao *The Sun*. "Eu costumava entrar em confusões e usá-lo na escola, dizendo 'machuquei meu olho'." Porém, ela logo deixou o tapa-olho de lado, quando as inevitáveis provocações começaram.

Outra importante influência inicial da jovem Adele foi a banda de garotas Spice Girls. "Embora algumas pessoas não as achem legais, nunca terei vergonha de dizer que amo as Spice Girls porque elas me fizeram ser quem sou", afirmou. "Eu me interessei por música no auge da fama delas, quando elas estavam no topo." Formada em 1994, a banda Spice Girls foi um fenômeno *pop*; seus famosos apelidos (Scary, Baby, Ginger, Posh e Sporty) faziam com que as cantoras fossem imediatamente identificadas pelos jovens e impressionáveis fãs. Apesar de, com frequência, sofrerem críticas de serem fabricadas e não terem nenhum talento musical, o *slogan* constantemente propagado do grupo, "Girl Power" (poder feminino), com sua mensagem de poder, atraía meninas e adolescentes e tornou-se um mantra para milhões delas. "Foi por causa delas que eu quis me tornar artista. É óbvio que elas não são grandes cantoras e eu sabia disso quando tinha uns 7 anos. Mas o que fizeram foi incrível", ela relembrou.

Como muitas outras meninas da sua idade, as outras preferências musicais de Adele quando pequena foram as bandas de "*pop-chiclete*" que lideravam as paradas nos anos 1990, inclusive East 17 e All Saints. No entanto, mais uma vez graças à mãe apaixonada por música, ela também foi exposta a um espectro mais amplo de influências musicais do que muitas outras garotas. Penny ouvia Tom Waits, Jeff Buckley e 10.000 Maniacs, assim como The Cure. Cada compasso era internalizado pela jovem mente melodiosa de Adele Laurie Blue Adkins, e tudo foi parar na mistura musical que, mais tarde, faria dela uma artista tão encantadora. Sua impressionante abertura a todos os tipos de música era um traço que permaneceria com ela, conforme sua exposição a diferentes gêneros se ampliava.

Quando Adele tinha 9 anos, ela e a mãe mudaram-se para Brighton. Penny achava que a cidade litorânea pseudoartística seria um local melhor para ela seguir seus próprios interesses criativos. Adele, entretanto, odiou o lugar. "As pessoas pareciam muito pretensiosas e grã-finas e não havia negros lá", ela contou ao *The Times*. "Eu estava acostumada a ser a única criança branca na minha classe em Tottenham."

Felizmente, para Adele, a mudança não deu certo. Quando ela tinha 11 anos, já havia se mudado com a mãe de volta para a cidade natal, dessa vez para um apartamento em West Norwood, em South London. Nessa época, Penny também tinha conhecido o homem que se tornaria o padrasto de Adele.

Os novos amigos de Adele em South London adotaram uma onda *black soul* e logo a colocaram em contato com músicas do estilo *R&B* e similares, como Destiny's Child, Faith Evans, Lauryn Hill, Mary J Blige e P Diddy. Porém, como sempre, Adele não ficaria presa a um único tipo de música. Ela também se lembra de, aos 11 anos, acompanhar o álbum *Reload*, de Tom Jones, cantando emocionada com uma lata de *spray* corporal *Impulse* na mão e satisfeita com o efeito que produzia na mãe e no padrasto. "Eles falavam, minha nossa, você é uma cantora."

Ao entrar na adolescência, Adele fez muito mais descobertas musicais, e todas elas teriam um impacto formador nas suas futuras produções. Talvez a mais importante tenha sido a Pink, a atrevida cantora e compositora americana com toneladas de atitude e uma voz poderosíssima, cujo nome, dizem, foi cunhado em homenagem ao personagem Mr. Pink do primeiro filme de Quentin Tarantino, *Cães de aluguel*. Em novembro de 2002, Adele foi ao show de Pink na Brixton Academy, logo após o lançamento do segundo álbum da cantora americana, *M!ssundaztood*. "Nunca tinha escutado... alguém cantar daquela maneira ao vivo. Lembro-me de ter me sentido como se estivesse em um túnel de vento e a voz dela tivesse acabado de me atingir. Foi incrível", rememora Adele.

Também no show daquela noite estava um crítico da *NME*. "Embora Pink não pare por absolutamente nada para conseguir o reconhecimento que almeja, há uma diferença: ela faz isso nos seus próprios termos", ele escreveu. "Outras pessoas – os *popstars* e outros – fazem tudo o que lhes mandam fazer por uma chance de serem famosas. Porém, apenas a fama não é suficiente para Pink. Ela quer de verdade dizer alguma coisa." Talvez não tenha sido somente a voz de Pink que impressionou tanto Adele. Algo na seriedade da atitude dela com sua música também pode ter sido absorvida pela adolescente de 14 anos naquela noite.

Pois não é dramático demais dizer que uma nova filosofia musical estava prestes a nascer na jovem Adele. Ela foi inspirada por uma fonte de aparência tão inocente quanto um passeio em uma loja da HMV. "Eu estava tentando ser descolada, então gastava o tempo na seção de clássicos", ela relatou ao *The Sun*, relembrando aquela tarde que mudou sua vida. "Mas eu não era descolada de verdade... já que eu fingia gostar de Slipknot, Korn e Papa Roach. Assim, lá estava eu, com minha coleira no pescoço e calças *jeans* largas e vi um CD na cesta de ofertas." Era um álbum de Etta James e Adele o comprou apenas porque queria mostrar à cabeleireira a foto e ficar com o cabelo igual ao da cantora. Porém, ela também adorou a expressão do rosto de Etta James. "Você não ia querer provocá-la, ela era durona pra caramba."

"Assim, um dia, eu estava arrumando meu quarto e o encontrei [o CD] e coloquei para tocar. Quando ouvi a música 'Fool That I Am', tudo mudou para mim. Nunca tinha desejado ser cantora até ouvir aquela música."

Etta James, cantora americana de *R&B* agora com cerca de 70 anos, é provavelmente mais conhecida por sua versão do sucesso "I Just Want To Make Love To You" de 1954, de Muddy Waters, que apareceu em um comercial da Coca-Cola Diet para a televisão. Escrita por Willie Dixon, a canção ganhou versões de muitos artistas, entre eles os Rolling Stones, cuja regravação apareceu no primeiro LP da banda lançado no Reino Unido, em 1964. No entanto, foi a voz tocante e com uma levada de *blues* que fez a fascinada Adele se apaixonar perdidamente. "No início... adorei a aparência dela... seus grandes apliques de cabelo loiro e seus lindos olhos de gata!", ela contou à revista *Blues & Soul*. "Porém, depois de realmente ouvi-la... descobri que a interpretação dela era tão sincera que podia me convencer de que ela cantava diretamente para mim. Isso é algo que nunca encontrei em outro artista." Ou, como descreveu para a *Rolling Stone*, a voz de Etta James "tomou conta da minha mente e do meu corpo".

Acrescente a isso a pureza de tom e o extraordinário alcance vocal da lenda do *jazz* Ella Fitzgerald, que Adele também começou a ouvir por volta dessa época, e algo ficou profundamente cristalizado na pensativa adolescente de Londres. Ela havia encontrado seu coração musical. "As músicas das paradas de sucesso eram tudo que eu conhecia. Por isso, quando ouvi as Ettas e Ellas, vai parecer tão cafona, mas foi como um despertar", ela relembrou. "Foi como: ó, certo, algumas pessoas têm uma longevidade adequada e são lendas. Fiquei muito inspirada por, aos 15 anos, estar ouvindo músicas feitas nos anos 40. A ideia de que as pessoas poderiam lembrar minhas músicas dali a 50 anos foi um grande estímulo."

"Fool That I Am" iria se tornar um dos *covers* interpretados com mais frequência por Adele e foi selecionado para o lado B do seu primeiro *single*, "Hometown Glory". Ao apresentar a canção nos shows, Adele tem o costume de se referir a ela como "a minha música favorita".

A partir de então, embora ainda faltassem alguns anos para os shows com lotação esgotada, Adele começou a colocar em ação suas ambições musicais, incentivada por uma amiga de sua mãe, uma "cantora incrível tipo Faith Evans", que disse a Adele que ela tinha talento e devia seguir a carreira de cantora. Depois disso, "tudo meio que se encaixou". Adele começou a tocar violão e partiu para aprender baixo e um pouco de piano.

Apesar das regulares apresentações de músicas da Destiny's Child no *playground*, Adele estava ficando inquieta na escola comum de South London. Como disse ao *The Times*: "eles não me incentivavam de verdade. Eles não incentivavam ninguém. Eu sabia que queria uma carreira na música; mas, mesmo quando eu estava na 7ª série e queria ser cirurgiã cardíaca [sua 'vovó' morreu de doença cardíaca], eles também não me incentivavam. Era apenas 'tente terminar a escola e não engravidar'".

Assim, Adele matriculou-se na BRIT School em um distrito próximo, Croydon, depois de dar adeus a algumas ambições de Spice Girls que ainda lhe restavam. "Eu queria estudar na Sylvia Young (uma escola de teatro no centro de Londres) porque Emma Bunton (a Baby Spice) foi aluna de lá", ela contou à *Q*. "Mas minha mãe não podia pagar. Fiquei amarga e malcriada." Idealizada para alunos entre 14 e 19 anos, a BRIT School é a única escola gratuita de artes performáticas e tecnologia da Grã-Bretanha. Fundada pelo Estado, ela é especializada em educação e treinamento vocacional, tanto em artes performáticas e mídia quanto na arte, no *design* e na tecnologia presentes nas apresentações musicais e gravações. Adele participou de um dia de aulas abertas e foi exibida pela escola por uma aluna chamada Beverley Tawiah. "Ela me incentivou de verdade e era uma cantora fantástica. Eu pensei: 'é isso, vou estudar aqui'." Em uma curiosa sinergia de destinos, Tawiah mais tarde entraria na banda do futuro produtor de Adele, Mark Ronson.

Adele foi aceita na BRIT School em 2003. Em entrevista ao *The Guardian*, ela relembrou a escola como "um lugar cheio de crianças que dançam descalças em um prédio público gelado por oito horas sem parar. E, já que antes eu ia à escola com colegas preguiçosos e crianças mal-educadas e queria crescer para roubar outras pessoas, era verdadeiramente inspirador acordar todo dia para ir à escola com crianças que queriam mesmo ser produtivas em alguma atividade e queriam ser alguém". Mais ou menos na época em que ela começou a estudar na BRIT School, a cantina da escola tocava regularmente as músicas de uma ex-aluna que havia acabado de lançar seu primeiro álbum, chamado *Frank*.

Amy Winehouse não era a única ex-aluna da BRIT que havia conquistado um grande público. Embora a escola tenha o cuidado de destacar no seu *site* que não é um palco ou uma escola para a fama, sua lista de ex-alunos bem-sucedidos é impressionante, mesmo deixando de lado o nome de certa Adele Laurie Blue Adkins. Leona Lewis, Katie Melua e Kate Nash passaram por lá, assim como os formandos mais recentes Katy B e Joe Worricker. Não que Adele se lembre de todos os seus colegas, apesar de ter sido uma aluna que agregava as pessoas. "Essa Leona Lewis deve ter sido muito quietinha, pois não consigo me lembrar dela. E eu conhecia todo mundo lá", ela afirmou ao *The Sun* em 2008. "Eu adorava a escola, é um lugar ótimo e o incentivo que recebemos é fantástico. Alguns dos shows produzidos pela escola são incríveis, melhores do que os shows que estão em cartaz na cidade neste momento."

Isso não quer dizer que Adele fosse sempre ingênua quanto aos ditos talentos em exibição ao seu redor. "Alguns dos alunos são horríveis, muito ruins", ela comentou. "Todos querem ser cantores de *soul*! Eu sou a favor das pessoas que se desenvolvem, mas não das pessoas que passam quatro anos lá, começam quando são uma merda e vão embora quando são ainda piores."

De qualquer forma, era óbvio que Adele acreditava que havia pouco que a BRIT School pudesse ensiná-la em relação ao canto. "Ninguém na BRIT School me ensinou a cantar", ela disse, mais tarde. "Eu me ensinei a cantar ouvindo Etta James em casa. O que me ensinaram é como o mercado funciona."

Porém, ela quase estragou tudo. Adele quase foi expulsa da BRIT School por sua incapacidade de acordar de manhã. "Eu chegava à escola com quatro horas de atraso. Ficava dormindo. Eu não estava fugindo da escola, apenas não conseguia acordar", ela disse. A grande virada aconteceu com uma excursão para alguns dos alunos mais promissores da escola se apresentarem em um festival em Devon. Adele dormiu demais e perdeu a viagem. "Meu coração explodiu em meu peito. Foi horrível. Eu quase fui expulsa da escola por isso."

Apesar da quase expulsão, além da distração causada pelas crianças "fazendo piruetas na bosta do corredor", Adele – com a cabeça de volta ao lugar – usou seu tempo na BRIT School para aprender os macetes do lado prático da indústria musical: aprendendo a usar um estúdio de gravação, familiarizando-se com contratos e orçamentos e lendo a *Music Week*, a revista do mercado da música. Ficou claro que, pelo menos no que se refere aos negócios, ela não tinha a intenção de ser feita de boba. "A maioria dos artistas não entende nada disso", ela declarou mais tarde para o *The Times*. "As pessoas me chamam para assinar contratos agora e é uma piada. É mais ou menos assim: 'você entende essa palavra grande escrita aqui, Adele?'. E eu digo: 'na verdade, entendo sim. Significa que você está tentando me roubar'."

A determinação de Adele de controlar sua futura carreira também despertou nela o desejo de abrir as asas no campo criativo. Ela aprendeu a tocar piano, clarinete e violão. E, depois de anos cantando músicas de outras pessoas, Adele começou a escrever as suas. A primeira que ela compôs, aos 18 anos, foi "Hometown Glory", um comovente tributo à grande cidade que havia alimentado suas ambições musicais antes de qualquer outra. Uma das vizinhas de Adele em West Norwood naquela época era Shingai Shoniwa, agora vocalista da The Noisettes, uma banda de *blues-punk* barulhenta, famosa por seus shows explosivos. "Eu a ouvi tocar um saxofone muito agudo", relembra Shoniwa.

"Morávamos uma ao lado da outra no alto do prédio... Aquele lugar devia ganhar duas placas registrando nossa passagem por lá! Foram dias incríveis: ela tinha um piano e eu tinha uma bateria." Seria nesse apartamento no primeiro andar que Adele escreveria grande parte de seu primeiro álbum, *19*.

Mesmo naquela época, Adele tinha poucos sonhos de fama, se é que tinha algum. "Havia algumas pessoas na escola que forçavam a barra. Era fácil perceber que elas queriam muito aquilo. Adele nunca teve esse comportamento", contou Ben Thomas, colega de Adele e seu guitarrista há bastante tempo, à *Rolling Stone*. "Mas... todo mundo ficava em silêncio completo e êxtase quando ela se apresentava." Relembrando a passagem de Adele na BRIT School, a diretora musical Liz Penney disse que ela já era uma cantora muito habilidosa. "Seu empenho em ser compositora era evidente desde cedo. Com frequência, nós a víamos no corredor escrevendo letras de músicas, pegando o violão e aprendendo a fazer seu próprio acompanhamento."

Na seção de ex-alunos do seu *site*, a BRIT School declara: "é por isso que é tão importante sonhar... Porque grandes pessoas não podem se dar ao luxo de medirem a si mesmas pelo ponto de vista dos seus pares. Elas devem medir seus padrões pela qualidade de suas próprias visões... o que elas mesmas veem. Pessoas criativas criam seus próprios mundos".

Conforme seu aniversário de 18 anos e a vida adulta se aproximavam, Adele estava começando a fazer exatamente isso. Os sonhos podem virar realidade, como Gabrielle prometera quando Adele Laurie Blue Adkins era apenas uma criança. Agora, o palco para aqueles sonhos estava montado. Em pouco tempo, Adele começaria a revelar algumas das maravilhas criativas do mundo dela.

Capítulo 2

Saem Pássaros Azuis

Do jeito que alguns deles falaram sobre mim, seria de imaginar que eu fiz o Dark Side Of The Moon *ou algo do tipo!*

Adele, 2008

Adele formou-se na BRIT School em maio de 2006. Na sua festa de aniversário de 18 anos em um *pub* de Brixton no mesmo mês, ela se levantou e cantou algumas músicas. Na plateia estava Nick Huggett, responsável pelo departamento *Artists and Repertoire* (que cuida da busca de talentos e desenvolvimento artístico dos músicos) da gravadora XL Recordings.

Naquela época, era no departamento de *Artists and Repertoire* que Adele via seu futuro. "Eu queria ajudar outras pessoas a venderem CDs", ela contou à *Rolling Stone*. Talvez não fosse surpresa que ela ainda pensasse na sua desejada carreira musical em termos práticos. Até aquele momento, ela havia escrito apenas três músicas próprias: "Hometown Glory", "Daydreamer" e "My Same". Seu amigo Lyndon havia publicado *demos* das três músicas, gravadas em um projeto da escola, em um *site* de rede social ainda novo chamado Myspace, em 2005. Porém, desde então, a resposta havia sido um silêncio de morte.

E, então, uma cantora chamada Lily Allen, que também havia publicado discretamente *demos* de sete ou oito músicas no Myspace no final de 2005, começou a ganhar atenção. No início de 2006, as execuções das músicas dela aumentavam mais e mais e a Parlophone, a gravadora antes desinteressada de Lily, começou a ficar animada. À medida que a notícia do potencial do *site* para revelar talentos musicais antes desconhecidos se espalhava, outras gravadoras passaram a ir atrás dele. E aconteceu que a *demo* de Adele atraiu a atenção tanto da famosa Island Records quanto da respeitada e independente XL Recordings. A XL entrou em contato, mas, como nunca ouvira falar da gravadora, Adele achou, no início, que o *e-mail* viera de "algum pervertido da internet" ou, pelo menos, que se tratasse de uma pegadinha. Na verdade, como ela descobriria depois, a XL era o selo de vanguarda de artistas inconfundíveis como The White Stripes, MIA, Dizzee Rascal e Peaches, e estava vivendo um momento de sucesso. Olhando por esse lado, não parecia ser o lugar mais óbvio para uma ex-aluna da BRIT School.

Quando ouviu a *demo* de Adele no Myspace pela primeira vez, que um caça-talentos lhe havia recomendado, Nick Huggett estava em Barcelona com Dizzee Rascal. "Eu ouvi uma voz incrível e pensei 'uau, tem algo especial nessa garota', e fui investigar mais sobre ela." Preocupada com a organização da sua festa de aniversário e planejando fazer faculdade no Liverpool Institute of Performing Arts no outono daquele ano, Adele disparou uma resposta a outro *e-mail* de Huggett. "Você poderia não me mandar *e-mails*, por favor? Estou ocupada", ela se lembra de ter escrito. "E ele respondeu 'desculpe, só queria saber se você já tem representação'. E eu disse 'representação para o quê?', e ele respondeu 'você já tem contrato para gravar um álbum?'."

Como resultado, Adele finalmente concordou em marcar uma reunião com a XL e levou com ela seu amigo e guitarrista Ben Thomas, para lhe dar apoio moral. Ainda cética, achou que a XL poderia lhe oferecer um emprego como estagiária, mas logo percebeu que era mesmo na sua música que a gravadora estava interessada. "Foi quando sentimos uma puta alegria", ela contou mais tarde, com seu jeito direto.

Nick Huggett, que havia fundado a XL em Londres quando ainda era adolescente, recomendou Adele a Jonathan Dickins da September Management. Dickins tem um *pedigree* musical impressionante. Seu avô foi cofundador da *NME* e foi quem inventou de fato as paradas de sucesso *pop* dos anos 1950, e o pai de Dickins é agente de artistas como Bob Dylan e Diana Ross. No entanto, Adele alega que o motivo de ter assinado um contrato com ele foi o fato de ele a fazer rir; tanto que ela ficou "com a barriga dolorida no dia seguinte". A questão de ele também ter sido agente do seu amigo Jamie T, que Adele conhecera no Myspace, também pesou na decisão de trabalhar com ele. "Eu sempre gostei de Billy Bragg e achei que [Jamie T] parecia uma "versão das ruas" dele. Ele me mandou um *e-mail* para dizer que tinha adorado 'Hometown Glory' e pronto", disse Adele sobre a amizade deles.

Adele e Dickins também tiveram uma sintonia desde o início. "Eu ouvi e joguei algumas ideias e, no geral, simplesmente concordávamos", ele relembra. "Assinar um contrato com ela foi uma das coisas mais simples e fáceis que eu já fiz." Adele lembra-se principalmente das risadas; mas, de sua parte, Dickins estava convencido de que havia encontrado uma estrela. "Desde o começo, ficou claro que ela tinha um dom presenteado por Deus. Era a melhor voz que eu já tinha ouvido na vida." Ainda com apenas 18 anos, ela fechou o acordo com a XL Recording, em setembro de 2006.

Adele apresentou-se em alguns *pubs* no início de 2007 e, depois, fez uma turnê discreta pelo Reino Unido para abrir os shows de outro músico amigo seu do Myspace, o cantor e compositor de *rockabilly* Jack Peñate, sendo que já havia contribuído com os vocais para a música "My Yvonne" do álbum de estreia dele, *Matinee*. Segundo Peñate, ele e Adele se conheceram em um clube quando ela tinha 16 anos. "Nós nos conhecemos em um mundo sem nada de *glamour* e extravagância e ficamos amigos simplesmente por gostarmos das músicas um do outro no Myspace", ele declarou à BBC. "Somos bastante ligados."

Em troca, Adele fez sua homenagem a Peñate por tê-la apoiado desde o início. "Devo tanto ao Jack por todo o interesse que tenho gerado", ela confessou ao *The Sun*. "Conheci o Jack em um dos shows dele e a ligação foi imediata. Nós saímos e não dormimos por dois dias. Ficamos vagando por Chelsea e pela King's Road à procura de comida; foi muito divertido. Depois, ele me levou em sua turnê e me colocou na gravação do seu álbum. Ele esteve ao meu lado antes de qualquer outra pessoa."

Adele havia celebrado seu contrato para gravar um álbum com a família e os amigos no *pub* Duke of Wellington, em Notting Hill, Londres. Seu futuro parecia uma estrada para o sucesso. Porém, nesse mesmo *pub*, logo depois de cantar, ela havia sofrido um ataque de pânico e "ficado muito assustada": ela havia começado a ter noção da enormidade da tarefa criativa que tinha assumido. Em fevereiro de 2007, com a pressão do primeiro álbum para compor, Adele tinha apenas um repertório de quatro canções. Por oito meses após assinar o contrato, ela sentiu não ter nada sobre o que escrever. "Fiquei tonta com o contrato porque ele apareceu do nada", ela explicou. "Depois, conheci meu ex-namorado e terminei o relacionamento, e as músicas simplesmente fluíram." Em junho, ela havia escrito mais oito.

O rompimento do namoro aconteceu porque Adele descobriu que seu namorado de seis meses a estava traindo. "Fui ao *pub* [onde ele estava] e dei um soco na cara dele", ela relatou à *Rolling Stone*. "Fui expulsa de lá e, enquanto fugia correndo, a frase 'correndo atrás de calçadas' me veio à cabeça. Gravei minha voz cantando a frase no telefone, fui para casa e juntei três acordes." "O que aconteceu ao ex-namorado?" perguntaram a ela. "Ainda somos amigos. Sou grata, tirei um álbum de platina múltipla da situação e ele ainda trabalha em uma loja de telefones."

Apesar do coração partido, as coisas iam bem no campo musical. Com músicas suficientes para um álbum guardadas com segurança, o mês de junho também trouxe uma estreia na TV de importância indescritível para Adele. Desde os 4 anos de idade e por toda a infância, ela teve permissão da mãe para ficar acordada e assistir ao programa *Later... with Jools Holland* com ela nas sextas-feiras à noite. Atualmente em sua 39ª série, o programa de música da BBC2 que está há bastante tempo no ar – apresentado pelo genial ex-tecladista da banda Squeeze – teve início em 1992, por volta da época em que Adele começou a acompanhá-lo. A cada semana, ele reunia apresentações de artistas famosos em estúdio com *performances* daqueles menos conhecidos, mas que tinham talento. Por isso, foi um momento muito significativo para Adele quando, por causa da força da sua fita *demo*, ela foi convidada a se apresentar na edição de 8 de junho.

É notável o fato de que ela foi uma das primeiras cantoras a aparecer no programa sem ter um álbum lançado. "Quando nos apaixonamos por uma pessoa, temos de tê-la", disse o produtor do programa, Alison Howe, ao *The Guardian*. "Ela é um clássico. Não se encaixa em nenhum lugar; é simplesmente uma grande voz." Outros convidados do mesmo dia eram Paul McCartney e Björk.

Não fica difícil entender que uma estreia na TV ao lado de tais estrelas fosse uma perspectiva amedrontadora e Adele estava incrivelmente nervosa. "Quando minha mãe foi aos bastidores me ver, eu não conseguia nem abrir a boca", ela descreveu ao *The Times*. "Acho que ela ficou preocupada que eu caísse da cadeira ou desmaiasse ou ferrasse com tudo de alguma forma."

Adele tomou conta do palco, ou melhor, do estúdio. "Eles costumam colocar os artistas no meio do cenário, mas, por alguma razão, fui colocada no canto extremo, bem em frente à plateia, com a Björk à minha esquerda, o Paul McCartney à minha direita e minha mãe chorando na minha frente." Ela se ajeitou no banco, com o violão em punho, o cabelo preso para cima em um ângulo vistoso e, apesar do seu medo, extasiou o público com sua emocionada versão acústica de "Daydreamer".

"A apresentação dela foi simples e quase inocente", disse Alison Howe mais tarde. "É possível vê-la tremer às vezes... Percebemos seu nervosismo com o que ela estava prestes a fazer e a apresentação fica melhor por causa disso."

Adele continuou a fazer shows durante o verão e o início do outono de 2007, apoiando artistas como Jack Peñate e o cantor texano de estilo *folk* e *hippie* Devendra Banhart. E ela continuou a chamar a atenção da crítica. Em maio, havia se apresentado no Red Roaster Café em Brighton, participando do Great Escape Festival e inspirou um crítico a escrever um artigo memorável sobre ela afirmando que "quando ela abre a boca, saem de lá pássaros azuis".

Mais tarde, naquele mesmo verão, ela tocou uma seleção de músicas bem recebida no Glastonbury Festival. Em setembro, o *The Guardian* publicou um texto de Paul Lester indicando que Adele um dia seria uma grande estrela com o título "Cuidado Amy Winehouse!". Com uma leviandade inocente que fica macabra à luz do que nós sabemos agora, Lester escreveu que "do jeito que as coisas estão indo para Amy Winehouse, teremos de deixar outra cantora de *indie/ nu-soul/jazz* preparada nas coxias. Apenas por garantia. Porque nunca se sabe quando nossa maluca perdedora do Mercury Prize favorita vai sucumbir aos excessos da fama e ter uma *overdose* de tinta para tatuagens".

Em 22 de outubro, o *single* de estreia de Adele, "Hometown Glory", foi lançado em um disco de vinil de sete polegadas em edição limitada pelo selo "Pacemaker", de Jamie T. No lado B, estava a "música preferida de Adele em todo o mundo": a canção de 1961 de Etta James, "Fool That I Am". A capa do *single* mostrava um retrato de Adele com um olhar melancólico à mesa de um café. Nesse primeiro lançamento, ela não causou impacto nas paradas de sucesso. Ainda assim, a notícia do talento notável de Adele continuava espalhando-se bem. "As expectativas quanto a esse *single* não eram muito grandes do nosso ponto de vista, embora seja óbvio que achamos a música ótima", Jonathan Dickins contou à *Music Week*. "É incrível como ele deu certo em termos de ter parado nas mãos da imprensa e das rádios."

Alguns dias após o lançamento de "Hometown Glory", Adele apareceu como convidada em uma apresentação exclusiva do produtor Mark Ronson na Roundhouse de Londres na noite de abertura dos BBC Electric Proms de 2007. Com o apoio do som poderoso da orquestra de concertos da BBC, os companheiros de Adele no evento incluíam Terry Hall, Sean Lennon e Ricky Wilson. Ela fez sua primeira apresentação ao vivo de "Cold Shoulder", a música que Ronson havia produzido para seu álbum que logo seria lançado. E, mais uma vez, ganhou aplausos. "Não era das apresentações arrasadoras de Tim Burgess, do The Charlatans, de Ricky Wilson, do Kaiser Chiefs, que todos estavam falando. Nem era a ausência de Amy Winehouse e Lily Allen o assunto chefe das discussões pós-show. A novidade era a pouco conhecida cantora de *soul* chamada Adele", escreveu Elisa Bray no *The Independent*.

Em 22 de novembro, Adele apareceu na Union Chapel em Islington ao lado do artista principal, Will Young, participando das sessões Little Noise, uma série anual de shows artísticos em benefício da associação de caridade Mencap. Deve ter sido um momento importante para Adele, dividir o palco com o homem que ela já chegou a chamar de seu primeiro amor. "Eu era obcecada por ele. Fui afastada da escola por uma semana por ter brigado com fãs do Gareth Gates. Ele não acredita de jeito algum que eu o amo tanto." Mal sabia ela que se passariam poucos meses até que encontrasse novamente no palco aquele que fora o objeto da sua paixão; e a vez seguinte seria em circunstâncias muito mais glamorosas. Duas semanas depois, em 7 de dezembro, Adele estava de novo na TV, apresentando-se no programa Friday Night With Jonathan Ross, da BBC1. Naquele momento, Ross alcançava mais de 3,5 milhões de telespectadores e os convidados escolhidos para aquela edição em especial – Jerry Seinfeld, Renée Zellweger, Jeremy Clarkson e as estrelas da série Little Britain, David Walliams e Matt Lucas – asseguravam a Adele que haveria uma audiência de peso para sua apresentação sem exageros, mas emocionante, de "Chasing Pavements". Dois dias depois, ela voltava à BBC, apresentando-se em um show do BBC Radio 2 Music Club em Shepherds Bush, West London. Foi uma escolha adequada, já que Richard Russell, fundador da XL Recordings, havia acabado de declarar que Adele era "a primeira artista do nosso selo a ter uma música tocada na Radio 2".

No dia seguinte, foi anunciado que Adele ganhara o novo Critics' Choice Award, como parte dos Brits de 2008. Por sorte, esse prêmio novo era direcionado a artistas talentosos que ainda não haviam lançado álbuns. Escolhida por um painel de 50 compositores de músicas, Adele foi a mais bem votada, à frente de Duffy e Foals. A ideia do anúncio antecipado, dois meses antes da cerimônia principal do Brit Awards, era focar a atenção no vencedor. E funcionou. Se havia alguém que ainda não tinha reparado na ascensão da estrela de Adele, essa pessoa rapidamente acordou. No entanto, Adele não estava deixando o sucesso lhe subir à cabeça. Em uma entrevista publicada no fim de dezembro, ela disse ao *The Times* que o Brit Awards foi ótimo, mas também "muito estranho; espero apenas que eu não chegue ao topo muito cedo. Sinto-me incentivada por tudo estar indo tão bem, mas é óbvio que ainda não lancei o álbum de verdade, então é tudo um pouco ridículo".

Conforme o ano de 2008 nascia, o ritmo de reconhecimento constantemente acelerado de 2007 transformou-se em uma torrente tempestuosa. Na véspera do Ano Novo, o famoso blogueiro norte-americano obcecado por celebridades Perez Hilton elogiou Adele em seu site, dando início a um burburinho nos Estados Unidos grande o suficiente para redefinir a agenda da cantora para os meses seguintes. "É assustador o quanto ele está no comando", declarou Adele, um pouco atordoada, ao *Time Out*. "A indústria da música de lá sabia a meu respeito, mas ninguém do público me conhecia. Mas, como ele colocou meu nome no site, tenho de ir lá agora. Eu não tinha planos de ir antes de maio."

O Ano Novo começou com outra reviravolta na primeira semana de janeiro, quando Adele ficou em primeiro lugar na enquete anual da BBC chamada "Sound of...", que aponta os artistas promissores que ela acredita que têm mais chances de ter grande sucesso no ano que começa. Adele liderava a lista – votada por quase 150 críticos de música, editores e locutores de rádio do Reino Unido – acima da cantora galesa Duffy (de novo) e da dupla *pop* de garagem de Manchester The Ting Tings. "A primeira coisa que seduz os ouvintes é a voz de uma intensidade lancinante, transbordando alma, que passeia pelo jazz enquanto oscila entre ser sensual e ser alegre", informou o site da BBC sobre a escolha dela. Paul Rees, então editor da *Q*, comentou que era revigorante ouvir algo diferente depois de ter sido inundado de "bandas clones que querem ter o exato mesmo som que o The Libertines". Adele, disse ele, tinha uma voz que podia "parar o trânsito".

No geral, era uma atmosfera promissora para o lançamento do segundo *single* de Adele no Reino Unido, "Chasing Pavements", em 14 de janeiro. O lado B trazia o *cover* alegre, confiante e com levada de *jazz* ao vivo da música "That's It, I Quit, I'm Movin' On", de Sam Cooke. A cobertura da mídia e as indicações para prêmios tiveram alguma influência: "Chasing Pavements" chegou ao segundo lugar das paradas de sucesso do Reino Unido e ficou lá por quatro semanas; ela também permaneceu entre os 40 primeiros lugares por 14 semanas após seu lançamento. O *rapper* e produtor norte-americano Kanye West publicou o videoclipe bastante bizarro de "Chasing Pavements", que tem como tema uma batida de carro, em seu *blog* pessoal com a legenda: "esse barato é irado!".

A nova escolha dos críticos dos Brits também foi convidada para apresentar "Chasing Pavements" no lançamento das indicações do Brit Awards na Roundhouse de Camden, em Londres. Sua *performance* foi enfeitiçadora. Depois de terminada, ela respondeu aos aplausos tumultuados fazendo um sinal da paz e pronunciando em silêncio as palavras "foi horrível". Mais tarde, ela se envergonhou: "não acredito que fiz o sinal da paz na TV... como o Ringo Starr!" Aquilo não teve a menor importância aos olhos do seu entrevistador, seduzido, como muitos outros por uma voz "tão imensa, pura e intensamente ponderosa que poderia mudar o destino, o tom de voz que costumávamos ouvir antes de os *reality shows* inventarem que alternar o tom normal e o falsete como a Mariah [Carey] é como os jovens devem cantar músicas *pop*".

Porém, apesar da adulação, Adele tinha suas reservas quanto a ser jogada com tanta dramaticidade sob os holofotes. "Sinto que estou sendo empurrada pela goela das pessoas. Meu maior medo é que minha música não encontre ligação com o público."

Em frente às câmeras, ela posava de corajosa. Em uma entrevista para a BBC6 Music na noite de lançamento dos Brits, ela zombou da ideia de que poderia ter recusado o prêmio para que ele não aumentasse a pressão sobre ela. "Não. Sou uma oportunista", ela declarou, dando uma de suas características grandes gargalhadas. "É claro que não vou recusar." O entrevistador sugeriu que talvez o prêmio tivesse sido inventado especificamente para ela. "Não acho que ele foi inventado para mim. Mas seria muito engraçado se fosse verdade, minha nossa!", ela respondeu. Porém, ela admitiu que foi "um pouco estranho ganhar um Brit Award antes de eu ter feito qualquer coisa".

Na verdade, Adele estava prestes a fazer algo realmente espetacular. Em 28 de janeiro, chegou o muito aguardado lançamento do seu álbum de estreia, *19*. Ele foi diretamente para o primeiro lugar das paradas do Reino Unido. Seu maior medo – de que sua música não encontrasse ligação com o público – parecia infundado por completo.

Por ironia, para uma artista que havia sido coroada com o prêmio Critics' Choice, a recepção da crítica ao álbum foi menos heterogênea. Um caloroso debate estourou sobre o quanto a badalação era justificada. O *The Observer* considerou o álbum *19* uma estreia maravilhosa, dizendo que Adele era "como a Joni Mitchell da N17". Outros críticos ficaram menos impressionados. Embora tenham reconhecido que Adele era uma promessa, eles questionaram o que viram como uma badalação desproporcional ao redor de uma cantora cujo talento estava longe de ser provado pelo seu álbum de estreia. O prêmio Critic's Choice estava começando a parecer um cálice com veneno, sendo que as críticas haviam aparecido mesmo antes de o álbum ser lançado. Adele, muitos diziam, estava sendo preparada para um fracasso.

Em sua resenha que deu duas estrelas ao *19*, Dorian Lynksey do *The Guardian* observou que o lançamento parecia "menos um lançamento e mais uma coroação". Ele achava que havia "um peso emocional limitado por trás da voz prodigiosamente rica de Adele" e "pouca força nas letras de suas músicas".

Andy Gill do *The Independent* escreveu que Adele era um exemplo clássico de como a revolução do iTunes/Myspace havia "acelerado o processo *pop* a tal ponto que um novo artista mal tinha tempo de respirar antes de ser aclamado com hipérboles cada vez mais intensas e ver seu álbum de estreia ir diretamente para o primeiro lugar". O álbum, ele comentou, era uma "estreia decente e aceitável que poderia ter representado muito mais se tivesse sido muito menos aguardada".

A influente revista semanal de música *NME* também parecia determinada a fechar o tempo para Adele. Ela deu ao *19* cinco de dez estrelas e observou que há "muito pouco no álbum que evita que ele desmorone sob o peso de suas próprias expectativas". O crítico da BBC na internet Chris Long foi mais gentil. Ele considerou o *19* "uma obra tocante de verdade, pensada com maturidade e cantada com brilhantismo que contradiz a idade que lhe dá o título". No entanto, ele também questionou a quantidade de louvores que Adele recebeu, já que "à sua voz falta um pouco de alma e, às suas letras, um pouco de profundidade".

Até certo ponto, as críticas depreciativas foram resultado da escalada de Adele à notoriedade. Ela estava sofrendo a crise de uma reação negativa ao Myspace. Desde que uma banda de Sheffield chamada The Arctic Monkeys havia estourado na cena musical em setembro de 2005, com o álbum de estreia de venda mais rápida da história das paradas do Reino Unido, o poder emergente da internet para revelar bandas com base na força dos fãs estava em foco. A tradicional e lenta estrada para o estrelato estava sofrendo uma reviravolta. Para os aficionados por música, era um desenvolvimento que eles viam com bastante suspeita. Apesar do rancoroso reconhecimento geral de que Adele era dona de uma "voz rica e prodigiosa", uma atitude do tipo "quando mais rápido ela subir, mais dura será sua queda" parecia estar à espreita da opinião crítica prevalecente quanto ao *19*.

Adele pode ter tido problemas para convencer os críticos a levarem-na a sério, mas, com o *19* acumulando vendas altas, poderíamos dizer que ela provou o que queria para o público, apesar daqueles indivíduos que entravam na internet para menosprezar o sucesso dela, criticar seu peso ou censurá-la por ter roubado espaço de Amy Winehouse. Por sorte, Adele já havia desenvolvido uma atitude robusta frente aos críticos. "Eu lia o que diziam no começo", ela confessou. "Porém, havia alguns muito maldosos e pensei: 'não vou mais me importar com eles'. Não ligo muito para eles, no entanto, é normal, não é? Eu entro no YouTube e deixo comentários maldosos. Se eu fosse uma pessoa muito boa que pensasse 'vamos viver em harmonia', eu ficaria chateada. Mas eu também sei ser uma cretina."

E ainda havia resenhas entusiasmadas suficientes para que ela forrasse todas as paredes do quarto com boas lembranças se quisesse. "Meio *blues*, como se não quisesse a intromissão de ninguém, ainda assim com um *funk* voluptuoso de uma forma contemporânea, Adele arrasa em *19* com uma voz única e um som corajoso que produzem uma fascinação sem fim", publicou o allmusic.com, acrescentando a frase imortal: "Adele é simplesmente mágica demais para ser comparada com qualquer um".

Foi gentil da parte deles dizer isso, mas, na verdade, Adele era comparada o tempo todo com praticamente todo mundo. E não menos que com Amy Winehouse. O fato de as duas cantoras terem suas raízes no sul de Londres, terem frequentado a BRIT School e trabalhado com Mark Ronson tinha muito a ver com essa situação. Em novembro de 2007, o *The Guardian* escolheu como título para uma entrevista com Adele as palavras "Abra espaço, Amy". O artigo trazia uma citação de James McMahon, da *NME*, dizendo que Adele havia "dividido o escritório. Alguns... consideram-na uma mesinha de centro, meio sem graça. Porém, eu me lembro de eles terem falado isso sobre Amy Winehouse há dois anos".

Adele declarou que estava lisonjeada com as comparações com uma cantora que ela admirava. "Continuam me chamando de 'a nova Amy Winehouse' e coisas assim", ela disse. "Não me incomoda, eu sou a maior fã de Amy no mundo." Sua única preocupação, ela afirmou, era que as pessoas começassem a pensar que ela estava copiando Amy. "Quando as pessoas ouvirem mais músicas minhas, perceberão que não somos parecidas. Não fiz um álbum *Motown* como o *Back To Black*, fiz um álbum *pop* moderno."

Adele também se desviou com habilidade das comparações com outra colega da BRIT, Kate Nash. "Quando assinei meu contrato, a indústria musical estava procurando uma nova Lily Allen, não a nova Amy Winehouse", ela contou ao *Time Out*. "Por algum tempo, quando Kate Nash decolou, a impressa estava até dizendo que eu era a nova Kate Nash, até as pessoas ouvirem meu primeiro *single* e dizerem 'desculpa, na verdade é com a Amy Winehouse que você se parece'."

Adele também costumava ser citada ao lado de Duffy, a cantora que ela havia derrotado tanto no Critics' Choice Brit Award como na homenagem recebida da BBC pela enquete "Sound of...". Sobre as comparações, Adele observou: "Eu acho a Duffy maravilhosa e há lugar para todo mundo". O *blog* de música do *The Guardian*, no entanto, não resistiu em fazer a pergunta "quem é melhor: Duffy ou Adele?".

Com o lançamento do álbum de estreia de Duffy, *Rockferry*, no Reino Unido logo em seguida ao lançamento do *19*, a imprensa parecia determinada a transformar as duas cantoras em arquirrivais. "Eu li que havíamos tido uma grande briga no banheiro de um clube e nem havíamos nos conhecido ainda!", lembrou Adele. "Quando nos conhecemos, foi literalmente como se fôssemos irmãs; sabíamos tudo uma sobre a outra por causa do que os jornais tinham publicado."

Pelo menos o *site* Pop Justice transformou as comparações Adele/Duffy em uma espécie de piada em um relatório bem-humorado das qualidades das duas cantoras. Duffy marcou 100% e Adele, 0% em "galecidade", o que, dado que o pai de Adele nasceu no País de Gales, pareceu muito cruel; mas Adele ganhou em mais categorias, inclusive a probabilidade de ela "dizer alguma coisa interessante em toda a campanha de divulgação do álbum" (100% contra 19%) e nas chances de ela ter "sucessos com milhões de vendas em seis anos" (49% contra 12%).

Os críticos de música podiam reclamar à exaustão que o sucesso de Adele se devia a nada mais do que um exagero publicitário sem grande futuro da era do Myspace; a própria Adele estava determinada a permanecer com firmeza fora de qualquer rede de exagero publicitário que a imprensa escolhesse jogar em cima dela. "Nunca fiz nenhuma alegação sobre meu sucesso", ela disse à *Q*. "Foi a imprensa, foram vocês. Quero dizer, por favor! Do jeito que alguns jornalistas falaram de mim seria de imaginar que lancei um novo *Dark Side Of The Moon* ou algo assim!" Os fãs, ela afirmou, eram as pessoas em quem ela tinha de prestar atenção de verdade. "A indústria musical me declarou um sucesso e isso é um elogio; porém, no final das contas, não é ela que vai comprar meus álbuns ou pagar os ingressos para os meus shows", ela disse ao *Time Out*. "É o público que preciso que fique ao meu lado. Se eu for idiota e fizer uma merda, eles vão dizer 'eu não ligo, eu a amo'."

As apresentações ao vivo de Adele também estavam desmentindo a ideia de que ela não merecia sua rápida ascensão ao sucesso. Ou de que ela estava mudando demais por causa dela. Seu maior show até então, no final de janeiro em Londres, recebeu elogios calorosos. "A confiança de tirar o fôlego do show ao vivo de Adele no Bloomsbury Theatre sugere que esse total esquecimento das preocupações das gerações anteriores pode ser o pré-requisito para um novo tipo de originalidade", escreveu o *The Sunday Telegraph*. "Adkins recebeu o tipo de atenção nos últimos meses que tiraria a calma da alma mais serena. E, ainda assim, ela parece estar alegremente inalterada. Passeia pelo palco, canta, conversa inconsequentemente, como se tivesse feito isso a vida inteira, como se não houvesse diferença entre o Bloomsbury Theatre e a sala da casa dela", publicou o *The Guardian*.

A integridade dos shows daquela garota comum de cardigãs, com seu clima intimista e aconchegante, era uma qualidade que Adele conseguia traduzir com beleza para suas gravações. Milhares de pessoas, a maioria das quais nunca a tinha visto, estavam chegando à conclusão de que Adele era um artigo genuíno. A garota que parecia ainda estar cantando na sala de casa estava se transformando rapidamente na trilha sonora escolhida para salas de todo o país. E em pouco tempo, muito pouco tempo, ela seria vista em salas de todo o mundo.

No início de fevereiro, *19* era o álbum número um das paradas de sucesso do Reino Unido e estava no caminho para completar 100 mil cópias vendidas. Com a iminência do Brit Awards afligindo-a, Adele cancelou uma viagem para o Japão, onde havia marcado sua participação em alguns shows com Jack Peñate. "Não vou me desgastar", ela disse, com determinação, para a *Q* na época. "Vou cantar nos Brits em duas semanas. Não quero ficar uma droga."

A muito aguardada cerimônia no Earls Court de Londres, na qual Adele deveria aceitar o prêmio inaugural do Critic's Choice, finalmente aconteceu em 20 de fevereiro. A premiação foi transmitida pela TV em todo o mundo para um público estimado em 6,1 milhões de telespectadores. Em uma entrevista antes da cerimônia, Adele revelou que sua música favorita de 2007 tinha sido "Bleeding Love" da também formada na BRIT Schooll Leona Lewis (que fez uma apresentação retumbante da canção mais tarde, naquela noite). Perguntaram a ela, então, o que cantaria se estivesse em um caraoquê com os amigos. "'Valerie' e 'Let's Stay Together,' do Al Green", ela respondeu. "É o que eu sempre canto."

Por mais nervosa que estivesse por causa da apresentação ao vivo naquela noite, Adele encontrou conforto no fato de que não ficaria muito tempo no palco. Ela deveria participar da primeira página de um mix de músicas liderado por Mark Ronson, cantando um pedaço do clássico de 2003 do Coldplay "God Put a Smile Upon

Your Face". "Não é bem uma música que as pessoas esperariam que eu cantasse. É bem melosa", ela comentou antes do evento. Quem também iria acompanhar Ronson era Daniel Merriweather, cantando "Stop Me", antes do *finale* com Amy Winehouse, cantando a música favorita de Adele em caraoquês, "Valerie". Até o momento da entrega do prêmio de melhor artista britânico masculino daquela noite – uma categoria para a qual o amigo de Adele, Jamie T, também estava indicado –, Ronson era o homem do momento; não apenas por sua própria música, mas também por seu trabalho com Winehouse no seu aclamado álbum *Back To Black*.

Adele vestiu-se para a ocasião com sua típica blusa larga, calça *legging* e sapatos sem salto, mas, em uma concessão ao brilho da cerimônia de premiação, ela exibiu um par de brincos Van Cleef & Arpels alugados, caros o suficiente para obrigá-la a ser seguida por um segurança como se fosse uma sombra. A cerimônia em si teve a presença despreocupada, como anfitriões, de Sharon Osbourne (e uma participação menor de Ozzy, Kelly e Jack). Dois tronos falsos dourados foram providenciados no fundo do palco para os membros da família relaxarem, e Sharon desfilou uma coleção de roupas exageradas. "O maravilhoso mestre Will Young", como a Sra. Osbourne escolheu chamá-lo, foi ao palco para apresentar Adele com seu prêmio Critic's Choice. "É tão bom estar aqui", disse Adele. "Isso tudo já está acontecendo há uns três meses." Ela agradeceu à mãe, que não estava lá por medo de deixar Adele ainda mais nervosa, aos amigos, à família e aos críticos que votaram nela, assim como a Jamie T e Jack Peñate.

Menos de uma hora depois, Adele subiu ao palco, ainda tentando decidir se cantaria "God Put a Smile Upon Your Face" em tom alto, e nesse caso poderia perder as notas principais, ou baixo, que ela temia não ser surpreendente o bastante. No evento, ela escolheu a segunda opção e fez uma apresentação modesta, mas provocante; ficou relaxada o suficiente para ter um pouco de balanço no palco. A MTV considerou sua apresentação "absolutamente encantadora". No geral, foi uma noite excelente, maculada apenas pela indignação de Adele com o The Arctic Monkeys, que ridicularizaram a BRIT School ao receberem o prêmio de álbum do ano. "Idiotas de merda.

Pensam que são da classe trabalhadora... Suas malditas mães são professoras de arte, não são?"

Alguns dias depois, devolvidos os diamantes e superada a ressaca, a revista *Q* perguntou a Adele que conselho ela daria para o vencedor do prêmio Critic's Choice do Brit Awards de 2009? "Eu diria 'aceite-o'. Divirta-se com ele, pois é incrível. Desde que não se importe de cair na boca do povo como se você fosse o Pink Floyd."

"Não é tão glamoroso quanto parece, sabe?", Adele havia respondido no lançamento das indicações dos Brits, quando perguntada se era fã das grandes e luxuosas cerimônias de premiação. Mal sabia ela que, apenas três anos depois, faria uma apresentação arrebatadora no Brit Awards que deixaria todos extasiados e apagaria qualquer outra extravagância que a cerimônia pudesse exibir.

Capítulo 3

19: Sobre um Garoto

É como a visão de uma criança sobre o amor.

Adele sobre o *19*

Lançado no Reino Unido em 28 de janeiro de 2008 e nos Estados Unidos seis meses depois, o primeiro álbum de Adele, *19*, foi uma estreia notável sob qualquer parâmetro. Em setembro de 2001, o álbum já havia ganhado quatro discos de platina e acumulado vendas mundiais de mais de 4 milhões de cópias. A "voz envelhecida e o rosto à Botticelli" de Adele já teriam sido suficientes para que *19* merecesse ser ouvido. Porém, some-se a isso a integridade emotiva completa de suas músicas, enlaçada com doses de *jazz*, *pop*, *funk* e *folk* para variar o clima e *19* tornou-se um álbum desejado o suficiente para ir direto ao primeiro lugar das paradas de sucesso do Reino Unido e encontrar seu caminho para os aparelhos de som de milhares de pessoas.

Também era notável a pouca idade da mulher que o havia escrito e gravado, um fato do qual o título simples do álbum é testemunha. Parecia uma esperta jogada de marketing minimalista, mas Adele não tinha dado tantos significados ao título, tendo decidido por *19* porque não conseguiu criar nenhum outro nome. Mesmo assim, sua franqueza combinou com a de alguns de seus títulos de álbum favoritos. "Os melhores, na minha opinião, são *Debut* (estreia), de Björk e *Miseducation* (má-educação), de Lauryn Hill. São aqueles que todo mundo simplesmente conhece, que não exige que se pense muito e são muito óbvios."

E, apesar da criação rápida, o título instintivamente parece ser o certo. "Para mim, esse álbum representa muito a minha idade", ela contou à revista *Blues & Soul* em uma entrevista reveladora em meados de 2008, depois de ela ter chegado à idade madura de 20 anos. "Eu tinha apenas 19 quando o estava escrevendo e meio que me lembrava de ter me tornado um pouco mais mulher naquele tempo. E acho que isso está definitivamente documentado nas músicas. Por isso, embora algumas pessoas achem que eu estava tentando usar a minha idade para vender CDs, não foi nada disso... Quando assinei meu contrato aos 18 anos, eu tinha apenas três músicas de minha autoria. Mesmo assim, um mês depois de completar 19 anos, uma porção de outras simplesmente surgiu na minha cabeça."

Essas músicas surgiram porque ela rompeu com seu primeiro namorado "de verdade", ou o "patife número 1", o apelido esquisito que uma entrevista da *Vogue* deu a ele mais tarde. A dor do rompimento funcionou como um catalisador instantâneo para as músicas que ela tentava escrever havia meses. "Mesmo quando eu era pequena, se ficasse muito chateada, escrevia o que estava sentindo e entregava à minha mãe. As músicas são assim também." Adele cuidou do seu coração partido da única forma que sabe fazer e, logo, ela tinha 11 músicas; o suficiente para o álbum.

Se as canções que jorraram dela naquelas poucas e curtas semanas tivessem sido nada além de desabafos adolescentes sobre o fim de um romance infantil, adolescentes com problemas amorosos teriam sido os únicos a comprar o álbum. E, ainda assim, de alguma maneira nas letras e na interpretação das músicas, Adele consegue mostrar um coração maduro e uma maturidade de pensamentos que contradiz sua pouca idade. "Eu odeio... Na verdade, fico ofendida com letras de músicas fáceis e literais que não foram bem pensadas e são escritas apenas por causa da rima... Eu... sempre quero que minhas letras sejam maduras e profundas", ela declarou depois. Para o *19*, Adele havia se esforçado para canalizar seu turbilhão emocional em músicas que alcançariam e emocionariam qualquer pessoa que tivesse lutado contra a angústia do fim de um relacionamento, independentemente da idade.

Adele reconheceu que escrever um álbum inspirado em um rompimento não foi fácil de fazer, em termos emocionais. "Escrever o álbum exigiu muito de mim. Em vez de sair pedindo que as pessoas escrevessem músicas para mim, eu meio que baixei a cabeça e dei o meu melhor para admitir algumas verdades e colocá-las em músicas. É um álbum sobre o fim de um relacionamento que saiu do fundo da minha alma, por mais cafona que seja essa frase. O álbum verdadeiramente tomou forma com naturalidade de maneira orgânica." Embora ela ainda fosse uma pessoa muito comunicativa e cheia de amigos, foi uma Adele muito diferente que se dedicou a escrever as músicas. "Fico sentada sozinha em meu quarto por uma eternidade. Não posso ficar perto de ninguém. E escrevo. É assim que a atmosfera [das músicas] é criada."

Foi seu reconhecimento animado dessa maturidade da jovem Adele que deixou a XL tão ansiosa para assinar um contrato com ela. "A ideia da XL sempre foi trabalhar com pessoas originais e Adele tem a habilidade de criar uma conexão com os outros", declarou o fundador da gravadora, Richard Russell. "Todos ouvem isso assim que a ouvem... A maioria das suas músicas fala de ser magoado, e ela fala disso de uma maneira incrivelmente honesta."

As músicas de Adele podem ser honestas, mas há mais qualidade no *19* do que apenas canções acústicas que revelam a alma da artista. Ela estava determinada a incluir um gostinho de todos os diferentes tipos de música de que ela gosta. Apesar de já ter ganhado o apelido de "laureada em coração partido" da *NME*, deixou bastante claro que ela não seria estereotipada como cantora de *soul*. "Eu nunca, em nenhum momento, pensei 'ó, vou ser uma cantora de *soul* branca!'." Em sua resenha do *19*, o *site* da BBC Music chegou à agradável conclusão de que o álbum incorporava "alguma coisa para cada pessoa, sem nunca favorecer uma tendência em especial".

Exceto pelo *cover* de Bob Dylan, "Make You Feel My Love", as músicas do álbum são de autoria ou coautoria de Adele. "Hometown Glory", "Daydreamer" e "My Same" foram as primeiras músicas que ela escreveu na vida, compostas quando tinha entre 16 e 18 anos. E o restante foi escrito após o rompimento do namoro com o "patife número 1" e falam todas sobre esse rapaz.

Gravado e mixado entre abril e outubro de 2007, *19* colocou Adele ao lado de um trio de produtores experientes. Jim Abbiss, conhecido por seu trabalho com The Arctic Monkeys, e Kasabian produziu oito faixas. Francis 'Eg' White, que tinha trabalhado com Will Young, Joss Stone e James Morrison, produziram três. E, então, veio Mark Ronson. Chamado para cuidar de uma única faixa, ele também deixou sua marca característica no álbum. Ronson era mais famoso que a própria Adele quando eles trabalharam juntos, tendo produzido o sucesso de vendas de Amy Winehouse, *Back To Black*. Na cerimônia de 2008 dos Brits, quando Adele recebeu o prêmio Critic's Choice, Ronson faturou o prêmio de melhor artista britânico masculino.

As contribuições contrastantes dos três produtores bastante diferentes ajudaram a transformar a promessa ainda germinal das músicas de Adele em um álbum vencedor, e ela expressou sua gratidão no encarte do álbum. Seus agradecimentos foram para Abbiss "por ter registrado bem os momentos"; a White por ajudá-la a "resmungar sobre o amor de maneira produtiva"; e a Mark "não caia" Ronson por "dar vida ao som dela".

Daydreamer

Como é adequado para um álbum que iria apresentar uma voz nova e característica, *19* começa com uma faixa acústica, alegre e meio *folk* acompanhada de violão que mostra o talento de Adele da forma mais pura. Uma das primeiras músicas que ela escreveu na vida, "Daydreamer" é uma canção agridoce sobre ansiar por algo, inspirada em um garoto pelo qual ela estava apaixonada, "assim, apaixonada de verdade". Em janeiro de 2008, Adele contou ao *The Sun* que esse garoto ("ainda um dos meus melhores amigos") era bissexual. "De qualquer forma, tenho tanto ciúmes de outras garotas que ter de lutar contra outros garotos também... Eu simplesmente não conseguiria. Mas comecei a me apaixonar por ele perto do meu aniversário de 18 anos. Ele me convenceu de que ficaria tudo bem, mas, naquela noite, ele beijou um dos meus amigos e eu reagi meio 'sai daqui!'." A descrição nada emotiva que Adele fez do acontecimento não confere ao incidente uma dose alta de romance. Na verdade, o resultado foi que alguns tabloides publicaram reportagens levemente obscenas sobre a música, escolhendo manchetes como "O cara bi de Adele".

Na música em si, no entanto, a maravilhosa imagem que ela pintou do "cara bi" brevemente e com romantismo em seus pensamentos chega até nós cheia de beleza. "Daydreamer" fala tudo o que ela queria que ele fosse, sobre o sonho que tinha dele. Em vez de fugir, ele ficaria esperando por horas, sentado em frente à porta da casa dela e parecendo que ficaria lá para sempre; o homem que poderia "mudar o mundo com as mãos nas costas"; aquele por quem ela "esperava". Além de uma semelhança com Lily Allen em seu vocal meio falado e com sotaque de Londres nos versos, Adele também evoca toques de Nina Simone no refrão.

A canção "Daydreamer" foi produzida por Jim Abbiss. Se o objetivo das faixas mais acústicas do álbum era deixar a qualidade absoluta da voz de Adele brilhar sozinha, ele provou ser o homem ideal para a empreitada. Em uma entrevista para a revista *Sound on Sound* em setembro de 2006, ela havia comentado: "eu odeio a maneira como a indústria musical está, com as pessoas justificando seus papéis como mais importantes do que aquilo pelo que todos trabalhamos, que é alguém ter uma ótima ideia e colocá-la em um álbum. Se eu puder ajudar as pessoas a fazerem suas ideias saírem de um par de alto-falantes, para que elas queiram correr para casa e tocá-las para os amigos... É isso que me anima".

O veredicto do popmatters.com foi de que os poucos arranjos de Abbiss tanto em "Daydreamer" quanto em "Best For Last" haviam levado a voz de Adele ao "auge da interpretação". O Allmusic. com também elogiou a faixa, dizendo que "ela engole o ouvinte em uma fantástica sensação de admiração e encanto".

Best For Last

Também sob a produção de Jim Abbiss, o som retrô de "Best For Last" conta detalhes de uma triste história de amor não correspondido. Ou, pelo menos, uma história de desgosto por causa daquelas palavras de amor que ansiamos por ouvir de quem gostamos, mas nunca ouvimos.

O discreto baixo elétrico de Adele mais uma vez dá à voz dela a chance de impressionar, mas há um pouco mais de ação instrumental nessa música. Alguns acordes de piano suaves e um ritmo reverberante na bateria pontuam o caminho de tempos em tempos e o refrão coloca um pouco mais de vigor na faixa, mas tudo fica bem ao fundo, dando um amplo espaço para que a emocionante voz de Adele brilhe. Para acrescentar só um pouco de peso, há um fundo vocal de Jack Peñate, retribuindo um favor, já que Adele havia participado da calma faixa "My Yvonne" do seu álbum de 2007. "Best For Last" também conta com suaves *backing vocals* do The Life Gospel Choir, adicionando uma rajada gospel à mistura.

"Best For Last" é o melhor exemplo daquilo que o *19* faz melhor. É uma faixa de uma expressão sutil, nada extravagante e sem peso suficiente para ter sido lançada como *single*. No entanto, a evidente emoção rouca da voz de Adele em seus momentos mais graves transmite com beleza a profundidade de sentimentos da letra. E a pequena e adorável inclinação que Adele dá às notas ascendentes da melodia enquanto faz o acompanhamento no baixo nos lembra de que ela é uma musicista de talento além de cantora. É um atributo que aparece muito menos no *21*, mas que vale a pena celebrar nesse primeiro álbum. "Best For Last" faz-nos lembrar que Adele é tão competente na pureza e simplicidade acústica quanto em trabalhar sua voz em músicas do gabarito de "Rolling In The Deep". O efeito em nossas emoções mais profundas provocado pelas músicas menos famosas dela pode ser tão forte quanto o de seus sucessos.

Chasing Pavements

"Chasing Pavements" tem a gênese mais louca de todas as faixas do álbum. Nascida caótica e nefastamente de uma noite infeliz que marcou outra queda na vida amorosa de Adele, ela iria, eventualmente, ter uma vida triunfante como *single* e transformar-se em uma das músicas que a ajudariam a estourar nos Estados Unidos.

Diversas vezes, Adele ouviu perguntas sobre o enigmático título da música. A história que ela conta varia um pouco, mas a essência é esta: ela brigou com um garoto pelo qual estava apaixonada em uma boate durante a madrugada porque descobriu que ele a traía. Ela deu um soco na cara dele e foi expulsa do lugar. Do lado de fora, ela começou a correr pela Oxford Street. E, enquanto corria, a frase "chasing pavements" (caçando pavimentos) veio à sua mente. Apesar de seu estado de angústia, a cantora inveterada que há dentro dela reconheceu a semente de uma ideia. Ela parou, cantou a letra em seu celular, foi para casa e escreveu três acordes para acompanhá-la. "A ideia é: devo desistir ou simplesmente continuar tentando correr atrás de você quando não há mais nada aqui?", disse Adele sobre a música que nasceu nesse "calor do momento".

Nessa música, Adele teve a colaboração de "Eg" White, que tinha ganhado certa reputação por criar sucessos. Seu currículo incluía "You Give Me Something" e "It's A Wonderful World", escritas com James Morrison, e um prêmio Ivor Novello em 2004 pela música "Leave Right Now", escrita para Will Young. Adele estava ansiosa para trabalhar com White desde o início "porque eu queria uma música para tocar no rádio. Queria aquele grande som comercial para que as pessoas reparassem em mim. Porque, embora eu pudesse continuar sendo feliz cantando para dez pessoas em um *pub* como fazia antes, quero que o maior número possível de pessoas ouça minhas músicas. Nesse sentido, 'Chasing Pavements' foi bastante intencional, apesar de a maneira como a música surgiu definitivamente não ter sido!".

Por um feliz acaso, a noite de caça a pavimentos tinha acontecido bem quando Adele havia começado a trabalhar com White. Apesar do seu turbilhão de emoções, e da falta de sono, Adele não perdeu tempo para entregar a ele o material bruto. "Fui ao estúdio de Eg na manhã seguinte com uns acordezinhos de merda que tinha criado mais cedo naquele dia e ele então pegou os dois acordes e um refrão e transformou em 'Chasing Pavements'!" Tornou-se o que Adele chamou de uma música "com uma grande influência de Burt Bacharach e quase comercial", com arranjos de cordas suculentos.

Escolhida como seu segundo *single*, "Chasing Pavements" foi lançada no Reino Unido em 14 de janeiro, duas semanas antes do lançamento do álbum *19*. Em 20 de janeiro, ela havia chegado ao segundo lugar das paradas de sucesso de *singles* só em *downloads*. Para acompanhar a música, a XL soltou um vídeo filmado por Matthew Cullen, da produtora Motion Theory. A ação gira em torno de uma batida de carro no Hyde Park de Londres e mostra um homem e uma mulher deitados e imóveis sobre o pavimento do parque, após o acidente.

A história do relacionamento deles é contada enquanto eles rolam para frente e para trás em uma série de movimentos coreografados com precisão pelo pavimento que demonstra o fim do namoro após a mulher ter sido infiel e sua eventual reconciliação. A história é intercalada com imagens de Adele cantando, sentada em um carro com um homem não identificado na cena do acidente. Equipes de paramédicos chegam e Adele sai do carro para observar a ação enquanto termina a música, que reflete sobre a sabedoria de ficar em uma relação destruída, como a imagem de um acidente de carro.

O vídeo tem uma característica surreal e perturbadora que, apesar de manter a estranha origem da música, deixou muitas pessoas sem entender. Apesar da aparente ambiguidade sobre sua interpretação exata, o vídeo acabou ganhando um prêmio no MTV Video Music Award por melhor coreografia em setembro de 2008.

Embora Adele continuasse afirmando que a frase "chasing pavements" havia surgido na sua cabeça totalmente por acaso, a situação ficou ainda mais surreal quando se revelou que a expressão que ela dizia ter inventado já existia no vocabulário gay. Suas conotações eram várias, algumas mais obscenas do que outras. Isso levou alguns a concluírem que o título da canção devia significar ou que a própria Adele era homossexual ou que ela tinha uma tendência a correr atrás de homens gays. O fato de já ter revelado que "Daydreamer" falava de se apaixonar por um amigo bissexual serviu para dar mais combustível a esses rumores.

Em setembro, o *Daily Mail* divulgou que "Chasing Pavements" estava provocando controvérsias nos Estados Unidos por conta de alegações de que a música era um hino gay. Algumas estações de rádio de lá estavam, dizia, recusando-se a tocar o *single* como consequência disso. Porém, ao se pronunciar no Nationwide Mercury Awards, Adele disse que esses rumores começaram com "algum esquisito na internet".

A *NME* considerou "Chasing Pavements" "um grito estrondoso do meio da estrada de tijolos amarelos da fama... livremente ensopada com a... audácia de uma *showgirl*", ao passo que o *The Observer* comentou que a faixa "começa parecendo quase uma *Portishead vintage* antes que cordas ainda mais elevadas levam a música a um clima menos gelado".

"Chasing Pavements" foi o primeiro *single* de Adele a ter lançamento global, aparecendo em vários países da Europa e no Reino Unido em janeiro de 2008 e nos Estados Unidos em junho daquele ano. Embora não fosse dar a Adele um primeiro lugar em nenhum desses países, ele chegou a lhe render um Grammy por melhor performance vocal feminina.

E, apesar de seu início nada promissor, Adele permaneceu muito orgulhosa da música. "Pensei que eu seria mais conhecida por músicas mais acústicas, como 'Hometown Glory' e 'Daydreamer'. O fato de eu ficar famosa por essa outra canção... é um pouco surpreendente! Porém... Acho que 'Chasing Pavements' foi um ótimo arranjo. Tenho muito orgulho dessa música. E acho a maneira como as pessoas se identificaram com ela incrível."

Cold Shoulder

"Cold Shoulder", que fala das horríveis dores do caso amoroso de Adele, foi o terceiro *single* do *19* a ser lançado no Reino Unido, aparecendo em abril de 2008. Sua melancólica balada "Now And Then" enfeitava o lado B. "Cold Shoulder" foi escrita por Adele com pitacos de seu compositor e produtor Sacha Skarbek, que havia trabalhado antes com artistas como Duffy, Beverley Knight e James Blunt, com quem escreveu o sucesso "You're Beautiful". "Sacha foi quem me ensinou a arte de fazer músicas", disse Blunt certa vez.

"Cold Shoulder" é a única colaboração de Adele no álbum com o celebrado produtor Mark Ronson, renomado por seu trabalho com artistas como Amy Winehouse, Robbie Williams e Lily Allen, assim como sua própria coletânea premiada pelos Brits, *Version*. Em "Cold Shoulder", Ronson deixou sua marca no *19* com uma batida nova e meio *funk* e um ritmo mais animado que dá uma apimentada no *mix* de Adele e alegra o andamento do álbum depois das faixas essencialmente acústicas que vêm antes.

Foi a própria Adele, e não a gravadora, que decidiu que Ronson era a pessoa certa para trazer exatamente o que a música precisava ter. "Quando toquei a música 'Cold Shoulder' para a XL, ela não tinha batida. Era apenas voz e piano. Porém, embora todos tenham gostado e achado encantadora, eu dizia 'não, vocês estão errados!

Meu álbum agora não tem ritmo. Precisamos de uma música rápida nele!'." E, como era fã de Mark Ronson desde seu álbum de 2003, *Here Comes The Fuzz*, Adele já sabia que Mark Ronson "fazia batidas".

A XL concordou e agendou uma reunião entre Adele e Ronson. Ronson aparentemente se esqueceu do compromisso e chegou muito atrasado. Quando ele apareceu, Adele estava "morrendo de raiva, fumando e assistindo ao Jerry Springer! E, por isso, foi a reunião mais constrangedora do mundo! Mas acabamos fazendo uma ótima música juntos". Ela pode ter morrido de raiva, mas Ronson lembra-se de Adele como uma "garota obviamente muito adolescente" determinada a ser a mulher independente. "Ela disse 'tenho uma música, 'Cold Shoulder', que você vai produzir'. Fiquei abismado. Ela tem uma visão muito clara do que está fazendo."

O ex-baixista do Jamiroquai Stuart Zender tocou na gravação da música, que conta com alguns *riffs* de guitarra excelentes e uma bateria tipo banda marcial reverberante. A ponte também traz uma surpresa, já que muda para harmonias discordantes no estilo Sergeant Pepper. A produção toda lembra estranhamente o clássico *trip-hop* de 1991 da banda Massive Attack "Unfinished Sympathy", que ainda aparece com regularidade em listas das melhores músicas de todos os tempos.

No lançamento do *single* da música, o vídeo que o acompanhava mostrava closes bem fechados de uma Adele magoada, mas luminosa, balançando sem parar as mãos enquanto canta em um quarto escurecido cheio de estátuas de gelo que derretem rapidamente, esculpidas em poses de desespero.

"Quando Mark Ronson joga Adele fora da sua zona de conforto para a dramática e atrevida 'Cold Shoulder', conseguindo que ela interprete a mulher enganada com um fundo de percussão ardente de '*funk* dos brancos', o resultado é espetacular", comentou um crítico.

Ao declarar "Cold Shoulder" como o destaque do álbum, a *NME* publicou que "com sua produção brilhante e panorâmica e – enfim – um senso dramático presente... é um ótimo veículo para o timbre totêmico dela".

A letra angustiada da música fez com que outro crítico se compadecesse dela como uma mãe. "Quando... ela canta... temos vontade de trazer para ela um prato de biscoitos HobNobs antes de tentar convencê-la de que nenhum homem vale esse tipo de dor."

Crazy For You

"Crazy For You" é uma música morna e contida sobre paixões bobas, às quais cedemos apesar dos nossos esforços, e desejos declarados na vã esperança de que um dia possam ser retribuídos na mesma moeda. Depois do drama instrumental das duas músicas anteriores, "Crazy For You" leva-nos de volta à voz pura de Adele em outra faixa produzida por Jim Abbiss. Ela tem muito em comum com a primeira contribuição dele para o álbum: retornando à Adele e seu violão, mas com um harpejo saído de um tom mais baixo do violão, em vez de um tom alto no baixo. Por mais simples que seja, a música agrega toques de *jazz* e *country*, assim como uma leve viagem nostálgica aos anos 1950. Há, com certeza, uma pequena intenção na direção da música "Crazy", de Patsy Cline, tanto no balanço do andamento quanto na letra sobre um anseio doloroso.

"Ninguém contou em palavras e música as longas e úmidas tardes de terça-feira de amor não correspondido tão bem quanto ela faz em 'Crazy For You'" foi o gracioso veredicto do *The Times*.

Melt My Heart To Stone

Sob outro título enigmático (derrete meu coração até virar pedra), Adele escreve sobre a fraqueza aguda e não compartilhada de tentar se agarrar a uma história de amor quando a outra pessoa já desistiu. Ela escreveu a música em um estado cru de sofrimento, logo após o fim do seu relacionamento, e, mais tarde, admitiu que era uma música sempre difícil de cantar ao vivo por causa das memórias que evocava.

Mesmo a versão gravada, produzida por Eg White com um equilíbrio habilidoso entre a voz de Adele e o *mix* instrumental, a intensidade da dor que encheu sua composição permanece. Há intervalos em que ela parece apenas falar, em contraste com sua voz elevada em outros momentos, como se o compositor por trás da letra agridoce estivesse em conflito com a cantora de *soul* ponderosa e de voz tocante em exibição nessa e em tantas outras músicas.

Um crítico disse que a banalidade essencial e comercial da música havia sido salva da monotonia pela voz "a ser aplaudida de pé" de Adele.

First Love

Depois do tom crescente da faixa anterior, "First Love" traz uma nova redução, levando-nos de volta para a Adele pura e simplesmente, tocando o acompanhamento na celesta desta vez, em outra faixa produzida por Jim Abbiss. O tilintar de canção de ninar da celesta dá a esta balada singular e suave um clima diferente das outras e, quase nos dando sono, reflete o estado de tédio de Adele com seu primeiro amor.

O efeito é como o de uma caixinha de música, a melodia em uma repetição que não sai da nossa cabeça, com Adele girando os vocais quase roboticamente enquanto tenta se libertar do tédio de uma história de amor, da qual ela (diferentemente das outras) é a primeira a se cansar. Seu sentimento é refletido no ritmo mecânico da música e na maneira como ela segura as palavras e canta-as em *staccato* para caberem na melodia. Sem refrão, ela parece um monólogo, pronunciado por alguém que está pensando bastante para escolher as palavras certas, mas que, às vezes, se esquiva por causa da dor aguda de sentimentos confusos.

Talvez seja a relativa falta de sentimento na letra, mas, apesar do seu som diferente, "First Love" parece ter ficado como uma das músicas menos memoráveis do álbum.

Right As Rain

"Right As Rain" traz de volta o ritmo desde a primeira batida na caixa, com algumas vozes sintetizadas e expressivas em estilo *R&B* e uma pitada do piano elétrico Wurlitzer. O cinismo rebelde da letra e a melodia animada fazem seu melhor para dar uma reviravolta positiva na situação quando "você se sente uma merda", como disse Adele ao apresentar a música. Terminar um relacionamento é algo difícil, mas fica mais fácil se você sente que fez do seu jeito.

"Right As Rain" traz nos créditos o maior número de compositores de qualquer música de Adele: com colaborações de Leon Michels, Jeff Silverman, Nick Movshon e Clay Holley da Truth and Soul Productions, do Brooklin. Alguns críticos identificaram a influência de Ashford & Simpson na faixa, embora o toque *Motown* não tenha agradado a todos. A *NME* chamou a música de "um pastiche *Motown* típico sobre ser maltratado".

Apesar dessas restrições, "Right As Rain" soa como um tipo de assinatura por meio da frase "é melhor quando algo está errado". Ela parece resumir o álbum todo; um álbum que subiu ao primeiro lugar nas paradas cantando com emoção após o fracasso de uma história de amor. Adele pega a dor de amor e, a partir dela, cria animação para o corpo.

Make You Feel My Love

A canção de Bob Dylan, "Make You Feel My Love" é o único *cover* de Adele no *19*; e a ideia de incluí-la veio de Jonathan Dickins. Dylan escreveu a música para seu 30º álbum de estúdio, *Time Out Of Mind*, lançado em 1997, que foi visto pelos críticos como um bem-vindo retorno de Dylan à sua forma, já que ele não lançava nenhum material original havia sete anos. Mais tarde, o álbum ganhou três Grammys, inclusive de álbum do ano.

Quando a *Rolling Stone* publicou sua resenha de *Time Out Of Mind*, ela dispensou "Make You Feel My Love", considerando-a "uma balada simples enfraquecida por frases de cartões de papelaria [que] quebra a magia do álbum", porém, a música foi posteriormente regravada por diversos artistas, desde cantores de *country* como Garth Brooks e Tricia Yearwood até artistas como Bryan Ferry, Ronan Keating e Neil Diamond. Na verdade, foi popularizada primeiro por Billy Joel, que lançou sua versão antes mesmo de Dylan.

Jonathan Dickins era apaixonado pela música havia anos. Quando o material para o álbum de estreia de Adele estava sendo discutido, ele mostrou a música para ela. Adele apaixonou-se na mesma hora e gravou um *cover* que é, talvez, o mais polido e focado na emoção de todos eles. Uma crítica disse que a interpretação de Adele era "linda de fazer parar o coração". O *The Observer* até achou que ela "invoca uma paixão que seu autor de voz áspera só pode invejar".

Em novembro de 2008, a canção "Make You Feel My Love" produzida por Abbiss foi o quinto e último *single* a ser lançado do *19*. O vídeo que o acompanha mostra Adele pela janela de um andar alto de um prédio de apartamentos no centro da cidade, tarde da noite. Do lado de dentro, ela olha a hora em um relógio digital ao lado da cama, suspira e, enquanto começa a cantar, pega o telefone celular para mandar uma mensagem de texto. Conforme a música avança, ela olha constantemente para o telefone e esfrega os braços como se estivesse com frio. Por fim, quando termina de cantar, o telefone toca e a câmera se afasta da janela enquanto ela o atende. Sua atuação contida, apresentada em um preto e branco cheio de sombras, transmite o calmo sentimento de desejo que a música exala.

Logo após seu lançamento, "Make You Feel My Love" chegou ao número 26 nas paradas do Reino Unido. Nos anos seguintes, a música acumulou várias execuções na televisão em programas famosos do horário nobre do Reino Unido, como Waterloo Road, East Enders e Hollyoaks. Porém, foram suas diversas execuções durante a sétima edição do programa The X Factor no Reino Unido em 2010, incluindo uma interpretação da concorrente que conquistou o segundo lugar, Rebecca Ferguson, que realmente deu impulso à música, levando-a ao quarto lugar das paradas do Reino Unido. Ela posteriormente reapareceu nas paradas várias vezes durante 2010 e 2011, após sua execução no Comic Relief Telethon, no Britain's Got Talent e no Strictly Come Dancing. Como consequência, a versão de Adele para "Make You Feel My Love" agora é um dos *singles* com mais tempo de presença nas paradas de sucesso do Reino Unido de todos os tempos.

Em 9 de agosto de 2011, a noite de abertura da segunda fase da turnê norte-americana "Adele Live" em Vancouver, Adele dedicou sua interpretação de "Make You Feel My Love" a Amy Winehouse, cuja morte precoce e trágica havia acontecido duas semanas antes. Foi um gesto que se transformou em uma tradição nos shows seguintes, com Adele incitando todos na plateia a levantarem seus telefones celulares com as luzes acesas enquanto ela cantava, "para que Amy possa vê-los lá de cima". A visão espetacular do Royal Albert Hall iluminado por milhares de telefones que eram balançados, enquanto uma enorme bola de discoteca capta e movimenta aquela galáxia de luzes, é um dos pontos altos do seu DVD de 2011, *Live At The Royal Albert Hall*.

My Same

"My Same" é uma história sobre "os opostos se atraem" de construção simples com uma levada tranquila de *jazz* que chega perto do *rockabilly*. Tocada por um trio afinado, Adele apresenta um animado improviso vocal.

Produzida por Jim Abbiss, a canção foi escrita por Adele quando ela tinha apenas 16 anos, para sua melhor amiga, Laura. Em algum momento, as duas se afastaram: "nem me lembro do motivo, o que significa que provavelmente foi algo bem idiota", ela comentou mais tarde. Porém, quando estava em turnê com o álbum *19*, Adele sentiu tanta falta de Laura que teve vontade de acertar a situação. "Liguei para Laura basicamente chorando, dizendo a ela que a queria de volta na minha vida e que precisava dela."

Laura estava na plateia do show de Adele no Royal Albert Hall em setembro de 2011. Quando foi cantar "My Same", Adele fez com que a amiga – usando um vestido de listras vermelhas, brancas e azuis e meia-calça vermelha – se levantasse para ser apresentada. "Tenho certeza de que vocês podem perceber como somos diferentes. Ela usa cores vivas. Eu uso preto", disse Adele. "Mas ela é o amor da minha vida."

Tired

Apesar da desesperadora fadiga transmitida pela letra cansada, "Tired" é uma faixa cheia de vigor e que contrasta bastante com as músicas emotivas à sua volta. Em produção completa de Eg White, ela apresenta a letra fácil e desorganizada em outro vocal à Lily Allen com sotaque britânico de Adele; e há uma fatia generosa de *pop* britânico nela também.

Como passou os primeiros anos de sua formação ouvindo bandas como The Cure, Adele também acrescenta um gostinho dos anos 1980 à canção, tanto na suave abertura em *staccato* com guitarra e baixo – a primeira fazendo perguntas as quais o segundo depois responde – quanto no insistente barulhinho do sintetizador que grita animado no fundo.

A inesperada intensidade crescente no estilo Coldplay da ponte, trazida mais à frente por uma grande seção de cordas, parece ser a mensageira do clímax emocional da música, mas ela se acalma quase tão logo surge, para deixar Adele cansada e sem mais paciência para o amor de novo, mas resignada com o resultado, em vez de sofrer por isso.

Hometown Glory

Aos 18 anos, Adele escreveu a música que mais tarde chamaria de "Hometown Glory" em dez rápidos minutos. Embora composta em apenas algumas batidas do seu coração jovem, foi essa canção ingênua no Myspace de Adele que realmente chamou a atenção das gravadoras. "Uma combinação daquela voz com uma música como 'Hometown Glory'... era incrível. Ela se destacou total e absolutamente", Jonathan Dickins relembrou.

O estimulante hino ao amor de Adele por sua cidade natal é a última faixa do álbum, mas foi a primeira música a ser lançada como *single*, em uma edição limitada de 500 cópias lançada pelo selo Pacemaker, de Jamie T, em outubro de 2007. "Ela fala mais ou menos de minha mãe e de mim, nós não concordávamos quanto à universidade onde eu deveria estudar", explicou Adele. "Porque, embora em um primeiro momento eu quisesse ir para Liverpool, depois mudei de ideia e quis estudar em uma universidade em Londres." A mãe de Adele tentou bater o pé. Se Adele fosse para Liverpool, ela dizia, aprenderia a ser menos dependente da família e a fazer as coisas sozinha. No entanto, Adele continuava insistindo em Londres e escreveu "Hometown Glory" como "um tipo de canção de protesto sobre apreciar as lembranças, boas ou más, da sua cidade natal".

Um encontro durante uma noite de bebedeira no centro de Londres também ajudou a inspirar a letra patriótica. "Eu estava muito irritada, cambaleando de um lado para outro. Uma mulher francesa se aproximou de mim e disse 'você precisa de ajuda, *querrrida*?'. E eu disse 'não, esta é a minha cidade, meu bem'."

A música tem um apelo corajoso a qualquer um que sinta um forte orgulho de um lugar, qualquer que seja. "Trata-se de Londres, embora eu não diga 'Londres' na canção", disse Adele. "Pode ser sobre qualquer lugar."

A melodia simples de "Hometown Glory" foi composta no violão: "quatro acordes pressionando uma corda" é como Adele se lembra de tê-la feito. No entanto, a produção final de Jim Abbiss traz um acompanhamento emocionante no piano e, no fundo, a London Studio Orchestra.

Muitos críticos consideraram a maravilha composta em dez minutos, "Hometown Glory", a melhor faixa do álbum. "Aquele piano, ainda assim, provoca nosso coração, desafiando-o a explodir", escreveu o *webzine* do Reino Unido *Drowned In Sound*. "Adele abrindo seu coração ferido, sua voz vibrante, estalando de uma palavra para outra, mas tão tocante... E, depois, o silêncio. Nenhuma fanfarra espalhafatosa na conclusão para fechar o álbum, nenhum floreio final para o ouvinte ficar atordoado e sem sentidos. Não é necessário. Os últimos quatro minutos já fizeram isso perfeitamente bem."

A *NME* destacou seu "*riff* genial de piano", dizendo que ele é uma "meditação sonora de olhos abertos sobre sua Tottenham natal", enquanto o *The Observer* foi arrebatado pela "maneira como ela alonga as vogais, sua maravilhosa e tocante expressão em palavras e o prazer puro e sem adulterações da voz".

Da sua dor amorosa, Adele havia dado vida a deleites musicais. Mesmo os críticos que acharam que *19* era bom apenas em parte pareciam aceitar que Adele estava destinada ao estrelato, e a revista *Q* comentou profeticamente que "*19* já parece o trabalho de uma jovem artista que tira o pó de cima da lareira para colocar prêmios maiores".

E quanto ao garoto sobre o qual Adele escreveu a maior parte do álbum? O que ele achou? "Ele adorou", ela contou ao *The Sun*. "Ele diz: 'é sobre mim'. E eu digo: 'é... sobre sofrer de amor, seu tolo!'."

O jornal respondeu dizendo que "esperamos que um cara legal possa alegrá-la um pouco para o próximo álbum". Infelizmente, não seria assim. Mas as perdas românticas de Adele continuariam sendo um grande ganho para seu público cada vez maior.

Capítulo 4

Correndo Atrás de Calçadas

Ontem, estávamos lá fora... fumando um cigarro e um cara skatista e punk *veio até mim e disse 'porra, eu te amo!', e eu fiquei tipo 'o quê? Quem diabos é você?'.*

Adele no US fame, 2009

Apesar de seu sucesso atordoante até o momento (um álbum número 1 das paradas e dois prêmios) ainda existiam dúvidas na imprensa quanto a Adele ter ou não aquilo que era necessário a uma estrela. "O sucesso instantâneo que o burburinho em torno de Adele traz pode prejudicá-la", opinou o *The Independent* no início de fevereiro de 2008. "Diferentemente daqueles artistas que construíram o sucesso mais devagar e conquistaram um público fiel ao longo dos anos, Adele tem apenas fãs conquistados relativamente há pouco tempo. O álbum dela agora está na primeira posição, mas ela vai continuar no auge?"

Entretanto, os agentes de Adele não alimentavam dúvidas desse tipo. Com um Brit Award e um álbum de sucesso na bagagem, Jonathan Dickins e a XL decidiram que já era o momento certo de levar seu novo talento britânico para o outro lado do oceano e lançar um "ataque Adele" nos Estados Unidos. Era uma decisão esperançosa que, eventualmente, teria mais sucesso do que eles ousariam sonhar. Por um tempo, no entanto, as coisas não aconteceram exatamente de acordo com o plano.

Em março de 2008, Adele assinou um contrato para uma parceria entre a poderosa Columbia Records (parte da Sony Music Entertainment, a segunda maior gravadora do mundo) e a XL Recordings, que lançaria o *19* nos Estados Unidos no verão seguinte. Ele podia estar confiante naquela época, mas, mais para o final daquele ano, Dickins revelou que sabia exatamente o quão amedrontadora era a tarefa que estava diante deles. Apresentar artistas nos Estados Unidos, ele disse, era uma arte relativamente nova para ele, e também não era óbvia. "Eu aprendo mais sobre os Estados Unidos o tempo todo, mas é um mercado muito difícil de conquistar." Ele citou uma estatística preocupante: dos artistas novos que entram no mercado dos Estados Unidos, 97% são nativos do país; em contraste com o Reino Unido, onde, segundo ele, 49% dos artistas que fazem sucesso são nativos e os demais, estrangeiros. "Isso nos dá uma ideia de quanto os Estados Unidos são difíceis."

Para selar o acordo com a Columbia, Adele partiu para uma pequena turnê norte-americana no mesmo mês, apresentando em show com ingressos esgotados em locais menores como o Joe's Pub em Nova York, no Dia de São Patrício; o Hotel Café em Los Angeles e The Rivoli em Toronto. Não foi a primeira visita de Adele aos Estados Unidos. Quando ela tinha 15 anos, seu pai a levou a Nova York. "Lembro-me de ter entrado em uma enorme loja da Virgin na Times Square, onde pensei o quanto seria incrível um dia ter um álbum em uma loja em outro país", ela mais tarde escreveria no seu *blog*, em março de 2011. Em 2008, menos de dois anos depois de ter assinado o contrato para gravar seu álbum no Reino Unido, Adele jogou-se na tarefa de tornar aquela emoção realidade antes do lançamento de verão do seu álbum de estreia nos Estados Unidos.

Apesar de sua animação com a maneira como sua carreira estava se desenrolando, estava claro desde o início que nem sempre seria simples atravessar o oceano, ainda mais para uma menina londrina apaixonada por sua cidade natal. Ela confessou o nervosismo antes dos shows ao jornal de Toronto *NOW*. "Eu amo cantar, mas nunca quis de verdade ser cantora. É duro desejar algo que você acha que não vai acontecer." Apesar da tremedeira, seus primeiros shows nos Estados Unidos deixaram uma ótima impressão naqueles que assistiram a eles. "Acabei de ver uma estrela sendo construída e não esquecerei essa apresentação tão cedo", disse um crítico da revista *Goldmine* a respeito do show de Adele no Joe's Pub, seu primeiro nos Estados Unidos. "Simplesmente não consigo parar de pensar no quanto a voz dela é incrível", escreveu outro membro da plateia em seu *blog*.

De volta ao Reino Unido, Adele fez um show no Shepherds Bush Empire após seu aniversário de 20 anos, no início de maio. Embora todos os ingressos tenham sido vendidos, ela confessou com doçura seu medo do palco. "Muito obrigada por terem vindo", ela agradeceu, arrebatada. "Acho que vou chorar de tanto medo. Os ingressos foram vendidos há tanto tempo que eu imaginava que tocaria para dez pessoas." Esse não foi um comentário descartável, por mais terno que pareça. Não importava quantos shows ela já tinha feito, para plateias que ficavam maiores e mais extasiadas; o medo do palco continuaria a amaldiçoar Adele.

Havia poucos momentos preciosos para se entregar a esse medo, no entanto. Na plateia do seu show em Los Angeles algumas semanas antes, esteve a poderosa supervisora musical de televisão dos Estados Unidos Alexandra Patsavas, que tinha recebido uma dica sobre a jovem garota britânica de talento de um executivo de licença criativa da Columbia Records. O resultado foi que, em 22 de maio de 2008, "Hometown Glory" foi tocada no episódio de duas horas do final da quarta temporada de Grey's Anatomy, uma série dramática com médicos dos Estados Unidos que ganhou diversos prêmios, que contou com uma audiência de mais de 18 milhões de telespectadores. Aquele era um bom sinal para o iminente lançamento de *19* nos Estados Unidos no dia 10 de junho.

Quando o episódio de Grey's Anatomy foi ao ar, Adele já estava de volta aos Estados Unidos para a primeira etapa da sua turnê "An Evening With Adele". Era uma empreitada muito mais ambiciosa do que a primeira, Adele tinha shows marcados em 15 lugares nos Estados Unidos e no Canadá entre a metade de maio e a metade de junho, antes de voltar à Europa para mais cinco shows na França, na Alemanha, na Suíça e nos Países Baixos. Ela depois voltaria para casa para apresentar um dos shows da série de verão no Somerset House, em Londres. Depois disso, já estavam sendo feitos planos para que ela voltasse aos Estados Unidos em agosto para shows em lugares ainda maiores.

A *Rolling Stone* publicou uma crítica do show de Adele, em meados de junho no Bonnaroo Music Festival, em Manchester, Tennessee. "Durante a apresentação de uma hora, ela mostrou sua grande voz à Aretha. O que é mais impressionante é que a garota de 20 anos parecia completamente despreocupada com seu desempenho", escreveu o crítico. Ele contou que Adele mais uma vez havia admitido para o público seu nervosismo com a apresentação, dizendo que tinha "pavor de festivais" e não achava que tantas pessoas fossem aparecer.

Apesar de todas as coisas extraordinárias que haviam acontecido com ela no ano anterior, era claro que Adele ainda estava insegura. Era um momento de mudanças rápidas, mas também era muito difícil para uma menina que tinha acabado de completar 20 anos, que poucas vezes havia estado longe de seu amado lar e da sua querida família antes. "Estou sentada em um estacionamento para caminhões entre Minneapolis e Ann Arbor e estou com muita saudade de casa. Sinto falta da minha mãe e dos meus amigos Brett e Clyde", ela postou no seu *blog,* em 4 de junho.

Adele estava claramente oscilando entre ter saudade de casa e mergulhar nas possibilidades da sua nova vida global. Algumas semanas depois, foi dito que ela revelou a um blogueiro do Brooklyn que tinha começado a procurar um apartamento em Nova York. Não porque tivesse se apaixonado pelo lugar, mas sim pelo que ficar tão longe de casa faria pela criatividade dela.

"Quero escrever meu segundo álbum em Nova York. Eu viveria lá por um tempo, mas sempre voltaria para Londres", ela contou mais tarde ao *Daily Mirror*. "Não fico muito confortável lá, então seria bom colocar-me em uma situação que me faria mijar nas calças. Preciso estar em situações assim para me ajudar a escrever músicas."

Aqueles meses nos Estados Unidos foram momentos de sentimentos loucos e confusos, de uma grande agitação e animação com tudo que estava acontecendo com ela, mas também de anseio por sua velha vida livre e simples de garota andando por outra cidade, que ela conhecia tão bem e amava com tanta lealdade. "Tudo está acontecendo tão rápido que eu não tive ainda a chance de absorver nada na verdade", ela contou ao blogcritics.org, em julho. "Eu vivo um dia de cada vez, mesmo. Estou aproveitando. Às vezes, é um pouco difícil, mas não tenho a menor vontade de ter uma vida diferente."

Em 10 de junho, *19* foi lançado nos Estados Unidos. Para marcar a ocasião, Adele apareceu no programa matutino da NBC, The Today Show, que está no ar há muito tempo, e cantou "Chasing Pavements", e mudou a palavra-chave da última frase de "pavements" para "sidewalks" (calçadas). Isso foi apenas para o caso de os telespectadores dos Estados Unidos não estarem entendendo muito bem o que era essa história estranha e inglesinha de correr atrás de calçadas. Foi uma rara concessão da firmemente inglesa Adele. "'Chasing Pavements' é uma frase muito inglesa que muitos americanos não entendem", ela disse à revista *Blues & Soul* algumas semanas depois. "Muitas pessoas chegaram até a sugerir que eu mudasse o título para 'Chasing Sidewalks'! Mas eu falei 'se toca! Não vou mudar por causa de vocês! Eu sou de Londres!'."

Uma semana depois, Adele cantou "Chasing Pavements" na televisão novamente, dessa vez no programa The Late Show With David Letterman. Depois, ela foi perseguida pelas calçadas de Nova York por *paparazzi* e teve de buscar refúgio em um bar de vodka russo. "Quatro horas depois, eu saí de lá", ela relembrou, mais tarde naquele mesmo ano. "Minha nossa, eu corria pela Broadway, muito bêbada."

Apesar da exposição nacional pela televisão e a turnê de costa a costa (e a atenção dos *paparazzi*), o *19* inicialmente não causou uma impressão muito forte nas paradas de sucesso dos Estados Unidos. Ele estreou na 56ª posição e permaneceu nos lugares mais baixos da Billboard 200 durante as semanas seguintes. A recepção do álbum pelos críticos dos Estados Unidos foi, em geral, positiva, embora aquelas persistentes e irritantes comparações com as compatriotas, Amy Winehouse e Duffy, parecessem ainda mais difíceis de afastar do lado de lá do Atlântico. "Esse pássaro britânico muito comentado vem da *Winehouse* (casa de vinhos) que Amy construiu", escreveu Mikael Wood da *Entertainment Weekly*. "Adele sussurra letras tristes sobre o amor com uma voz sensual muito mais madura do que seus 20 anos poderiam sugerir no álbum *19*", ele continuou. "Porém, exceto pela delirante 'Chasing Pavements' – sobre um relacionamento que segue uma estrada esburacada para lugar nenhum –, as músicas de Adele não são tão penetrantes quanto as de Duffy."

Em alguns momentos, a turnê foi exaustiva. Adele teve de dividir um ônibus "horrível" com "seis caras fedidos"; havia motéis infestados de baratas; e o vaso sanitário do banheiro ficava entupido com papel higiênico. Porém, de volta a Londres no final de junho, uma Adele determinada e corajosa ainda falava com confiança sobre fazer sucesso nos Estados Unidos. "Eu, na verdade, acho que não é tão difícil conquistar os Estados Unidos. É apenas uma questão de ter de estar lá e ter fôlego para ficar indo e voltando. Porque, se... você mostrar que está comprometida, todo mundo vai querer vê-la. E eu realmente acho que o motivo de muitas pessoas não fazerem sucesso nos Estados Unidos é não conseguirem ficar longe de casa por tanto tempo. Eu sei que, para mim, os Estados Unidos serão, com certeza, algo a ser construído aos poucos."

Porém, o fôlego e o comprometimento de Adele para ficar "indo e voltando" seriam colocados seriamente à prova. Um evento sísmico em sua vida pessoal ameaçava destruir por inteiro todos os planos que ela havia feito com muito cuidado.

Em julho, pouco antes de *19* ficar entre os indicados para o prêmio de álbum do ano do Mercury Music Prize de 2008 – ele acabou perdendo para o The Seldom Seen Kid da banda Elbow –, ela tinha dado uma alegre entrevista para Dina Behrman do *Daily Mirror*, na qual ela falou bastante e com entusiasmo sobre o tipo de homem pelo qual ela se interessava. "Eu participei do Live Lounge da Radio 1 com Jo Whiley há pouco tempo, esqueci que era ao vivo e comecei a falar o quanto eu gostava de Chris Moyles. Depois, ele passou a semana toda falando que eu gostava dele. Mas o meu tipo sempre muda. Eu gosto de Chris Moyles, Colin Firth, Ryan Phillippe e Jamie Oliver. Eu gosto de costas bonitas. Gosto das costas de Jake Gyllenhaal. Naquele filme com a Jennifer Aniston, *Por um sentido na vida*, quando ele está transando com ela, as costas dele são bem feitas, que até minha mãe falou 'uau!'. Então, costas bonitas e senso de humor. Não gosto de caras malhados que não são engraçados. Prefiro um cara feio que seja muito engraçado."

A conclusão de Behrman – "ela com certeza está procurando alguém e sabe exatamente o que quer" – parecia sensata. Mas ela não estava disponível; Adele já havia, na verdade, se apaixonado. Por alguém dez anos mais velho, um homem que ela conhecera antes mesmo de gravar o *19*. E com esse homem mais velho ela iria embarcar no que chamaria depois de seu primeiro relacionamento de verdade.

"Foi a coisa mais importante da minha vida toda até então... Ele me deixou morrendo de fome", ela disse posteriormente. "Ele era mais velho [e] era bem-sucedido por mérito próprio, enquanto meus namorados anteriores tinham a minha idade e não faziam quase nada." Seu novo amor também era mais sofisticado que qualquer um dos anteriores e mudou a forma como ela via a vida. "Ele despertou meu interesse para filmes, literatura, comida, vinho, viagens, política e história, e eram coisas pelas quais eu nunca havia me interessado. Eu gostava de ir a clubes e ficar bêbada."

Após meses de gravação, turnês e entrevistas quase constantes, Adele devia estar exausta, tentando entender qual caminhão havia passado por cima dela, precisando fazer um inventário da sua vida. E, naquele momento, queria apenas ficar com o seu homem. Com data marcada para voltar aos Estados Unidos e fazer mais shows no final de agosto e início de setembro, Adele decidiu cancelar tudo. Nas palavras dela, foi para "colocar em equilíbrio minha carreira, meu namorado e minha família".

De maneira significativa, o *blog* de Adele caiu no silêncio entre o final de junho e o começo de agosto. Aconteceram alguns shows nesse meio tempo: na Somerset House de Londres, em Amsterdã e em Berlim. Também um bem louco em La Cigale, Paris. "Foi um dos melhores shows de todos os tempos. Porém, depois que eu terminei, o público queria mais. Eu havia cantado todas as minhas músicas e os *covers*, então não tinha mais nada para apresentar. Eles começaram um tumulto, literalmente. Foi hilário!", ela disse.

Em 5 de agosto, ela reapareceu no *blog* para registrar o quanto estava animada por se mudar para seu próprio apartamento em Notting Hill e falou que havia ganhado um mês de férias. Ainda é difícil definir exatamente o que estava acontecendo durante esse período da vida de Adele, pois aquela mulher sempre eloquente ficou em silêncio total. Talvez o desejo de ficar com seu namorado sofisticado a fez querer calar tudo e todos. Talvez ela não suportasse passar mais tempo longe da família. Talvez ela estivesse bebendo muito. É mais provável que os eventos tumultuosos dos meses anteriores a tenham afetado, deixando-a desesperada para conseguir um pouco de tempo para avaliar sua vida. A própria Adele havia dado todas essas explicações, mas se alguma é o motivo real, ela guardou a informação para si mesma. "Eu caí em problemas por ter desperdiçado o tempo das pessoas, mas estava desesperadamente infeliz", foi como ela explicou mais tarde.

Aquela Adele que geralmente estava superdisponível para tudo precisou esperar até o ano seguinte para conseguir se abrir e contar sobre esse período da sua vida. Em fevereiro de 2009, ela deu uma entrevista para Liz Jones, do *Daily Mail*, após cancelar a entrevista original que havia sido marcada para agosto de 2008 no último minuto. Como havia feito uma viagem de quatro horas até Londres para encontrá-la, Liz Jones não ficou feliz na época e considerou que o cancelamento devia-se a Adele ser uma adolescente maluca e bêbada que não duraria muito na profissão. Alguns meses depois, quando ela, por fim, conheceu Adele, mudou de ideia rapidamente quanto à capacidade da cantora de trabalhar duro.

Adele disse a Liz Jones que, na época da entrevista cancelada, ela havia decidido que queria tirar um tempo para descansar de verdade. Dizem que ela avisou à gravadora, ao assessor de imprensa e ao agente que não queria receber *e-mails*, ligações ou mensagens de texto: "nada". "Tinha chegado ao ponto em que meus amigos me ligavam, e eu estava trabalhando na Noruega ou outro lugar, e eles me convidavam para visitá-los. Eu ficava incomodada por eles não saberem que eu estava no exterior. Então, por três meses, fui ao *pub*, a churrascos, vi meus primos."

Alguns meses depois, em julho de 2009, ela deu mais alguns detalhes à revista americana de moda e cultura *pop Nylon*: "nós chamamos esse período de minha crise da pouca idade. Eu bebia demais e essa era mais ou menos a base do meu relacionamento com esse cara. Não aguentava ficar sem ele, então pensava 'bem, OK, vou cancelar meus compromissos'. Agora estou sóbria e penso 'não acredito que fiz isso'. Parece muita ingratidão". Mais ou menos na mesma época, ela disse a um tabloide do Reino Unido: "eu estava muito infeliz em casa e havia vários problemas familiares acontecendo... Mas eu melhorei de novo. Parei de beber".

Adele em 2010. Os olhos têm charme (com os cílios que agora são sua marca registrada). COQUEREL/DALLE/RETNA PICTURES

Adele carrega seu amado Louie. E uma linda bolsa da sua grande coleção.
BERETTA/SIMS/REX FEATURES

Adele assiste, na New York Fashion Week, ao desfile de uma das suas estilistas favoritas, Barbara Tfank, Nova York, setembro de 2009.
MIKE COPPOLA/FILMMAGIC

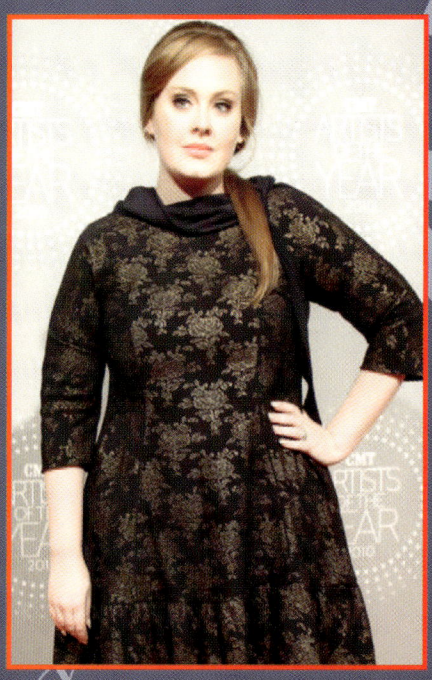

Uma garota *country* para variar, no evento Artists of the Year da CMT, Franklin, Tennessee, novembro de 2010.
ED RODE/GETTY IMAGES

Adele com gás total durante o primeiro *Live Lounge Special* da Radio 1, da BBC, Maida Vale Studios, Londres, janeiro de 2011.
ANDY SHEPPARD/REDFERNS

Ensaiando para a segunda participação em um de seus programas favoritos: *Later... With Jools Holland*, março de 2008. ANDRE CSILLAG/REX FEATURES

Cantando Baby It's You, acompanhada pelo compositor da música, o lendário Burt Bacharach, para o BBC Eletric Proms, na The Roundhouse, Londres, outubro de 2008. BRIAN RASIC/REX FEATURES

Levando o *21* para a América. Adele apresenta-se no estúdio da estação de rádio californiana KCRW, fevereiro de 2011. LARRY HIRSHOWITZ/CORBIS

Cumprimentando os fãs. Adele chega para o *The Late Show With David Letterman*, no Ed Sullivan Theater, Nova York, fevereiro de 2011. GETTY IMAGES

Cumprimentando os fãs. Adele chega para o *The Late Show With David Letterman*, no Ed Sullivan Theater, Nova York, fevereiro de 2011. GETTY IMAGES

Indicada ao Barclaycard Mercury Prize pelo *21*, Londres, setembro de 2001. DAVE HOGAN/GETTY IMAGES

"Someone Like You" impressiona novamente. No palco do evento anual MTV Video Music Awards, Los Angeles, Agosto de 2011. KEVIN MAZUR/GETTY IMAGES

Um dia especial. Adele apresenta-se no The Tabernacle, em Notting Hill, no dia do lançamento do *21* no Reino Unido, Londres, janeiro de 2011. ANDY SHEPPARD/REDFERNS

Uma verdadeira garota de capa de revista. No tapete vermelho do MTV Video Music Awards de 2001, Los Angeles, agosto de 2011. JON KOPALOFF/FILMMAGIC

A jovem Adele Laurie Blue Adkins, uma estrela sendo criada. PAUL BERGEN

Os primeiros dias de apresentações. Adele no palco no Great Escape Festival, em Brighton, maio de 2007. DAVE ETHERIDGE-BARNES/GETTY IMAGES

Os britânicos branco, azul e vermelho. E uma garota do sul de Londres por inteiro. JONATHAN PROCTOR/RETNA PICTURES

Uma nova música sendo escrita? Londres, junho de 2006. BEN RAYNER/CORBIS OUTLINE

Ensaio ao ar livre, Londres, junho de 2006. BEN RAYNER/CORBIS OUTLINE

Indicada ao Barclaycard Mercury Prize pelo *19*, Londres, setembro de 2008. JMEINTERNATIONAL/REDFERNS

Recém-coroada pelo Critics Choice. Brit Awards, Londres, fevereiro de 2008. A primeira de muitas cerimônias de premiação. ALESSIA PIERDOMENICO/REUTERS/CORBIS

Adele e Alicia Keyes no Keep a Child Alive Black Ball, no Hammerstein Ballroom, Nova York, novembro de 2008. As duas cantoras apresentaram um dueto de "Hometown Glory". KEVIN MAZUR/WIREIMAGE

Artista solo do ano no Glamour Women of the Year Awards de 2009, Londres, junho de 2009. Repare na produção pós-Grammy. JON FURNISS/WIREIMAGE

Cativando o público do continente. Adele apresenta-se na televisão francesa, Paris, março de 2008. ROBIN FRANCOIS/RETNA PICTURES

O sucesso duplo de Adele no Grammy, por melhor artista revelação e melhor desempenho vocal pop feminino. 51ª premiação do Grammy, Los Angeles, fevereiro de 2009. ANDREW GOMBERT/EPA/CORBIS

Febre de divas. Adele no palco com Jennifer Hudson (à esquerda) e Leona Lewis (à direita) no evento beneficente Divas do VH1, Brooklin Academy of Music, setembro de 2009. CHRISTOPHER POLK/GETTY IMAGES

Em turnê pelos Estados Unidos, janeiro de 2009. E aquecendo o coração da plateia no meio do inverno. REX FEATURES.

Adele sempre foi mais sincera do que a maioria quanto ao seu consumo de álcool. No passado, ela não guardou em segredo seu amor pelo vinho tinto: "minha boca toda fica vermelha, como se eu tivesse comido o braço de alguém", ela disse certa vez. E, em 2011, ela disse à revista *Q* que havia descoberto os prazeres do gim com cassis. Às vezes, quando se sentia sensível ou sob pressão durante a turnê, ou simplesmente solitária, Adele admitiu que abria uma garrafa de vinho tinto sozinha em seu quarto de hotel tarde da noite. No entanto, em várias ocasiões, ela também demonstrou que tinha a força de vontade para abandonar a bebida por completo; seja quando a obrigavam a isso ou pelo bem da sua voz, ou, após sua "crise da pouca idade", quando percebeu que estava prestes a prejudicar a coisa mais importante que tinha acontecido a ela. Quando chegou a noite do Brit Awards em fevereiro de 2009, ela ainda estava tomando suco de oxicoco.

Talvez sua entrevista mais franca sobre esse período difícil foi a que ela concedeu à revista *Observer Music Monthly,* em Los Angeles, no fim de janeiro de 2009. "Tento não reclamar disso. Mas eu simplesmente não estava nem um pouco preparada para o meu sucesso e fiquei um pouco doida por um tempo. Precisava de um tempo de folga e não estava conseguindo isso e, assim, tentei inventar umas desculpas para conseguir um descanso. Mas fui muito egoísta e quase perdi tudo. Por sorte, isso não aconteceu."

Contudo, conforme o verão de 2008 acabava e começava o outono, parecia mesmo que, cada vez mais, a invasão de Adele aos Estados Unidos estava perdendo força. Por fim, ela voltou ao outro lado do Atlântico no começo de setembro, fez um show no Webster Hall de Nova York e apareceu algumas vezes na televisão e no rádio. No entanto, como publicou um jornal dos Estados Unidos, "o álbum... chegou em junho e, durante o verão, vendeu cerca de 80 mil cópias, o que não é um resultado ruim para uma novata nessa situação brutal da indústria musical. Porém, aquele grande sucesso, do tipo que seu nível de talento merecia, não estava acontecendo". Promover o sucesso de Adele nos Estados Unidos estava provando ser tão difícil quanto as estatísticas sugeriam.

Mas, um mês depois, tudo mudou. Para sempre. Foi outro daqueles momentos extraordinários de definição que a carreira de Adele parecia destinada a provocar. Em 18 de outubro, ela tinha agendado uma apresentação no programa Saturday Night Live da rede NBC. O SNL, como é popularmente conhecido, é um programa de comédia e variedades que passa tarde da noite e está no ar há muito tempo, renomado por sua abordagem satírica da política e cultura contemporâneas. Em outubro de 2008, a campanha presidencial dos Estados Unidos, que resultaria na eleição de Barack Obama para ocupar a Casa Branca no mês seguinte, estava em seus estágios finais e frenéticos, com a cobertura da mídia sobre os candidatos chegando ao pico.

Quem também ia aparecer no programa vencedor do Emmy naquela noite era Sarah Palin, governadora do Alasca e primeira candidata mulher do Partido Republicano ao cargo de vice-presidente. A campanha de Palin havia sido perturbada por controvérsias, relacionadas tanto à sua vida pessoal quanto à sua vida pública, embora ela também tivesse conquistado a admiração em alguns grupos por seu estilo extrovertido, entusiasta e faminto por publicidade e por seus discursos informais, apimentados com frases como 'pó apostar!'. Nas semanas anteriores à sua participação no SNL, Palin havia sido vítima de muitas paródias no programa com a interpretação da comediante Tina Fey, conhecida por sua semelhança física com Palin. As representações de Fey eram bastante populares e logo se transformaram em virais.

Fey também participaria do SNL em 18 de outubro para o seu primeiro encontro cara a cara com Palin. A consequência da expectativa provocada pelo programa foi que 15 milhões de pessoas (a maior audiência do SNL em 14 anos) ligaram a televisão para ver qual seria a próxima declaração de Palin, que não tinha papas na língua. E que piada Fey faria com ela. E como Palin reagiria. Assim, 15 milhões de espectadores também tiveram a chance de ver uma cantora britânica pouco conhecida chamada Adele cantar duas músicas: uma que tinha o título estranho de "Chasing Pavements" e outra chamada "Cold Shoulder".

Vestida com o discreto preto de sempre, Adele parecia acanhada; sua franja cobria parte da atraente maquiagem estilo anos 60 dos olhos, que também se transformaria em um tipo de marca registrada. Até para seus rigorosos critérios, ela fez uma apresentação maravilhosa das duas músicas. Durante o refrão final de "Chasing Pavements", ela mais uma vez trocou a letra para "sidewalks", uma concessão que serviu apenas para encantar ainda mais o público. E, no final de "Cold Shoulder", surgiu uma explosão espontânea e genuína de fofura, quando Adele deu alguns pulinhos para trás, agradeceu pelos aplausos levantando os ombros como uma criança e fez rapidamente o sinal de positivo com as duas mãos. Era como se ela buscasse diminuir o impacto da sua apresentação, enquanto admitia com modéstia "foi bastante bom, não foi?".

Antes do programa, Adele havia recusado uma visitante VIP em seu camarim. "Uma pessoa do serviço secreto bateu à minha porta e perguntou se Sarah Palin – p.q.p., a Sarah Palin! – podia entrar no meu camarim. Meu maquiador e meu estilista são *gays* e a odeiam. Por isso, eu disse 'estas pessoas não querem conhecê-la e eu, na verdade, também não'." Após o programa, no entanto, dizem que Palin "veio andando desengonçada com seu pessoal do serviço secreto" e disse a Adele que ela e suas filhas eram grandes fãs da cantora. "Ela foi muito, muito simpática. Mas o mais engraçado é que eu estava com um broche enorme do Obama na altura do seio e ela era muito baixinha... Então, ela teve de ficar olhando diretamente para o broche enquanto falava comigo!" Mais tarde, ela falou para a *Rolling Stone*: "senti-me uma traidora".

Embora as reviravoltas políticas do programa tenham inevitavelmente abocanhado as principais notícias, as apresentações de Adele deram um impulso sem fim à sua posição nas pesquisas de opinião sobre música. "Há dois meses, tenho ouvido de vez em quando o álbum *19* de Adele", escreveu um crítico no *site* da *Entertainment Weekly*. "No entanto foram necessárias duas apresentações poderosas no... Saturday Night Live para que eu desse valor de verdade a essa pilha de fofura petulante (e, ainda assim, com medo de palco). O vestido listrado, a malha, as unhas de cor berrante e o fato de que, diferentemente de muitas estrelas *pop* atuais, ela parecia ter comido nas últimas 24 horas… foram suficientes para eu dizer que, agora, amo Adele ainda mais."

Conforme a aposta de Palin na vice-presidência afundava nas pesquisas, a pontuação de Adele nos Estados Unidos disparava. Jonathan Dickins descreveu que ele foi dormir à meia-noite depois da apresentação dela no SNL, quando o *19* estava na 40ª posição da classificação do iTunes. Quando ele se levantou às 6 horas da manhã para pegar o voo de volta a Londres, o álbum tinha sido alavancado para a oitava posição. "Eu pensei 'nossa, isso é muito incrível'." Quando ele desceu do avião em Londres e voltou para casa, o álbum havia chegado ao primeiro lugar. "Era uma conquista gigantesca. Completamente gigantesca", ele disse. "Ó, meu Deus. Nossa, muito obrigada. Muito feliz e muito admirada. Eu me diverti demais no SNL" foi a reação de Adele no seu *blog*. Uma semana depois, o álbum havia escalado 35 posições e chegado ao 11º lugar da lista Billboard 200. "A combinação de Adele de vocais sensuais, seu encantador e tímido comportamento no final das apresentações e o fato de ela ser uma rara estrela-a-caminho-do-sucesso que não parece ter passado o verão no acampamento de fome da Victoria Beckham obviamente criam uma ligação com o público", publicou o *Richmond Times*. "Assim, ela mereceu o espaço musical de prestígio em um programa que atraiu 15 milhões de telespectadores? Pó apostar."

A participação de Adele no SNL não foi apenas uma reviravolta no que diz respeito às vendas nos Estados Unidos. Ela mais tarde descreveria aquela noite de outubro como "a mais memorável e intensa" da sua vida. A futura admiradora ardorosa de Adele, Beyoncé, aparentemente havia solicitado um ingresso para o SNL, mas acabou não podendo comparecer. No entanto, o astro de Hollywood Alec Baldwin apareceu por lá, e também o ator Mark Wahlberg, ex-*rapper* conhecido como Marky Mark. Adele observou que ele "não fez parte da minha geração, mas a minha mãe ama o Marky Mark e, por isso, enviei uma mensagem de texto para ela. E minha tia o adora também".

Foi uma noite estrelada, mas também uma ocasião significativa para a futura direção criativa que Adele tomaria. Pois, também na plateia do SNL, estava o lendário produtor de álbuns americano Rick

Rubin. Copresidente da Columbia Records, aquele homem com uma barba exuberante fez sua fama como divulgador do *hip-hop* na década de 1980, fundando a Def Jam Recordings e trabalhando com artistas como The Beastie Boys, Public Enemy e LL Cool J. Desde aqueles dias, ele já havia trabalhado com uma variedade admirável de artistas, inclusive Aerosmith, Slipknot, Dixie Chicks e Red Hot Chili Peppers. Ele também teve um papel influente na revitalização das carreiras tanto de Johnny Cash quanto de Neil Diamond, ajudando a trazer as músicas deles de volta para a linha de frente do sucesso após anos relegadas a um deserto fora de moda.

"Eu me apaixonei por ele assim que o conheci", disse Adele sobre Rubin. "Eu o amava desde meus 15 anos e do lançamento de *Californication* [da banda Red Hot Chili Peppers]. Eu era obcecada por aquele álbum." Não é surpresa que o primeiro encontro deles, no SNL, a tenha deixado um pouco nervosa. "Eu assisti novamente [à minha apresentação] alguns meses depois e, enquanto eu cantava, pude ver nos meus olhos o exato momento em que mijei nas calças porque vi a infame cabeça de Rick Rubin atrás da câmera. Fiquei fascinada com a presença de alguém tão famoso, mas, depois de conhecê-lo, vi que ele é muito calmo. Foi um caso de opostos que se atraem." Seu encontro com Rubin naquela noite serviu para plantar as sementes de uma colaboração muito frutífera.

Alguns dias depois da exibição do SNL, Adele anunciou planos para voltar aos Estados Unidos no início de 2009 para uma nova turnê de 11 shows. Depois do verão turbulento e um início falso, veio um triunfo na televisão. A invasão de Adele aos Estados Unidos foi reiniciada.

Capítulo 5

E o Prêmio Vai Para

Sinto falta de Utterly Butterly... leite semidesnatado... batatinhas Walkers... minha mãe... meu apartamento... minha cama.
Adele em Los Angeles, janeiro 2009

De volta à Inglaterra no final de outubro, depois de seu triunfo no Saturday Night Live, Adele ainda estava passando seu tempo com as estrelas. Logo em seguida, ela viveu a emoção de cantar um *cover* de "Baby It's You", uma música gravada originalmente pelo The Shirelles e os The Beatles, acompanhada de seu compositor, Burt Bacharach, como parte da temporada de 2008 do Electric Proms da BBC. De acordo com o *blog* dela, essa foi a realização de um sonho maior do que quando o *19* chegou à primeira posição do iTunes.

"Foram coisas demais para eu digerir esse ano, de verdade. Foi tão incrível, parece que cinco anos de eventos foram condensados em um", ela escreveu em 27 de outubro. Na semana seguinte, o quinto e último *single* do *19*, a emocionante versão de Adele "Make You Feel My Love", foi lançado no Reino Unido, chegando – por ora – à 26ª posição das paradas de sucesso de *singles*. Adele conseguiu tempo para cantá-lo no famoso programa da hora do almoço Loose Women, da ITV.

Em 11 de novembro, pelo segundo ano consecutivo, ela participou de uma das sessões Little Noise da Mencap Music, na Union Chapel de Londres, mas como a atração principal dessa vez. Outros participantes eram o cantor e compositor irlandês Damien Rice ("estou tão feliz! Sou uma grande fã dele!", ela contou) e a dupla de irmãos australianos Angus e Julia Stone, de música *folk*. Em uma entrevista antes da sessão, Adele revelou que havia começado a trabalhar no próximo álbum, mas que estava sendo difícil. "Embora eu tenha tempo para ficar sozinha, a última coisa que quero fazer é escrever uma música." As turnês constantes, disse ela, estavam afetando sua capacidade de cair no trabalho. "Escrevi umas seis músicas. Quatro são muito ruins, porque estou meio que voltando à forma. Duas são aceitáveis." Ela declarou que adoraria trabalhar com alguém como a cantora de *bluegrass* Alison Krauss, assim como colaboradores do mundo do *pop* em voga, como Beyoncé e Justin Timberlake. "Porém, acho que esse tipo de álbum sairá quando eu estiver no quarto ou quinto. Ainda sou mais ou menos uma cantora *pop* novinha e quero ficar assim por um tempo."

Aquela foi apenas uma pausa breve no Reino Unido, no entanto. Era um momento agitado e transatlântico, e Adele não teria chance de dar importância ao seu ódio de aviões conforme sua invasão aos Estados Unidos era reiniciada. Menos de uma semana depois, ela estava de volta aos Estados Unidos, gravando uma sessão improvisada e curta para o iTunes na Apple Store do SoHo, em Nova York, e ganhando a aprovação do público por ter dedicado a interpretação de "Hometown Glory" da noite àquela cidade. Também aconteceu o que Adele chamou de um dueto ao vivo "surreal" com Alicia Keys no Keep a Child Alive Black Ball, no Hammerstein Ballroom em Nova York. No evento de angariação de fundos patrocinado pelo Condé Nast, recheado de estrelas, Adele, Justin Timberlake, o ex-finalista do programa American Idol Chris Daughtry e o artista de *hip-hop* sudanês Emmanuel Jal took revezaram-se para se apresentarem com Alicia Keys. Quando chegou sua vez, Adele cantou "Hometown Glory", provavelmente pensando em Nova York de novo, em vez de Londres.

Além de suas aparições ao vivo, Adele também estava rapidamente se transformando em uma veterana dos grandes programas de televisão dos Estados Unidos. Ela pegou um avião até a Califórnia para outro espaço durante o horário nobre, dessa vez no programa, no ar há muito tempo, The Tonight Show With Jay Leno, da NBC. Adele acrescentou uma dose considerável de alma e bastante *glamour* a um grupo de convidados formado por Daniel Whitney, conhecido como Larry the Cable Guy, e o novo âncora de jornal e comentarista político do país Chris Matthews. Alguns dias depois, ela acrescentou à sua lista outro dos mais importantes programas de entrevista dos Estados Unidos, quando participou da gravação de The Late Late Show With Craig Ferguson. Ferguson, de nacionalidade escocesa, apresentou sua convidada "sensacional, inteiramente britânica", cantando "Chasing Pavements", com aquela brincadeira de palavras agora já usada à exaustão: "se ela fosse americana como eu, ela diria 'Chasing Sidewalks'". Adele, que sempre agrada a plateia, trocou novamente a referência, no refrão final de uma versão belamente simples da música, acompanhada apenas por um teclado e um violão acústico bem discretos. Quando o programa foi ao ar, em 26 de novembro, Adele já havia voltado ao Reino Unido, com uma vontade incontrolável de ver sua mãe. Mais tarde, naquele mesmo dia, ela voltou ao *blog* e disse aos fãs "eu... comi carne assada com minha mãe e assistimos a *Monstros S.A.* Eu amo esse filme. Estou bem confusa com o fuso horário".

Pode ter sido uma sensação gloriosa voltar à cidade natal com tempo para descansar, mas os Estados Unidos ainda não tinham largado do pé de Adele naquele ano. No início de dezembro, chegou a notícia todo-poderosa de que ela havia sido indicada a quatro prêmios Grammy. Mais importante premiação da indústria musical nos Estados Unidos, os Grammys, anuais, são concedidos pela National Academy of Recording Arts and Sciences para todos os gêneros musicais e em várias categorias. Naquela 51ª edição, a ser apresentada em fevereiro do ano seguinte, Adele estaria na disputa por gravação do ano, música do ano, melhor desempenho vocal *pop* feminino – os três por "Chasing Pavements" – e melhor artista revelação. Adele ficou admirada. Como lhe disseram que ela tinha uma chance pequena, mas possível, de vencer como melhor artista revelação, ela ficou acordada a noite toda, procurando na internet notícias sobre o comitê do Grammy em Los Angeles e imaginando se sua colega da BRIT School, Leona Lewis, havia sido indicada também.

Depois, um *e-mail* de Perez Hilton chegou com notícias da primeira indicação dela. Quando ficou claro que ela concorria a quatro prêmios, a mãe de Adele, que estava passando um tempo no apartamento da filha, correu escada abaixo para contar aos vizinhos, apesar de ser 4 horas da manhã. Enquanto isso, Adele caiu no choro dentro do banheiro e ficou lá por uma hora. Mais tarde, Jonathan Dickins passou por lá e ele estava chorando também. ("Ele era bem pão-duro e trouxe uma garrafa de champanhe que eu havia lhe dado de aniversário", Adele contou para a *Vogue*.) "Não consigo acreditar nisso! Tão surreal, tão estranho, é loucura!" foi a reação dela no seu *blog*. Um ano de trabalho duro correndo atrás de calçadas havia valido a pena por completo.

No dia seguinte, Adele teve de controlar sua grande animação e voltar ao trabalho. Foi bom trabalhar, no entanto, gravando a primeira sessão Hub Combo, da BBC6 Music com Paul Weller, no estúdio Maida Vale. Entrevistada no palco, Adele disse que nem conseguia se lembrar de como era a "vida sem Weller"; cujas músicas foram apresentadas a ela pela mãe (quem mais?) quando ela era mais nova. "Minha mãe sempre foi uma grande fã do The Jam, e eu também sou." Por causa disso, o primeiro encontro com ele, na semana anterior, a fez se sentir enjoada. "Mas ele é tão normal. Ele fez chá para mim." Weller, por sua vez, fez seu tributo à "grande voz" e à "autenticidade" de Adele. "O que mais podemos querer?", ele concluiu. Durante a sessão, o par fez um dueto com músicas um do outro, "Chasing Pavements" e "You Do Something To Me", seguido por uma versão deliciosa do clássico do *blues* dos anos 1950 "I Need Your Love So Bad". Mais tarde, quando perguntaram em uma entrevista qual música de outro artista ele gostaria de ter escrito, Weller escolheu "Chasing Pavements" na mesma hora. A felicidade de Adele com suas indicações ao Grammy foi um pouco abalada quando uma típica observação mal pensada antes da sessão na BBC6 Music foi divulgada no *site* da BBC de tal forma que ficou parecendo que ela não se preocupava nem um pouco em ganhar. "Seria ótimo ganhar um", ela tinha dito, "mas não sinto que preciso de prêmios ou coisas do tipo para me sentir bem com a minha música".

Adele respondeu à reportagem em seu *blog*, afirmando que: "é um absurdo, é claro que eu quero ganhar um!". E, alguns dias depois, ela tentou esclarecer ainda mais o assunto no *LA Times*. "O que eu quis dizer é que um Grammy é como um Oscar. As pessoas ganham um Oscar ao representarem o papel das suas vidas. Espero apenas que este não seja o álbum da minha vida... Não quis parecer ingrata... Eu adoraria um Grammy." Talvez suas declarações ambíguas tenham sido causadas por sua preocupação de que sua ascensão rápida à notoriedade nos Estados Unidos levasse a uma recepção ruim da crítica por lá, assim como havia acontecido no início do ano na sua terra natal.

Mesmo assim, ela não podia negar que 2008 tinha sido um ano espantoso. Adele, usando uma malha grande e folgada, fechou a temporada com certo estilo logo antes do Natal com um show aconchegante cheio de celebrações das festas de final de ano em um palco coberto de enfeites na Roundhouse de Londres. "A xícara de chá que Adele segurava no início do show de hoje foi um símbolo adequado para a apresentação íntima que marca sua volta à cidade natal e que ela ofereceu calorosamente à encantada plateia da Camden Roundhouse. E o *roadie* vestido como elfo que levou o chá para ela... foi um indicativo do sentimento bastante festivo do show", escreveu um crítico. Mesmo após tudo que acontecera a ela nos 12 meses anteriores – as aparições na televisão dos Estados Unidos, o álbum no primeiro lugar, as indicações a prêmios –, o medo do palco mais uma vez colocou suas terríveis garras para fora. "Ainda não consigo falar, estou muito nervosa", ela disse depois de cantar "Best For Last". No entanto, foi uma ótima noite e, diferentemente de muitas daquele ano, aconteceu na sua terra natal.

Em 25 de dezembro, Adele estava em um momento de desaceleração total e passou um Natal tranquilo com a família. "Natal, ho, ho, ho", ela publicou alegremente no *blog* no Boxing Day.* "Ah, Natal! Passei a maior parte dormindo e, depois, trocando mensagens no Messenger do BlackBerry pelo resto do dia! O Ano-Novo foi uma 'decepção. No entanto, vim para casa, joguei *Mario Kart* e, depois, assisti a *Johnny* e *June*. Muito divertido!" Talvez ela também tenha ligado na BBC2 e se acomodado para assistir a si mesma na televisão, já que tinha gravado anteriormente "Chasing Pavements" e um *cover* de "I Just Want To Make Love To You" para o Hootenanny de véspera de Ano-Novo, de Jools Holland, na BBC2.

---

*N.T.: Feriado que acontece no primeiro dia útil seguinte ao Natal, tradicional na Inglaterra.

A relutância de Adele em festejar a chegada de 2009 pode ter algo a ver com o fato de ela ter abandonado as bebidas no Boxing Day. Também havia o compromisso de voltar aos Estados Unidos em duas semanas para cumprir a turnê americana remarcada, a que ela tinha cancelado por conta da sua "crise da pouca idade" no verão anterior. Essa turnê a levaria a 11 cidades em 16 dias. A maravilhosa perspectiva de começar a trabalhar no seu segundo álbum nos meses seguintes também tinha seu peso.

A primeira rodada de shows de Adele em 2009 teve início em Somerville, Massachusetts. Em uma gélida noite de meados de janeiro, ela abriu a apresentação com "Cold Shoulder" e, depois, aqueceu o coração do público cantando "com tanta sinceridade... que parecia que ela cantava só para você", de acordo com um crítico. O terror de se apresentar ao vivo continuou a assombrá-la durante aquelas semanas de inverno, no entanto. Quando subia no palco, Adele geralmente parecia assustadoramente tensa, com os ombros caídos, e cumprimentava a plateia com um estranho aceno da mão, como que constrangida com as boas-vindas expressas pela multidão que esgotava os ingressos. Porém, depois de instalada no cenário, a Adele segura assumia o controle e, todas as vezes, o público voltava para casa maravilhado.

Nas duas semanas seguintes, ela cruzou o meio oeste e desceu a costa do Pacífico, e, de Seattle, escreveu no *blog*: "minha turnê está quase no fim, tem sido incrível até agora, teve muitas piadas e muita Coca-Cola!". Embora ainda não tivesse a idade legal para beber álcool nos Estados Unidos, a tentação de abrir a garrafa de algo mais forte deve ter sido insuportável quando Adele descobriu, na metade da turnê, que havia sido indicada para três prêmios dos Brits de 2009, inclusive melhor artista mulher. Mais uma vez, ela se viu na briga com Duffy pelos três.

O encerramento da turnê, no final de janeiro, foi um show no Art Deco Wiltern Theater em Los Angeles. As indicações de Adele ao Grammy garantiram vendas boas e rápidas: originalmente programado para um local muito menor, o show do Wiltern viu seus ingressos de 25 dólares serem oferecidos na internet por mais de 250 dólares. "Convincente ao nos fazer acreditar que ela tem vários caminhos diferentes a seguir em um segundo álbum", foi o veredicto encorajador de um crítico do site *Variety* sobre o último show de Adele em Los Angeles. Um convidado improvável na apresentação foi Slash, ex-guitarrista dos Guns n' Roses, que apareceu em um Hummer longo como uma limusine e disse a Adele que era um "grande fã".

No dia seguinte, uma Adele, de expressão cansada, deu uma entrevista ao *Observer Music Monthly*, filmada no seu quarto de hotel em Los Angeles, entre cigarros na varanda. "Estou pronta para ir para casa agora", ela admitiu. "Tenho apenas mais uma semana e, depois, posso ir para casa." Em segredo, Adele também estava sentindo um grande peso com a perspectiva da grande festa do Grammy que se aproximava. Ela tentou escapar de uma apresentação no jantar de gala e show para caridade MusiCares, da semana do Grammy em homenagem a Neil Diamond. Tinham pedido que ela cantasse "Cracklin' Rosie", de Neil, mas ela não sabia a música e não sentia vontade de aprender. "É uma balada para barítono, o que é simplesmente inútil para mim", ela declarou. "Eu me borrei de medo."

No evento, ela fez a apresentação, mas essa se tornou memorável pelos motivos errados. Uma das grandes unhas postiças de Adele havia caído na noite anterior e arrancado a unha natural do seu polegar. Quando voltou a sangrar, logo antes de Adele subir no palco no jantar de gala do MusiCares, ela – sem encontrar um curativo em tão pouco tempo – colocou um absorvente interno no dedo, desesperada. "Eu tive de subir no palco usando meu casaco porque todos os meus vestidos estavam na lavanderia e, assim, parecia que eu nem queria estar lá", ela relembrou. "Eu queria colocar minha mão boa na ponta do suporte do microfone, na qual eu sempre me seguro, mas esqueci porque estava muito nervosa." O absorvente acabou paralisando a plateia de estrelas. Depois, Anthony Kiedis, dos Red Hot Chili Peppers, aproximou-se dela para elogiar sua apresentação, mas admitiu que o absorvente tinha ficado bem em frente ao rosto dela. Neil Diamond, por sua vez, mais tarde pediu desculpas por ter colocado tanta pressão nela. "Ele foi muito, muito gentil", Adele contou ao CBS Arts Online.

A 51ª cerimônia do Grammy aconteceu em 8 de fevereiro no Staples Center, em Los Angeles. A lista estrelada de apresentações para a noite incluía U2, Stevie Wonder, Jay-Z, Coldplay, Paul McCartney, Radiohead e Smokey Robinson. Com o anúncio antecipado de alguns dos resultados das dezenas de categorias de prêmios do Grammy, antes de a cerimônia principal começar a revelar os vencedores das categorias mais importantes, Adele já sabia que tinha ganhado como melhor desempenho vocal de *pop* feminino. Ao ver Duffy no tapete vermelho, vindo em sua direção como "um borrão loiro", as duas "simplesmente gritamos uma para a outra". Duffy tinha acabado de descobrir que ganhara o prêmio de melhor álbum de vocal *pop* por *Rockferry*. As duas garotas britânicas bateram as mãos animadas. "Todos ficaram pensando 'quem diabos são elas?'", Adele contou à Radio 1. Longe de ser a rival que geralmente pintavam, Duffy era, segundo Adele, "um pequeno pedaço de casa naquele que foi o dia mais surreal de todos". Mais uma vez, ela estava nervosa por saber que teria de subir no palco e cantar "Chasing Pavements" naquela noite. Ela se saiu bem, é claro, apesar de ter recebido a companhia bastante desnecessária, na metade da música, da cantora americana de *country* Jennifer Nettles, cujas aparência e voz pareciam algo irrelevante ao lado da majestosa Adele. "Quando ela se apresenta, em pé e descalça no palco escurecido do Staples Center, parece estranhamente vulnerável e frágil... Até que sua voz dolorosamente poderosa se vira e revira por aquele vasto espaço, revelando a força que a incomoda por dentro", escreveu Hamish Bowles, da *Vogue* dos Estados Unidos, sobre a apresentação de Adele daquela festa.

Para Adele, a cerimônia foi como "sair do próprio corpo". "Eu estava literalmente flutuando acima de mim mesma, rindo", ela disse com seu típico e adorável exagero. "Senti-me tão deslocada. Pensei que alguém iria chegar e me dar uma bronca por estar lá." "Eu não esperava ganhar nada. Estava sentada entre o Coldplay e com o U2 à minha frente." O Coldplay representava outro pedaço de casa para a impressionada Adele. "Sentia que Duffy era minha irmã. Sentia que os caras do Coldplay eram meus irmãos, ou meus tios, ou alguma coisa", ela disse posteriormente. "Quando chamaram meu nome, eu esperava que me pedissem para ir para o fundo."

Ela ganhou o prêmio de melhor artista revelação, um dos mais importantes da noite. Foi um grande choque. "Muito obrigada, eu vou chorar", ela tremia ao aceitar o prêmio de um fã declarado, Kanye West, e da também cantora britânica Estelle. "Quero agradecer ao Jonathan, meu agente. E à minha mãe; ela está em Londres... A todos da Columbia... A todos da XL... Duffy, eu te amo, te acho incrível. Jonas Brothers [que também foram indicados], eu os amo também... A todos os meus amigos... A toda a minha família. Obrigada a todos." A continuação do discurso foi charmosamente desconexa. Ao descer do palco, ela quase esbarrou em um dos seus tios substitutos, Chris Martin do Coldplay.

Em uma entrevista após o show, Adele admitiu que quis que sua mãe fosse à premiação para o caso de ela perder. "Eu liguei para ela depois e ela estava aos prantos." A mãe de Adele tinha passado a noite no apartamento da filha, ela contou, "para poder sentir meu cheiro". No entanto, Adele não ganhou 100% de aprovação da mãe por seu momento de triunfo. "Eu estava tão convencida de que a Duffy ou os Jonas Brothers iam ganhar que não estava nem um pouco preparada... Estava com chiclete na boca." Chiclete que ela imediatamente quase engoliu, em choque, quando seu nome foi anunciado. "Quando saí do palco e liguei para a minha mãe para contar a ela, ela disse 'é, eu vi... você estava com chiclete na boca!'. Não acho que ela tenha ficado impressionada!" A pergunta que lhe fizeram foi como estava planejando celebrar os dois Grammys conquistados em uma noite. "Vou embora e vou vestir os meus *jeans*. Eu gosto do meu vestido, mas não gosto da Spanx [cinta modeladora]... Depois, vou fumar alguns cigarros e ficar com meu agente e meus amigos."

Há algo encantadoramente infantil na entrevista pós-premiação que ela gravou com uma câmera para colocar no *blog* direto do camarim, que ela compartilhou com Katy Perry. Já sem a Spanx e com uma confortável camiseta preta e uma malha grossa, o cabelo em um penteado informal, Adele reflete sobre a noite em pequenas frases sem fôlego. "Estou muito contente, muito feliz. Quase chorei... Muito obrigada a todos... essa é a cereja no bolo... Whitney Houston estava aqui hoje. Muito emocionada, eu a vi em uma tela de TV... Não usei sapato a noite toda... Vi Snoop Dogg... Conheci o Justin

[Timberlake], mas fiz de conta que não queria conhecê-lo porque eu estava um pouco fascinada demais com tantas estrelas. E, depois, ele me agarrou no corredor e disse 'parabéns!'."

Embora fique claro que ela estava muito feliz, ela não estava eufórica, não fazia comemorações escandalosas pelo seu triunfo. Seu momento de maior animação parece ser quando ela conta que vai ganhar um cachorro em alguns dias. A impressão que fica é de uma garota muito contente, mas exausta, que quer ir para casa dormir. Uma garota que ainda não consegue acreditar que acabou de dividir grandes atenções com artistas que ela admira há muito tempo. Porém, uma garota que sabe que, não importa quem a agarre em qual lugar glamoroso, ela vai acordar na manhã seguinte e ainda ser a mesma pessoa. Uma garota comum de Londres. Com saudades da mãe.

Embora ela estivesse longe de casa, os Grammys, de muitas formas, representavam um território natural para Adele. Antes da premiação de 2009, apenas cinco artistas solo, mulheres, tinham ganhado cinco prêmios em uma noite, inclusive as grandes heroínas de Adele, Lauryn Hill e Beyoncé; Amy Winehouse, que ela admirava muito, apesar das eternas manchetes "compare e contraste"; Norah Jones; e Alicia Keys, com quem ela tinha feito um dueto muito recente. Na 51ª cerimônia, Alison Krauss virou a sexta artista solo mulher a ganhar cinco vezes, conquistando prêmios pelo seu desempenho no álbum em colaboração com Robert Plant, *Raising Sand*.

Adele já era uma grande fã do álbum; ele era, "de longe, meu álbum favorito dos últimos dois ou três anos", ela disse, e ele despertou nela um interesse *bluegrass*, que depois se tornaria uma influência significativa. "Ele me impressionou demais. Sabe quando você ouve alguém tantas vezes e não consegue parar? Assim, eu tentava escrever uma música como as de Leona Lewis e saía uma música *à la* Alison Krauss", ela contou alguns meses depois. Outro vencedor do Grammy que se tornaria importante para o direcionamento do futuro musical de Adele foi Rick Rubin, que ganhou como produtor do ano. E, escondida entre os indicados para melhor *performance* de *country* por dupla ou grupo com vocais, estava uma banda de *bluegrass* do Tennessee chamada The SteelDrivers, cuja música "If It Hadn't Been For Love" Adele cantaria posteriormente.

Depois da cerimônia, Adele, ainda sem beber álcool, fugiu da festa oficial inspirada em Woodstock e comemorou em uma hamburgueria *In-N-Out* no Venice Boulevard. "Talvez eu deva pedir dois *milkshakes*. Para combinar com meus Grammys", ela disse, rindo, ao seu assessor de imprensa americano quando ele se ofereceu para fazer o pedido por ela.

Quando ela voltou para casa, achou uma carta de Gordon Brown, o assediado primeiro-ministro britânico, nas suas pilhas de cartas ainda fechadas. Ele havia escrito para parabenizá-la por seu triunfo no Grammy. "Com os problemas financeiros que este país enfrenta agora, você é uma luz no fim do túnel", ele dizia. "Foi incrível! Estou lutando sozinha contra a crise financeira!", brincou Adele. Neil Diamond também escreveu para ela, incentivando-a a "continuar fazendo sua mágica".

Em 20 de fevereiro, ela escreveu animada no *blog* dizendo que sua cantora favorita, Etta James, havia confirmado presença no seu show no Hollywood Bowl em junho. Naquele mês, o *19* tinha ganhado Disco de Ouro da Recording Industry Association of America e seguiu com uma venda de 230 mil cópias nos Estados Unidos durante o primeiro trimestre de 2009, a quarta maior venda de uma artista internacional naquele período.

Adele teve um grande sucesso de vendas nos Estados Unidos para uma artista iniciante do Reino Unido, porém, mesmo após sua vitória no Grammy e o "empurrão" do SNL para que chegasse ao primeiro lugar nas paradas do iTunes, o álbum *19* não tinha ido além da 10ª posição na parada de sucessos de álbuns da Billboard. E nenhum dos *singles* lançado havia causado muito impacto, nem mesmo "Chasing Pavements", que Adele vinha promovendo quase constantemente havia meses. Ainda havia muito trabalho a ser feito nos Estados Unidos.

Porém, em primeiro lugar viria a participação na cerimônia do Brit Awards de 2009, no Earls Court, em 18 de fevereiro, apresentada pelos colegas da série *Gavin & Stacey* Mathew Horne e James Corden, ajudados por sua glamorosa (e totalmente seu oposto) assistente da noite, Kylie Minogue, que desfilou diversas roupas. A notícia das três indicações de Adele – por melhor *single* (por "Chasing Pavements"); melhor artista britânica feminina e melhor revelação

– tinha chegado quando ela estava em turnê pelos Estados Unidos no mês anterior. No evento, Adele perdeu os três prêmios – para "The Promise", do grupo Girls Aloud, na categoria de melhor *single* e para (quem mais?) Duffy nas outras duas. Foi um contraste sombrio com sua noite vitoriosa na premiação do ano anterior de outras maneiras também. Quando lhe perguntaram antes da cerimônia se ela estava ansiosa, Adele respondeu que não estava porque tinha parado de beber. "Da última vez que estive no Brit Awards, todo mundo já estava totalmente bêbado antes que todos os convidados estivessem sentados em seus lugares. Foi como um Jack Daniel sem fim."

Em 5 de março, Adele estava de volta aos Estados Unidos e pronta para mais três semanas de shows, dessa vez seguindo da costa oeste para a costa leste, de San Diego a Cleveland, Ohio, via Texas, Atlanta e Nashville, Tennessee. Antes do início da turnê, havia um novo clipe a ser gravado, para "Hometown Glory", em um terreno em um dos grandes estúdios de Hollywood. "Não sou muito fã de gravar videoclipes, mas hoje foi um pouco diferente", Adele escreveu no *blog*. "Eu pude passear em um carrinho de golfe o dia todo!" O que ela não mencionou na época foi que quase atropelou uma estrela mundial do *rap* nesse processo. A história surgiu depois, em uma entrevista ao *The Sun*. "P Diddy devia estar fazendo um comercial de perfume ou algo assim. Eu estava no carrinho com um amigo e o vi. Eu queria pisar no breque e dizer 'ó, você é o P Diddy'. Mas eu pisei no acelerador por engano e ele teve de saltar para fora do meu caminho. Quando passei por ele, eu disse: 'você é o P Diddy'. Ele apenas disse: 'é, eu sei'. Eu quase, quase o matei."

No palco, Adele estava em um território muito mais seguro. A julgar pelas críticas de seus shows nos Estados Unidos, ela extasiava a plateia onde quer que cantasse. "O ano tem apenas três meses de idade, mas prestem atenção: uma estrela chegou. Com mais do que um charme honesto, uma voz maravilhosa e um conjunto de músicas notáveis, Adele apresentou um dos melhores shows que o norte do Texas viu em 2009", dizia uma elogiosa resenha no *site* regional *DFW.com* sobre o show dela em Dallas. Resenhas assim devem ter deixado a difícil turnê de dez semanas mais fácil, mas havia outras compensações também. Adele teve o mesmo motorista no ônibus durante a turnê toda – um homem ao qual ela se refere como B –, que, por sorte, era de Nashville, no Tennessee, e, previsivelmente, louco por música *country*. "Naquelas viagens longas, de ônibus, como umas 18 horas, eu tinha de ir fumar na frente do ônibus com ele, pois era lá que tinha janela. E ele ficava se divertindo com músicas incríveis, *country,* e *blues,* e *gospel* e *bluegrass*. Eu sempre perguntava: 'Quem está tocando? O que é isso? De onde é isso?'". B começou a gravar CDs para ela e, depois, a pedir pelo rádio a outros motoristas e promotores dos lugares onde ela faria shows para que fizessem coletâneas também. Adele acabou com milhares de músicas *country* no seu iTunes esperando para serem ouvidas. Foi uma educação musical na estrada, que depois provaria ser uma forte influência no seu segundo álbum.

Depois do último dia de turnê, Adele pegou um avião de volta para Los Angeles para participar do programa Dancing With The Stars, o equivalente, nos Estados Unidos, ao Strictly Come Dancing do Reino Unido. Ela cantou "Chasing Pavements" enquanto um dos casais de concorrentes dançava e, depois, aplaudiu educadamente. Em seguida, após alguns shows na Europa em abril, Adele voltou aos Estados Unidos e ao Canadá no início de maio, apresentando-se em Montreal, Toronto, Boston e Filadélfia, antes de celebrar seu 21º aniversário com um show no Roseland Ballroom na cidade de Nova York, em 5 de maio, no qual ela também ganhou uma placa especial para marcar o Disco de Ouro do *19* nos Estados Unidos. Adele incluiu dois *covers* no show – "Hiding My Heart" e "Turpentine" – da cantora e compositora americana Brandi Carlile ("Eu a amo muito, ela me deixa doida, é muito boa", disse Adele).

Porém, não haveria uma louca festa de aniversário depois do show. Ela tinha de dormir cedo para começar a trabalhar em uma sessão do Acústico MTV no dia seguinte. Em uma entrevista informal, mas reveladora, ao CBC Arts Online quando estava no Canadá, Adele falou sobre o tipo de artista que queria ser considerada no futuro. "Sou compositora e não sou levada a sério como compositora ainda; não tão a sério quanto cantora. Tudo isso acontecerá com o tempo… Estou no meu álbum de estreia. Mas eu sou uma compositora de verdade e meu repertório de músicas compostas é amplo... Posso compor *jazz* e posso compor *pop* e estou aprendendo a fazer arranjos de cordas e coisas assim. Não quero chegar aos 50 anos ainda cantando 'Chasing Pavements'."

Após gravar uma sessão acústica maravilhosamente simples e comovente de seis músicas com o Wired Strings para o Acústico MTV, Adele estava, enfim, de volta à sua terra natal em meados de maio, com o luxo de um mês inteiro de descanso em Londres à frente. Ela estava tão acostumada a ir de avião para todo lado com uma agenda cruelmente lotada no entanto, que, em um dia, declarou estar entediada. Enquanto uma Adele agitada tentava entrar em acordo com o fato de estar de folga, telespectadores dos Estados Unidos puderam vê-la em sua estreia como atriz, em um pequeno papel na terceira temporada da comédia de sucesso Ugly Betty.

O improvável papel surgiu porque America Ferrera, a atriz que faz a personagem principal, Betty Suarez, esteve naquele crucial Saturday Night Live com o noivo e amou a apresentação de Adele. "Eu a conheci depois e ela falou 'quero que você participe do seriado' e eu disse 'bem, sim, obrigada, mas não sei como você pode conseguir um papel para mim'." Ela não pensou muito nisso até seis meses depois, quando os produtores do programa apareceram em um pequeno show para uma rádio nos Estados Unidos que Adele estava apresentando antes da turnê. No minuto seguinte, havia um papel para ela.

O episódio em que Adele aparece gira em torno de trapaças tolas em um evento no planetário organizado por Betty para um projeto que poderia levar ao fracasso ou ao sucesso, no qual Adele fora chamada para aparecer. Quando ouve Betty discutir com o namorado, ela pensa melhor e vai embora. Depois, o evento arruinado de repente se transforma em um casamento de improviso quando um dos personagens decide se amarrar lá mesmo. Para a consternação de Betty, Adele reaparece ("ó, meu Deus, o que ela está fazendo aqui?") pedindo a massagem nos pés que lhe haviam prometido ("nunca ganhei uma antes"). Depois, Adele canta "Right As Rain" no palco enquanto os convidados do casamento dançam em volta dela. Em um determinado momento, Betty comenta: "não podemos simplesmente pintar estrelas no teto e chamar o lugar de planetário. Esta é Adele, não Amy Winehouse".

No final de junho, ela estava nos Estados Unidos de novo, dessa vez para ser destaque no Hollywood Bowl em Los Angeles no dia 28. Esse show, o maior da carreira de Adele até então, fora muito aguardado por apresentar a perspectiva fascinante de a cantora londrina branca de 21 anos e ganhadora de dois Grammys dividir a lista de atrações com Etta James, a cantora americana de *blues* e *soul,* negra, de 71 anos, que, acima de qualquer um, foi a artista responsável pela maneira como Adele esforçou-se para cantar. "Eu acredito em cada palavra, suspiro e nota que ela interpreta", Adele reiterou apenas algumas semanas antes ao CBC Arts Online.

O evento não seria uma ocasião 100% feliz. A maluca artista de *R&B* americana Janelle Monáe abriu o show proclamando misteriosamente que ela era "uma alienígena vinda do espaço". "Embora ela tenha cantado bem e sua banda tenha passeado pelas fronteiras de uma fusão interessante de *soul* e *punk*, Monáe não ofereceu nada de substancial... para se equiparar a seu sofrivelmente precioso senso de estilo", zombou um crítico do *LA Times*. Pior do que isso, Etta James teve de faltar por causa de uma doença repentina e foi substituída pela voz poderosa da "Queen of Funk", Chaka Khan. No entanto, Chaka Khan saiu-se bem melhor que Monáe, apresentando uma "seleção bem feita de joias eternas do *R&B*", que incluiu "I'm Every Woman" e "Ain't Nobody".

E, então, chegou a vez de Adele. "Sinto-me a Beyoncé ou alguém assim. Tem tanta gente aqui", ela se admirou ao subir ao palco no histórico anfiteatro com capacidade para 18 mil pessoas. Ela conversou com seu estilo característico sem estrelismos e disse ao público que, como ela havia ficado muito queimada do sol na Califórnia, teve de carregar tanto na maquiagem que se sentia como uma "*drag queen*". Em certo momento, ligou para a mãe em Londres e pediu à plateia que berrasse "alô" quando ela atendeu. Quando terminou a ligação, houve um momento delicioso em que Adele correu pelo palco tentando achar um lugar para deixar o celular.

Várias vezes, durante o show, ela errou suas letras e, uma vez – durante "Melt My Heart To Stone" –, ela fez a banda (e a orquestra de cordas do Hollywood Bowl) recomeçar a música. Porém, isso não pareceu importar muito para o público. "De certa maneira, esse encantador comportamento sincero na verdade serve como um truquezinho de placo altamente eficaz", escreveu o *LA Times*. "Como a personalidade despretensiosa de Adele prepara o espectador para uma voz despretensiosa, a apresentação ao vivo acaba soando ainda mais magnífica do que é." Entre as músicas do *19* e seus *covers* favoritos, ela arriscou uma versão de "Thriller" em homenagem a Michael Jackson, que havia morrido alguns dias antes. E também experimentou uma versão inicial de uma música novíssima: uma canção comovente chamada "Take It All".

Em julho de 2009, o *19* havia vendido 2,2 milhões de cópias pelo mundo. Na metade do mês, Adele apresentou-se no North Sea Jazz Festival em Roterdã. Foi sua última saída para promover o *19* e marcou o final de mais de um ano em turnê quase constante. Adele comemorou ficando "um pouco sentimental" e, depois "muito bêbada" com seu agente na varanda do hotel. Mas era hora de ir para casa. E hora de a menina de 21 anos se concentrar naquele difícil segundo álbum.

Capítulo 6

Bolsas e Roupas

Nunca olhei para a capa de uma revista e pensei "preciso deste visual para ter sucesso na vida".

Adele, 2011

No início da adolescência, as roupas de Adele eram inspiradas principalmente pelas modas da rua da época. "Dos 12 aos 13, eu fui *grunge*. Jeans da Criminal Damage. Coleiras. Agasalhos com capuz. Costumávamos ir a Camden o tempo todo porque éramos, tipo, 'muito obscuros'. Depois, fiquei muito interessada em *R&B* e virei uma '*rude girl*' – usava Adidas e o cabelo com um cacho colado no rosto! Pequenas mochilas da Nike. A minha era preta, como um logotipo maior que a mochila."

Mais tarde, antes de conseguir o contrato para gravar o álbum, Adele economizou por três anos para comprar uma bolsa famosa: uma bolsa tipo carteiro da Burberry. "Acho que custou 500 libras", ela relembra. Aquela bolsa foi o primeiro item de marca que ela realmente desejou: uma rara concessão inicial à moda vinda de uma garota que já se preocupava muito mais com sua voz do que com qualquer afirmação de estilo que suas roupas pudessem fazer.

Cinco anos depois, essa mesma garota tinha, no espaço de 12 meses de 2011, enfeitado a capa da *Vogue* britânica em um vestido de renda azul, feito sob encomenda pela Burberry (imagine o preço...); a capa da *Rolling Stone* em um vestido preto da BCBGMAXAZRIA; a capa da *Cosmopolitan* dos Estados Unidos em um vestido com estampa de leopardo desavergonhadamente sexy da Dolce & Gabbana; a capa da *Glamour* em uma peça primaveril e floral de Jil Sander; e a capa da profundamente estilosa *the gentlewoman* (publicada duas vezes por ano) em um vestido preto e branco de *cloquê* criado por Phoebe Philo para a marca Céline.

Adele, embora com relutância, havia se transformado em um ícone da moda e um ícone muito bem produzido: cabelos longos, brilhantes e cor de cobre penteados para longe do rosto, caindo como uma cascata ao redor dos ombros; pele de cor creme aparentemente sem defeitos e grandes olhos verdes e redondos, perfeitamente maquiados. E aquelas unhas compridas fabulosas que viraram sua marca registrada, prendendo o olhar a cada movimento de suas expressivas mãos de cantora.

Esses dias de modelo de capa de revista são um tremendo salto em termos de moda em relação às suas primeiras aparições no palco. No final da adolescência, Adele havia adotado um confortável uniforme, com largas túnicas de algodão e malhas grandes com calças *legging* e sapatos sem salto, o longo cabelo preso em bonitos coques tortos, a franja volumosa escondendo parte dos olhos e acentuando seu jeito timidamente humilde no palco. Conforme ela começou a ser notada pela mídia, Adele às vezes se entregava à alta moda quando ia tirar uma foto e, algumas vezes, recebia presentes de estilistas, como a guru da moda tamanho GG, Anna Scholz, que deu a ela um casaco dourado estilo anos 60.

Porém, na maior parte do tempo, mesmo quando as cerimônias de premiação começaram a dar sinais, Adele ainda se vestia para agradar sua personalidade apaixonada por conforto. No Brit Awards, de fevereiro de 2008, ela usou uma blusa preta larga com mangas bufantes, calça *legging* e sapatos sem salto; sua única concessão ao *glamour* foi um par de brincos de diamantes emprestados pela Van Cleef & Arpels. Depois, quando ela embarcou em sua longa turnê pelos Estados Unidos na primavera, o visual característico casual e totalmente preto e a maquiagem discreta permaneceram, apesar das várias aparições na televisão, que poderiam ter colocado outra artista sob uma pressão intolerável para ficar mais glamorosa, usando um estilo com o qual ela não estava acostumada. Adele deixou sua voz ser o centro da atenção, e ela foi.

No Mercury Awards, em setembro daquele ano, Adele preparou um visual um pouco diferente, *à la* anos 60, com um vestido solto em estilo *baby doll* com detalhes em rosa e o cabelo solto e penteado para trás. Ela pegou emprestado outro par de brincos brilhantes, dessa vez brincos de pressão incrustados com diamantes que valiam 20 mil libras. Nervosa, Adele ficava tocando neles o tempo todo para verificar se ainda estavam no lugar. "Estou preocupada, achando que ficarei bêbada e perderei meus brincos", dizem que ela declarou. "Estou acostumada a usar Elizabeth Duke, da Argos." Mesmo para a participação que projetou sua carreira no Saturday Night Live, em outubro, diante de 15 milhões de telespectadores, Adele preferiu não sair da sua zona de conforto: blusa cinza larga, calça *legging* e um casaco de malha preto aberto. Na verdade, o visual informal lhe rendeu aplausos.

Essencialmente, Adele não estava muito preocupada com sua aparência ou a impressão que ela causava. Em uma era obcecada com a imagem, sua atitude desde o começo foi: pense de mim o que quiser e julgue-me pelo meu som, não pelo meu visual. Com muita frequência, um entrevistador chegava esperando uma estrelinha de alma glamorosa, talvez, e, em vez disso, encontrava Adele, vestida sem capricho, de calças *jeans* e sem um traço de maquiagem. Ela também não se sentia mal em ser filmada desse jeito: em uma entrevista para a *Billboard,* em julho de 2008, ela aparece de cara limpa e usando um gorro de tricô vermelho.

Foi uma atitude completamente consistente com sua falta de ares e graças e causou uma impressão positiva naqueles acostumados com artistas mais fabricados. "Adele é a antítese das estrelas *pop* superarrumadas e ultraproduzidas que costumamos ver – e isso é ótimo" foi o veredicto de Dina Behrman após entrevistar Adele para o *Mirror* em julho de 2008. "Eu diria que meu visual é o desleixado chique", Adele tinha dito para ela. "Eu apenas uso malhas grandes sobre *jeans* justos e carrego uma bolsa enorme, e é isso... Eu não ligo para roupas, prefiro gastar meu dinheiro em cigarros e bebidas."

Parte do motivo de ela ver roupas de marca como irrelevantes é que Adele sempre supôs que as grifes famosas nunca teriam nada a oferecer para um corpo tamanho 42-44. Foi necessário um encontro com Anna Wintour – a formidável editora-chefe da *Vogue* dos Estados Unidos e popularmente vista como o modelo para a monstruosamente exigente Miranda Priestly, de *O diabo veste Prada* – para que Adele começasse a acordar para o que as roupas poderiam fazer por ela, dando-lhe curvas, etc.

Adele – apesar de sua declarada falta de interesse – concordou em fazer uma sessão de fotos para a edição anual sobre formas de corpo da revista ("Moda para todos os tipos de corpo, do tamanho 0 ao 50"), com a famosa fotógrafa de retratos Annie Leibovitz. Ex-fotógrafa chefe da *Rolling Stone*, Leibovitz era famosa por suas fotografias icônicas e, às vezes, controversas de músicos do rock, inclusive as famosas imagens de Bruce Springsteen usadas no encarte do álbum *Born in the Estados Unidos* e o igualmente elogiado retrato de John Lennon nu, abraçado a Yoko Ono, vestida, tirada no dia da morte dele. Era algo importante ser fotografada por ela.

Não que a corajosa Adele fosse ficar amedrontada por Leibovitz ou deixar que a *Vogue* tivesse total controle sobre o que ela vestiria na matéria de quatro páginas. Ela desafiou o plano inicial de colocar um vestido justo. "Eu disse: 'eu tenho cinco bundas, uma barriga a mais. Prefiro usar um que simplesmente caia sobre as partes ruins'." A sessão de fotos aconteceu no sofisticado London West Hollywood Hotel, na Califórnia; porém, embora nove horas tivessem sido reservadas na agenda dela, a sessão durou apenas dez minutos. Na fotografia final de duas páginas, sob o título "Sentindo-se chique", Adele está deitada, jogada em uma cama de hotel, com o violão por perto, vestindo um casaco de festa preto de Michael Kors, decorado com grandes bolas brancas.

Acompanhando a fotografia, que apareceu na edição de abril de 2009, há uma entrevista feita por Hamish Bowles, que é como um guru dândi da moda. "Há algo mais antigo do que simplesmente antiquado no visual dessa cantora cativante", ele comentou liricamente sobre Adele. "Ela poderia ser uma das favoritas da corte de Carlos II, talvez, ou uma atriz pintada por Reynolds ou Romney, e seu jeito atrevido saudável com certeza seria elogiado por Wycherley e Fielding."

Adele, por sua vez, reiterou a Bowles que "eu gosto de ficar confortável mais do que tudo", citando como suas roupas favoritas malhas e casacos envolventes feitos de tecidos luxuosos, "casacos vintage com contas e pérolas costuradas formando flores", calças *legging* e sapatilhas. Seu cabeleireiro, Kevin Posey, definiu seu visual como "Goldie Hawn na sua melhor fase, ou *hip-hop* do início dos anos 90, mas como se tivesse sido feito pela Chanel". Uma metáfora meio confusa, mas provavelmente adequada a uma garota que ainda era devota das lojas de ruas de comércio como H&M, Miss Selfridge, Topshop e Primark, apesar do fato de estar se aventurando, na época, pelo território de Vivienne Westwood e Aquascutum ocasionalmente. E, em uma indicação aos seus antigos dias no Camden Market, Adele também expressou tristeza por não ter mais tempo para caçar roupas retrô em mercados de rua.

Quando a menina de Londres pouco interessada em marcas chegou para a prova de roupa final da sessão de fotos da *Vogue*, disseram-lhe que Anna Wintour queria conhecê-la. "Foi como em *O diabo veste Prada*. Todo mundo dizia: 'não fale com ela a menos que ela fale com você', e eu dizia: 'minha nossa, tragam a Meryl Streep'... Eu entrei e ela foi muito simpática. Ela disse: 'de quais marcas você gosta?'. Eu estava tentando citar estilistas que eu tinha quase certeza de ter visto na *Vogue* ou outro lugar antes." Entretanto, apesar da falta de conhecimento de moda de Adele, Wintour gostou dela e ofereceu uma ajuda de estilo para a futura cerimônia do Grammy. Ela e Hamish Bowles decidiram chamar a *designer* americana Barbara Tfank para o trabalho.

Inspirada pelo *glamour* retrô de ícones de estilo como Elizabeth Taylor, Tfank, ex-estilista de figurinos, fez das roupas para ocasiões especiais – inclusive aqueles importantíssimos momentos no tapete vermelho – sua especialidade. Em uma era em que a maioria dos vestidos de estilistas é feita para ficar pendurada em palitos, os dela são suntuosamente feitos com tecidos nobres em estilos declaradamente direcionados a embelezar a silhueta violão de mulheres com "alguma coisa na parte de cima". Decotes interessantes e cinturas apertadas são marcas de um vestido de Tfank; Michelle Obama usou um quando encontrou a Rainha no Palácio de Buckingham em 2011.

Seria de se esperar que a desarrumada Adele ficasse amedrontada diante da perspectiva de ser controlada por tais celebridades da moda. Mas ela não ficou. "Eu a conheci quando ela tinha apenas 20 anos e – além de ter ficado impressionada com o quanto ela me lembrava Lynn Redgrave e Jean Shrimpton – não consegui acreditar no quão esclarecida e inteligente ela era para a idade", relembrou Tfank. "Como alguém pode ter tanta autoconfiança quando mal saiu da adolescência?" Tfank queria saber como Adele gostava de se vestir e se sentir no palco. "Ela estava com um penteado bem alto e interessante da noite anterior e isso me inspirou também." E a estilista tinha um ícone de Hollywood bem específico em mente quando pensava em como vestir Adele. "Ela se parece mais com Marilyn Monroe, que dizia 'eu sou assim'. Ela precisa mostrar... não esconder seu corpo" foi o veredicto de Tfank.

Seria errado dar a impressão de que Adele era uma completa ingênua em termos de estilo. Mesmo antes do Grammy, ela conhecia as marcas dos estilistas, além de ser admiradora, havia muito tempo, da Burberry. "Alguma coisa de Michael Kors, eu o adoro, ou Donna Karan", ela respondeu quando perguntaram o que ela poderia usar na cerimônia, antes de Anna Wintour se envolver. E ela também já tinha tomado algumas decisões de moda.

Como já tinha sido fã de um guarda-roupa colorido, ela decidira que o caminho a seguir era o preto, muito preto. Você pode achar que não é uma escolha muito original, mas, na verdade, foi em parte uma decisão musical. Adele tinha descoberto Johnny Cash – "o Man in Black" – e June Carter Cash e gostava do visual monocromático simples deles. Pode haver algumas roupas luxuosas para Adele, mas, como Cash, ela não era o tipo de artista que se distrairia da música por causas de *strass* e franjas.

Adele gostou das ideias de Barbara Tfank para ela, declarando que o vestido proposto pela estilista para o Grammy era "muito bonito". "Eu nem uso vestidos. Bem... Eu uso vestidos com meia-calça, malha e sapatos baixos. Mas vou deixar meus seios aparecerem e tudo mais. Vai ser um momento importante", ela disse antes do evento. O vestido era muito glamoroso, com a parte superior justa e a saia aberta, mangas três quartos, apertado na cintura com um cinto e acompanhado de um broche de diamantes antigo no final do decote em V profundo para valorizar seu colo; meia-calça preta opaca e sapatos de salto pretos Manolo Blahnik com fivelas de *strass*. Por baixo, uma cinta modeladora Spanx. E, para usar por cima na sua entrada pelo tapete vermelho, um chamativo casaco em um tom elétrico de verde-amarelado.

O conjunto todo vestiu o corpo curvilíneo de Adele muito bem. Mas não foi totalmente adequado para ela, que ainda não estava acostumada com esse tipo de produção e os sacrifícios ao conforto que ele exigia. Na primeira oportunidade, ela abriu o cinto e chutou os sapatos. Foi nesse estado relaxado que ela ficou sabendo que ganhara o Grammy de melhor artista revelação. Depois da cerimônia, ela disse a um entrevistador que tinha gostado do vestido, mas que mal podia esperar para se livrar da irritante cinta e voltar a colocar uma calça *jeans*. "Eu gosto de ficar bonita, mas sempre coloco o conforto acima da moda", ela comentou um pouco antes do Grammy, e manteve sua palavra.

"Surreal" foi como Adele descreveu a experiência toda depois, quando já estava segura de volta à sua calça *jeans*. Ela não podia imaginar que sua incursão em roupas feitas sob medida um dia seria repetida. "Pensei que eu fosse a última pessoa com quem Anna Wintour ia querer se envolver. Aquele visual nunca vai acontecer de novo. Foi um acontecimento isolado."

Por causa de todos os seus protestos, Adele havia aprendido algumas lições úteis com Wintour, Bowles e Tfank. "Antes, eu pensava 'para que iria à Chanel se os tamanhos de lá não vão servir em mim?'. Mas [eles] me ensinaram a ser mais inteligente para vestir meu corpo. O importante é usar decote e não tentar apertar os seios para baixo, mas mostrá-los!" Ela contou que Tfank tinha "despertado aquele lado meu que queria se arrumar".

Não demorou muito para Adele começar a sentir prazer em colocar em prática sua recém-descoberta inclinação para se vestir bem. De maneira reveladora, em sua entrevista seguinte a uma revista de moda, a *Nylon*, pouco tempo depois, ela conseguiu "recitar os nomes de suas marcas favoritas – Moschino, Donna Karan, Chanel e Mulberry – como uma profissional experiente". Adele claramente tinha tido uma pequena epifania de moda no que diz respeito a marcas. Nas fotografias que acompanhavam a entrevista, a silhueta curvilínea dela e seu cabelo cor de cobre foram ressaltados de uma bela maneira por roupas com cintura definida em tons de azul-marinho de Marc Jacobs, TSE e Calvin Klein. Em uma das fotos, ela, como sempre faz, tinha chutado os sapatos de salto vertiginoso Christian Louboutin turquesa para ficar em pé apenas com meias. Apesar dos saltos arrasadores, Adele estava começando a gostar de se arrumar. Longe de casa e apresentando-se em Nova York em seu 21º aniversário, em maio de 2009, ela comprou para si mesma um anel de diamantes da Tiffany.

A evolução da atitude de Adele em relação às roupas foi resumida em uma entrevista que ela concedeu ao *Hollywood Worx* antes do seu *show* no Hollywood Bowl, em junho de 2009, realizada enquanto ela estava usando uma malha larga e listrada da H&M sobre uma calça *legging* da American Apparel e sapatilhas sem salto da Chanel. Embora tenha declarado que ela preferia "usar roupas confortáveis em vez de ser criadora de tendências", ela mais uma vez mostrou que estava ficando muito familiarizada com marcas famosas, em especial Donna Karan, Moschino e Vivienne Westwood, que ela voltou a citar como suas favoritas. Adele também estava desenvolvendo certo vício em sapatos e bolsas, especificamente Louis Vuitton, Gucci, Manolo Blahnik e Chanel. Apesar de admitir que ficava "cansada das coisas depois de dois meses", ela estava desenvolvendo um olhar para o investimento em peças. Sobre suas sete bolsas da Chanel, ela comentou: "será bom tê-las quando eu for mais velha. Minha Chanel favorita eu provavelmente ainda poderia comprar daqui a 30 anos".

Apesar do recém-adquirido conhecimento em moda, não havia perigo de Adele se tornar uma escrava das marcas. "Adoro ter o visual de uma *drag queen*", ela declarou na mesma entrevista. "O cabelo puxado para trás de maneira inacreditável, uma abundância de cílios, delineador forte. E eu amo minhas unhas enormes e quadradas." "Fica claro que ela está patrulhando a fronteira entre a garota com a sabedoria das ruas e a mulher glamorosa", disse o entrevistador, resumindo muito bem a atitude de Adele. E, quando pressionada a dizer o nome daqueles cujos visuais a inspiravam, Adele criou um elenco determinado de mulheres seguras: Beyoncé, Sarah Jessica Parker, Sharon Stone em *Cassino*, Julia Roberts em *Erin Brockovich – uma mulher de talento* e Michelle Pfeiffer em *Scarface*. "O mais importante é a postura da pessoa. Se ela está confortável, tem uma postura diferente." Era um sinal claro de que, embora ela consentisse em usar roupas dadas por estilistas, ela não ia ser o varal de ninguém.

Barbara Tfank criou outro vestido valorizador de curvas para Adele, para seu show marcante no Hollywood Bowl, em junho de 2009: um vestido preto flocado de tafetá com mangas três quartos e um grande decote. Como a inspiração de Adele, Etta James, havia cancelado sua participação em razão de uma doença, não foi exatamente a noite que todos esperavam, mas Adele dominou o palco gigante, talvez auxiliada por seu vestido glamoroso, mas não pelos sapatos de salto alto. No final, ela os tinha tirado e cantava descalça, uma concessão ao conforto que se tornaria constante em seus shows.

No entanto, Barbara Tfank continuou se divertindo com a criação de roupas para ela. Em uma entrevista para a *Vogue* em 2011, ela citou Adele como um dos nomes mais inspiradores da moda para vestir. "Adele é uma leoa. Ela tem postura, bom gosto, humor e alma. Seu talento impressionante nunca deixa de me encher de entusiasmo. Sempre aceito as orientações dela e sei que posso confiar no seu instinto. Como Adele prefere o preto, crio modelos para ela como se ela fosse estrelar um filme em preto e branco."

O sucesso crescente de Adele e sua agenda lotada, acompanhados de sua noção cada vez melhor de moda, levaram-na a contratar um assessor de estilo, Gaelle Paul, no verão de 2009, para ajudá-la a escolher o que vestir. "Quando conheci Adele, ela estava usando um incrível poncho da Ralph Lauren", contou Paul. "Ela disse: 'você acredita que meus amigos acham que isso parece um pano de prato?', e eu pensei: 'ela é demais!'." Paul disse que estava escolhendo alguns vestidos simples da Prada para Adele e marcas como Isabel Marant para o "lado *hippie*" dela. E havia a alta costura. "Qualquer coisa da Chanel cai nela como uma luva." Em poucos meses, Adele fora transformada da garota tímida dos primeiros dias, que se sentava de pernas cruzadas em um banco com roupas de estampas florais e malhas em clubes escuros de Londres, em uma jovem mulher conquistadora de continentes, confortável com a alta costura e sob a demanda constante de exibir roupas que outras mulheres de corpos normais poderiam até serem capazes de usar também.

Apesar de tudo isso, Adele tinha dificuldade para deixar claro que a moda, embora divertida, nunca dominaria sua vida. Ela estava certamente determinada a não se vender. "Se me derem coisas de graça, tenho de usar. Mas não quero ser um *outdoor*", ela avisou. Ela também não tinha ficado tão vaidosa a ponto de esconder os desafios e atribulações que se arrumar para ocasiões especiais às vezes causava a ela. Em janeiro de 2011, por exemplo, o *The Sun* publicou que Adele disse que a véspera de Ano-Novo havia sido um desastre porque ela caiu de um morro com sua roupa e seus sapatos da Moschino ao soar a meia-noite e acabou "coberta de cocô de cachorro". Como consequência, em vez de ficar fora "por três dias", ela já estava na cama à 1h30.

No Glamour Awards, em Londres, em junho de 2009, Adele apareceu para aceitar o prêmio de artista solo do ano no Reino Unido em um vestido preto brilhante e com brincos de ouro, o cabelo preso em um elegante coque baixo. Já tinham sido esquecidos os coques caídos do passado; mas ela com certeza soltou o cabelo em uma entrevista depois da cerimônia. "Você está bem confortável", brincou o entrevistador ao reparar que Adele estava descalça no tapete vermelho. Ela rapidamente confessou que havia caído no caminho para o local do evento, em frente aos *paparazzi*. "Eu pensei 'ó, dane-se'. E, assim, tirei os sapatos. Só trouxe sapatilhas com estampa de arco-íris... e elas não vão combinar com a roupa, vão?"

No verão de 2011, apresentar-se somente com as meias virou norma para Adele. Embora ela sempre cambaleasse para o palco de salto alto, os sapatos nunca duravam muito. Chutá-los parecia uma maneira de ganhar intimidade com a plateia e, ao mesmo tempo, ficar confortável. Ao fazer a resenha do show dela na Roundhouse de Londres, em julho de 2011, o *The Observer* escreveu que "a conversa amigável é sobre [seus] infames ex-namorados, sobre assistir à apresentação de Beyoncé em Glastonbury na televisão e sobre a dor causada pelo aperto dos sapatos de salto... No final, Adele sai correndo, descalça, antes que a emoção a domine".

Ela pode preferir ficar descalça hoje em dia, mas Adele ainda é uma figura glamorosa no palco com seu visual inspirado nos anos 60. E, apesar da fila de estilistas que querem vesti-la, ela até conseguiu algumas vezes abandonar-se ao amor por roupas antigas, lapidado durante seus dias no mercado do Camden. Em um show em Seattle, em agosto de 2011, ela disse à plateia que seu elegante vestido preto viera de uma loja de usados da Califórnia e custara a fortuna de 10 dólares.

Apesar dos problemas com a voz, Adele está radiante no DVD *Live the Royal Albert Hall* de 2011, com o cabelão e os olhos esfumaçados, e aquelas unhas fabulosas. Ao se apresentar em Manchester algumas noites antes, ela tinha mostrado unhas pintadas em tons de "morangos e creme", dizendo ao público que "eu não toco mais violão porque prefiro ter unhas longas". "Sinto-me mulher quando estou com elas", ela contou à revista *Q*, antes de estourar "merda! Acabei de quebrar a unha!", mostrando que ela é tão propensa a incidentes com suas garras quanto quando aquele absorvente interno foi empregado em um infeliz serviço.

Como parece inevitável para qualquer mulher que se torne uma verdadeira celebridade hoje em dia, Adele vê todas as suas roupas passarem pelo exame minucioso dos blogueiros de moda que estão prontos a comentar toda vez que ela coloca o pé para fora de casa. Houve sucessos declarados, como a aprovação da sua roupa para o Royal Variety Performance em dezembro de 2010: "A passarinha cantora Adele estava recatada em um vestido preto estampado e sapatos de salto Christian Louboutin Mary-Jane em tom *nude*. Linda maquiagem, Adele, tirou nota alta".

E houve roupas que dividiram as opiniões, como o vestido de renda trabalhada de Barbara Tfank que ela usou no MTV Video Music Awards, em agosto de 2011. "Adele não apenas arrasou no VMA com uma versão triste de 'Someone Like You' – sem Auto-Tune, Pitbull ou saltos aéreos com cabos de segurança –, mas ela também trouxe uma graça sensata à coleção de visuais da noite em um recatado vestido longuete de Barbara Tfank. Ela estava estonteante, sem exageros e lembrava que menos sempre será mais (desde que sirva muito bem)" foi o veredicto da *Rolling Stone*.

Em outro lugar, no entanto, a visão sobre sua roupa no VMA foi de que a modéstia foi, bem, apenas... modéstia. "Adele usou o exato mesmo vestido preto tradicional que a vimos usar em todas as outras aparições públicas dela", declarou o *The Examiner*. "É claro que a cantora de voz delicada tem um estilo discreto, mas o tapete vermelho do VMA pede uma roupa um pouco mais apimentada do que algo tirado do guarda-roupa da Miss Ellie no *closet* dos figurinos de Dallas." Miau.

Talvez a própria atitude de Adele em relação às suas bolsas e roupas é mais bem expressa pelos comentários que ela fez em uma entrevista para a *Rolling Stone,* em abril de 2011. Vestida com uma malha preta de gola alta que ela considera "meu escudo, meu conforto", ela disse: "minha vida é cheia de drama e eu não tenho tempo para me preocupar com algo tão pequeno quanto o meu visual... Não faço música para os olhos. Faço música para os ouvidos".

Capítulo 7

Dias de Cão

Mas, é claro, acabou, como sempre. E, quando aconteceu, foi como abrir uma torneira.

Adele, 2011

A XL decidiu ter uma atitude tranquila quanto ao tempo que o novo álbum poderia exigir. "Eles sabem que não produzo nada sob pressão. Eu coloquei a pressão maior sobre mim mesma de qualquer forma... Simplesmente mergulhei nesse álbum de tal forma que não pensei de verdade no sucesso do primeiro", comentou Adele. Foi uma sorte. Pois a gestação do *21* provou ser longa e ainda mais carregada de emoções do que a do *19*.

No verão de 2009, após umas férias em Portugal ("Está fervendo. Estou com alergias de calor. Tomar sol é tão entediante!"), Adele finalmente ganhou o cachorro do qual falava o tempo todo desde o Grammy, mas não passava tempo suficiente em casa para pensar em cuidar de um. Ela relatou no *blog,* em 9 de agosto, que ela e o "cãozinho" – um *dachshund* – estavam "ficando amigos". "Ele é tão fofo, ele é tão amigável e amou todos que conheceu até agora."

O cachorro escolheu seu próprio nome por uivar quando Adele estava em casa cantando enquanto ouvia uma música de Louis Armstrong e Ella Fitzgerald. Louie Armstrong – a estranha mudança na grafia foi ideia de Adele – ele se tornou: "mas eu só o chamo de Louie Armstrong quando ele se comporta mal", ela disse.

Nessa época, ela voltou a morar com a mãe, em um novo apartamento que ela comprou para as duas em Battersea, no sudoeste de Londres, em frente ao parque e, assim, útil para passear com o cachorro.

Seus dias em Notting Hill foram poucos. "Eu me mudei e tentei ser descolada e com ares de estudante, mas não conseguia, e [minha mãe] não conseguia também. Além disso, eu não era boa dona de casa."

Outro membro do novo lar era, é claro, Louie. Seu estômago logo colheu os benefícios das primeiras tentativas de Adele na cozinha, sendo que os biscoitos para cães estavam no topo da sua lista. Como havia passado grande parte do ano anterior longe de casa, Adele gostou da experiência de ser uma mulher prendada. "Tenho pilhas de livros de culinária", ela contou, "e éramos apenas eu e meu cachorrinho passando um tempo juntos".

Os biscoitos devem ter sido um consolo para Louie, quando chegou a hora de Adele voltar à música. Ela estava trabalhando duro no novo álbum, mas podia apenas experimentar no piano porque Louie não gostava de quando ela tocava violão. "Ele fica com medo e não quero perturbá-lo." Na verdade, Louie seria seu companheiro constante e leal. Mais constante e leal, com certeza, do que os homens da vida dela.

Quando havia começado a compor o novo álbum no começo de 2009, Adele ainda estava em seu "primeiro relacionamento de verdade" com o homem mais velho, por quem ela sentia uma paixão que tinha lhe causado um grande turbilhão emocional no verão anterior e que era responsável, pelo menos em parte, por ela ter cancelado a turnê nos Estados Unidos. "Ele me fez virar adulta. Ele me colocou na estrada que estou seguindo", foi como Adele resumiu, mais tarde, o relacionamento deles. De acordo com o que ela disse à *Rolling Stone* em 2011, eles ficaram juntos por pouco mais de um ano, vivendo no apartamento de Adele em Londres, quando ela estava na cidade, antes que tudo começasse a desmoronar. "Simplesmente deixou de ser divertido…"

A duração exata do relacionamento está envolta em mistério. Adele, tão aberta em tantos assuntos, nunca se referiu a esse homem significativo da sua vida, nem no *blog* nem em entrevistas enquanto eles estavam juntos. Ele é notável por sua ausência: o que é surpreendente, alguns podem pensar, para um homem que ela costumava chamar de "o amor da sua vida". Adele estava indo e voltando dos

Estados Unidos com certa constância, durante o período em que eles estiveram juntos e é de se imaginar que não deve ter sido fácil. Na entrevista dela para a *Vogue* dos Estados Unidos no início de 2009, Hamish Bowles refere-se ao homem que estava com ela em Los Angeles, na época do Grammy, em fevereiro, como "seu novo namorado, um rapaz londrino de voz suave com o visual de Michael York em *Cabaret*"; e, embora não tão novo, temos de presumir que se tratava do mesmo homem. Porém, de volta a Londres alguns dias depois, Adele disse a Sara Cox, da Radio 1, que ela não tinha namorado. Após revelar suas impressões no encontro com Justin Timberlake no Grammy ("ele tem um corpo bonito"), ela admitiu que preferia "um outro garoto" de quem ela gostava. "Não é um garoto famoso. Eu nunca sairia com um garoto famoso." É difícil não ler essas observações agora como táticas para despistar a mídia e evitar que ela chegasse muito perto da verdade, pois o homem mais velho estava com ela nos Brits mais ou menos uma semana depois. Adele lembrou-se disso muito bem quando subiu para cantar "Someone Like You" na mesma premiação dois anos depois. Foi por isso que ela começou a chorar e levou metade da nação com ela.

Tudo que Adele diria depois seria que a primeira música que ela escreveu para o *21*, "Take It All", foi concluída em abril de 2009, quando ela e seu namorado ainda estavam juntos. De maneira reveladora, ela falava sobre "alguém não amar outra pessoa". Com uma letra cheia de dor e desespero, vindos de uma paixão não correspondida, era um lamento claro sobre seu relacionamento, cada vez com mais problemas. "Ele fez isso após ouvir essa música", Adele diria sobre o fim do namoro, com uma risada falsa ao apresentar "Take It All" na turnê do ano seguinte. Quando aconteceu, em algum momento de abril de 2009, a separação foi devastadora.

Sessões de estúdio com vários produtores nos meses anteriores tinham produzido poucos resultados que a agradassem; isso não é surpresa, uma vez que ela estava sofrendo fortes dores dos problemas do relacionamento que pareciam terminais. Assim, no dia seguinte ao rompimento definitivo, ela foi para o estúdio com o compositor e produtor Paul Epworth, que havia trabalhado com artistas como Kate Nash, Primal Scream, Florence + The Machine e, mais recentemente, Jack Peñate, com o qual tinha composto e gravado o segundo álbum do cantor, *Everything Is New*.

Quando Jonathan Dickins havia sugerido pela primeira vez que Adele trabalhasse com Epworth também, sua reação inicial – pensando em suas impressionantes credenciais *indie* – foi "'bem, isso não vai dar certo.' Mas resolve ir e ficar um pouco bêbada com ele e, assim, fomos para o *pub*". Por sorte, eles se entenderam bem e Adele mudou de ideia.

Outro compositor poderia ter olhado para o estado em que Adele se encontrava e mandado-a de volta para debaixo do edredom, com uma caixa de lenços Kleenex. Porém, Epworth podia ver que ela estava agitada de uma maneira que poderia produzir algo muito interessante. "Eu nunca fico brava, mas eu estava pronta para cometer um assassinato. Eu entrei chorando e tudo mais e disse: 'vamos escrever uma balada'. E ele disse: 'de jeito nenhum! Quero compor uma música feroz'." Epworth incentivou Adele a "ser uma vaca em relação à situação". "Quando estou prestes a ficar brava de verdade, posso realmente sentir meu sangue fluindo pelo corpo... E segui em frente, 'sinta o bater do meu coração, Paul!'. E a batida da música era a batida do meu coração... Ela simplesmente crescia e crescia."

E, então, "Rolling In The Deep" nasceu.

"Ela estava obviamente muito frágil e aberta quanto ao que acontecera. Mas ela tinha fogo no estômago" foi como Epworth relembrou o dia-e-mais-um-pouco carregado de emoção que levou para gravar a música. Adele tinha pensado nela para ser apenas uma *demo*, mas rapidamente percebeu que seria difícil recaptar a emoção vinda do "calor do momento" daquela primeira gravação. Assim, a *demo* virou a versão final e, mais tarde, um dos seus maiores sucessos no mundo inteiro; e, depois, seu primeiro número um nos Estados Unidos. Refletindo sobre a origem da música em seu *site*, Adele resumiu "Rolling In The Deep" como sua reação a "ouvir que minha vida seria entediante, e solitária, e inútil, e que eu seria uma pessoa fraca se não ficasse no relacionamento. Fiquei muito ofendida e escrevi a música como uma espécie de 'vai se danar'."

Com a gravação daquela faixa "vá se danar" como abertura, um pouco da personalidade mais dura e desafiadora do segundo álbum começou a emergir. Em turnê no Canadá, no início de maio de 2009, Adele contou ao CBC Arts Online que seu novo álbum não era "tão patético quanto o primeiro. Este é mais do tipo 'tudo bem, então, acabou, dê o fora da minha casa, faça suas malas e saia da minha cama'". Com uma agenda lotada e um álbum para compor, Adele estava precisando endurecer. Ela não podia esperar muita compreensão daqueles à sua volta de qualquer forma, pois ela era a única pessoa triste com a partida daquele homem. "Todos os meus amigos, todos que trabalhavam comigo, ninguém gostava dele porque eu me comportava de maneira diferente quando estava com ele."

Apesar de ter pensado que "não tinha nada sobre o que escrever", as músicas começaram a brotar dela, assim como acontecera com o *19*. Em junho, Adele já tinha escrito metade do álbum, confessando à imprensa que seus relacionamentos estavam mais uma vez dando a inspiração para suas músicas. "Garotos", ela disse a um entrevistador quando ele perguntou sobre o que ela estava escrevendo. "Ainda tenho os mesmos problemas. Na verdade, eles estão piores hoje em dia."

Um consolo veio na forma de outro prêmio: artista solo do ano no Glamour Awards, no início de julho, entregue a ela por seu amigo Mark Ronson. Adele revelou nessa época que ela guardava seus prêmios, inclusive seu par de Grammys, no banheiro, como era "tradicional" na Inglaterra. "Tenho um grande armário na parede. Foi engraçado, eu estava saindo com um cara no verão passado e ele não fazia ideia de quem eu era... Mas, na primeira vez que ele foi à minha casa, ele usou o banheiro e, quando saiu de lá, ele disse: 'quem diabos é você?'." Ele ficou muito assustado, nunca mais o vi.

Junho também foi o mês de lançamento do álbum *Everything Is New,* de Jack Peñate, coescrito e produzido por Paul Epworth. Em uma colaboração não planejada – apenas aconteceu de ela estar por perto –, Adele havia contribuído para os *backing vocals* da música "Every Glance". Ficou claro que seu segundo álbum não seria apressado. "Estou escrevendo as músicas agora e, depois, quero ensaiá-las por um tempo", disse Adele em outra entrevista mais ou menos na mesma época. "Por mais que eu ame meu primeiro álbum, ainda há coisas que eu gostaria de ter feito de outra maneira. Por isso, não quero correr. Um artista é tão bom quanto o seu último álbum."

Na verdade, Adele queria muito que o novo álbum fosse melhor que o anterior. Ela havia levado em consideração principalmente as críticas ao *19* que expressavam a ideia de que suas músicas não eram tão sofisticadas quanto sua voz. "Eu pensava 'certo... quero fazer álbuns para sempre. Não quero ser algo passageiro'. Eu realmente quero mostrar um desenvolvimento nos meus álbuns."

Com as travessias transatlânticas encerradas por um tempo, Adele ficou em Londres. Ela decidiu que o segredo para desenvolver sua música era "literalmente me trancar em meu apartamento [de Londres]... e ouvir todo tipo de música". Após dois anos de aparições públicas quase constantes, Adele escondeu-se de verdade. "Fiz um grande esforço para apenas mergulhar na música por um tempo. Eu... fiquei sentada em casa por três semanas e não saí, a não ser para levar o cachorro para passear, e tudo que fiz foi escutar muitas músicas, músicas variadas. Muito *hip-hop*, muito *country*, muito *pop*, muita coisa de que eu já gostava, muita coisa de que nem gosto... simplesmente tentando entender o que há nessas músicas que me emociona; em que é o auge delas, por que acho que seja o auge, coisas assim."

Ela fez uma rápida invasão aos Estados Unidos, em setembro de 2009, para se apresentar na Brooklyn Academy of Music, em Nova York, para o evento Divas da VH1, um show para arrecadar dinheiro para a instituição de caridade Save The Music Foundation. As outras convidadas principais eram Jordin Sparks, a vencedora do American Idol Kelly Clarkson, Jennifer Hudson, Miley Cyrus e Leona Lewis. Adele ofereceu mais uma interpretação arrepiante de "Hometown Glory" e, depois, voltou ao palco para acompanhar a cantora americana de *soul* e *R&B* India Arie na sua animada música "Video". Apesar dos estilos contrastantes – Arie com *shorts* de garota do *soul*, lenço na cabeça e brincos de argola gigantes; Adele com um vestido de noite e salto alto –, as duas divas combinaram com perfeição em uma apresentação que transpirava poder feminino. Adele divertiu-se muito, curtindo a batida de *reggae* de Arie. Não é surpresa: "Video" poderia ter sido composta especialmente para ela. "Não sou como uma garota comum do seu vídeo/E não tenho o corpo de uma supermodelo/Mas aprendi a me amar incondicionalmente/ Porque sou uma rainha."

E, em 7 de outubro, de volta à sua cidade natal, houve mais uma noite de glória na forma do BMI London Awards, entregue todo ano para as músicas mais tocadas no rádio e na televisão nos Estados Unidos. Na cerimônia "muito elegante", Adele recebeu seu prêmio por "Chasing Pavements", uma das três músicas que ela havia composto para o *19* em parceria com Francis 'Eg' White.

Preocupada em fazer o "*19 2.0*", Adele já tinha decidido que mais colaborações desse tipo eram exatamente do que o novo álbum precisava. "Quando eu estava fazendo o *19*, eu era uma típica adolescente teimosa. Eu pensava 'não, eu posso fazer tudo sozinha!'." Aos poucos, ela estava aceitando o fato de que não podia mais continuar sozinha. Um pouco do controle criativo que ela protegia com tanta violência quanto qualquer grande compositor teria de ser cedido a colaboradores que pudessem trazer um novo ponto de vista e ajudar a transformar as "anotações feitas no diário por uma garota bêbada" que inspiravam as músicas dela em partes de um álbum do qual ela pudesse se orgulhar.

Entre novembro de 2009 e fevereiro de 2010, Adele continuou a cuidar de seu coração partido e o restante das músicas foi composto. Mais tarde, ela voltou a refletir sobre a diferença entre o relacionamento que havia inspirado o *19* e aquele que tinha servido de combustível para o *21*. "Dessa vez, ninguém fez nada errado. Apenas deixamos de nos amar e eu tive de lidar com a tristeza de me sentir uma fracassada por não conseguir fazer as coisas darem certo", ela disse. "Sentia-me mais amarga e isso me inspirou. Mas o álbum não é apenas as minhas reclamações sobre um ex-namorado. Também escrevi músicas nas quais tento ser honesta quanto aos meus defeitos."

Capítulo 8

Tristeza na Califórnia

Acho que sou uma compositora melhor do que eu pensava.

Adele, 2010

O fim de 2009 trouxe a Adele outra indicação ao Grammy. Dessa vez foi para melhor *performance* vocal feminina de *pop* por "Hometown Glory". Preocupada em compor o novo álbum, ela decidiu não participar da cerimônia em Los Angeles, em janeiro do ano seguinte, apesar de estar concorrendo com um grupo de heroínas suas: Beyoncé, Katy Perry, Taylor Swift e Pink, que lhe havia inspirado tanto quando ela era adolescente. No evento, a vitória foi de Beyoncé pela música "Halo".

Depois da primeira e emotiva sessão em estúdio que produzira "Rolling In The Deep", Adele continuou trabalhando com o compositor e produtor Paul Epworth. "Tem sido uma experiência emocionante trabalhar com alguém como ela e apenas escrever. Tem sido assim: 'pronto, aqui está a música'", ele disse. No entanto, em fevereiro, Epworth deixou escapar que Rick Rubin também estaria envolvido com o álbum. "Tenho trabalhado com Adele, apenas escrevendo, não produzindo", ele contou à BBC6 Music, no Music Producers Guild Awards, quando ganhou o prêmio de produtor do ano. "Rick Rubin vai produzir o próximo álbum dela."

Isso era importante. Rick Rubin era uma lenda, mas não por ter trabalhado com alguém como Adele. Contratado pela Columbia, gravadora de Adele nos Estados Unidos, como copresidente em 2007, para ajudar a achar algumas respostas musicais para as receitas em queda brusca da empresa, ele também foi chamado por pessoas diferentes de um dos "mais infames produtores de música moderna", um "matador de aluguel", um "guru" e um "urso de tamanho médio com uma barba longa e cinza". Ah, e também uma das "100 pessoas mais influentes do mundo" pela revista *Time*.

Porém, havia difamadores. Na mesma cerimônia de premiação em que Epworth revelou sua colaboração com Adele, Rubin – que não estava presente, apesar de ter sido indicado para o prêmio de produtor internacional do ano – recebe uma crítica feroz de Matt Bellamy, da Muse. No palco para aceitar o prêmio da banda por *single* do ano no Reino Unido, ele disse: "Gostaríamos de agradecer a Rick Rubin por nos ensinar como não produzir".

O primeiro encontro de Adele com Rubin no Saturday Night Live, uns 18 meses antes, deixou nela uma impressão consideravelmente mais favorável daquele homem. Ela estava, em suas próprias palavras, "ofuscada com tantas estrelas". Depois, quando ela ganhou os Grammys, Rubin enviou a Adele um *e-mail* dizendo: "vamos fazer um álbum juntos?". A resposta de Adele foi: "não, você não é tão bom". Ela estava preocupada que os dois não conseguissem trabalhar juntos. "Não achei que combinaríamos nem um pouco na verdade."

Mais tarde, Rubin apareceu no show dela no Hollywood Bowl, em junho de 2009, e disse a ela o que pensava. "Ele disse, 'você é tão diferente ao vivo. Temos de deixar seu show ao vivo transparecer no seu álbum'." Apesar da primeira oferta, Adele ainda estava longe de sugerir que eles se juntassem. "Eu tinha vontade de dizer: 'quer fazer isso, Rick?', mas pensava 'não, não posso dizer isso a Rick Rubin'. Ele diria: 'você sabe quem eu sou?', mas tentei plantar a semente mentalmente."

No fim, entretanto, a colaboração aconteceu quando, em abril de 2010, Adele viajou para a Califórnia para gravar com Rubin nos Shangri-La Studios em Malibu, seu local favorito para gravações. "Acho que foi um desafio para nós dois e que era por isso que queríamos tentar." No início, Adele não estava animada em gravar nos Estados Unidos, "porque sou britânica e o álbum fala de coisas que aconteceram em Londres". Porém, depois abrandou, percebendo que, se gravasse tudo na Inglaterra, ela se distrairia e iria querer sair toda noite.

Os Shangri-La Studios são uma lenda na indústria musical. Eles ficam em uma mansão modesta para os padrões de Malibu, construída no fim dos anos 1950 por uma atriz de Hollywood chamada Margo Albert. Ela já serviu de *playground* para estrelas da década de 1950, cenário de filme e (dizem) bordel de luxo. Nos anos 1970, estúdios musicais foram instalados pelo produtor Rob Fraboni, de acordo com as especificações de Bob Dylan, que mais tarde morou em uma tenda no jardim de rosas enquanto trabalhava lá.

Ao longo dos anos, os estúdios, que guardam uma gigantesca coleção de guitarras e equipamentos de gravação antigos, receberam uma grande variedade de artistas, inclusive Van Morrison, Ringo Starr, Bonnie Raitt, Kings of Leon e Eric Clapton, que o relembrou como um lugar onde "*jam sessions* a noite toda e festas loucas eram a regra". A imagem da capa para o seu álbum de 1976, *No Reason To Cry*, foi fotografada dentro da casa. Os Shangri-La Studios são uns dos poucos estúdios analógicos ainda existentes e contam com dois espaços de gravação: um maior no andar de baixo da casa e uma menor em um antigo *trailer* Airstream estacionado no gramado. Há também vistas maravilhosas para o Oceano Pacífico.

Passar um tempo no Shangri-La Ranch foi uma experiência pela qual Adele estava bem ansiosa após meses quieta em Londres, em um luto sério de seu relacionamento acabado. Porém, as cinco semanas que ela ficou em Malibu acabou não sendo o que o sonho da Califórnia tem a fama de ser. Para começar, a pele clara de Adele sofreu com o clima. "Sou muito pálida para o sol. Sou alérgica a ele. Fico com a pele irritada por causa do calor", ela disse. "Fico com bolhas no corpo todo. O primeiro dia estava nublado. Fiquei com umas queimaduras fortes, que duraram pelo tempo todo que fiquei lá."

E, embora Adele se sentisse em casa nos Shangri-La Studios, ela ficou desconfortável em Malibu. "Foi uma experiência muito surreal. Todos moram atrás de um portão, como se tivessem tanto dinheiro que não saem... Todo mundo tem de dirigir lá. Pensei que iria caminhar até um café pequeno e charmoso em frente ao mar e dar um tempo, mas não é possível andar para nenhum lugar." Às vezes, ela sentia saudades insuportáveis de Londres e das ruas familiares de sua cidade natal.

Porém, trabalhar com o, às vezes, controverso Rick Rubin revelou-se uma diversão. "Quando ele está falando, não consigo deixar de ouvir", ela contou ao spin.com. "Ele é simplesmente muito sábio. Eu na verdade nunca fiquei tão relaxada, ao me envolver com música, como fiquei... em Malibu com ele e a banda." Rubin criou laços com Adele ao ir direto à essência do trabalho dela. "Tudo o que faço, seja em produção ou ao contratar um artista, sempre começa com as músicas", ele declarou certa vez. "Quando estou escutando as músicas, procuro um equilíbrio que pode ser visto em qualquer coisa. Seja uma ótima pintura ou um prédio ou um pôr do sol. Há simplesmente um elemento humano natural em uma grande música que parece imediatamente satisfatória. Gosto que a música crie um clima."

No caso de Adele, a essência era o encantamento que ela trazia para suas apresentações ao vivo. "A voz dela é um condutor direto entre quem ela é e o que nós ouvimos; não há nada atrapalhando esse caminho" foi como o DJ Zane Lowe da Radio 1 certa vez descreveu com competência. "Podemos sentir a força de vida dela pela sua voz" foi a avaliação de Rubin. Os métodos de Rubin eram intensos, mas Adele entendeu com perfeição o que ele estava tentando fazer. Ia ao encontro do espírito cru de Etta James que ainda ardia dentro dela. "O que importa é a canção, o que importa é a música. Ficamos muito isolados no estúdio, mas de uma maneira muito boa. Nós agitamos até que ficasse bom." Isso envolvia muita improvisação com a banda que Rubin reunira; músicos "loucos", disse Adele, tão bons que "era possível sentir o cheiro do talento deles". "Ouvíamos as músicas uma vez; depois, improvisávamos por cerca de uma hora e, no final dessa hora, tínhamos a gravação, algo fantástico", ela contou em uma entrevista gravada nos Shangri-La Studios. "Todos são tão bons no que fazem. Não perdemos tempo. Se você quiser um som diferente na guitarra, ele aparece em dez segundos porque todo mundo consegue ler o pensamento dos outros."

Foi crucial o fato de que esse processo refinado foi mantido longe das pressões comerciais; o que é notável, já que Rubin era co-presidente da gravadora de Adele nos Estados Unidos. "Não consultávamos o que estava bem nas paradas de sucesso, nem o que estava na moda e o que não estava." E também nenhum *sample* foi usado na produção das músicas. "Eu poderia sentar aqui, agora, e tocar o álbum todo sem eletricidade; ele é muito orgânico."

As sessões nos Shangri-La Studios com Rick Rubin resultaram em quatro das faixas que aparecem no *21*: "Don't You Remember", "He Won't Go", "One And Only" e o *cover* de Adele da música "Lovesong" do The Cure. A última canção apareceu quase por falta de alternativa. O dia mais desafiador no estúdio aconteceu quando Adele tentou gravar uma versão de "Never Tear Us Apart", do INXS, e o espírito de Etta a abandonou temporariamente. "Foi a primeira música que aprendi a tocar e é uma de minhas músicas favoritas", ela comentou mais tarde sobre a música, que fora lançada no ano em que ela nasceu. "No entanto, quando a tocamos, fiquei arrasada porque eu não parecia convincente. Não acreditava em uma palavra que eu estava cantando." Assim, o guitarrista daquela sessão, Smokey Hormel, sugeriu que fizessem "Lovesong" do The Cure no lugar dela.

Adele estava muito longe do Finsbury Park. Porém, ao ouvir falar no The Cure, foi transportada de volta para lá. "Lovesong" era uma música que ela conhecia havia muito tempo, graças à sua mãe e aquele primeiro show ao qual ela levou sua filha pequena. Hormel sabia que Rubin tinha uma *demo* da canção, cujos arranjos Rubin tinha feito originalmente para Barbra Streisand usando traços de bossa nova e nunca usado.

Foi bem no final da estadia de Adele em Malibu e a voz dela mostrava o cansaço de cinco semanas de improviso constante. Mas ela gravou a música em uma só tentativa. "É bem crua e estou muito triste nela porque eu estava com saudades de casa... E a experiência toda de estar com Rick em Malibu foi forte demais. Minha voz sumiu, o que me deixou um pouco paranoica. Mas, na verdade, combinou muito, muito bem com a música. Essa canção me libertou um pouco. Eu cantei para a minha mãe." A mãe de Adele, no entanto, ficou mortificada de início ao pensar em uma de suas músicas favoritas de uma banda querida ganhando um tratamento de bossa nova. "Então coloquei para que ela ouvisse. E ela adorou e chorou."

Apesar da queimadura de sol, da saudade de casa e do declarado desgosto de Adele por Malibu, as filmagens artísticas, mudas e em preto e branco de Adele nos Shangri-La Studios, depois usadas para divulgar o álbum, são a prova de um estado de espírito diferente. Lá está ela. Escrevendo concentrada em um canto salpicado de sol ao lado de uma janela. Cochilando no sofá com o cabelo dançando levemente com a brisa. Conversando animada com Rick Rubin; sorrindo para ele usando fones de ouvido; abraçando-o. Fumando na entrada ou balançando com alguma batida interna. Improvisando no violão. Rindo e se divertindo no quintal dos fundos. Deitada na cama sem maquiagem e com um olhar distante. Apontando para fora da janela, para a zona rural da Califórnia. Dirigindo pela Pacific Highway, glamorosa em sombras grandes como uma estrela de cinema antiga. Abraçando o próprio corpo bem perto da câmera e flertando com ela, sorrindo com os olhos por meio de cílios longos, escuros e luxuosos. Ela está bonita, relaxada e autêntica. Como se algo tivesse sido conquistado no campo musical.

Em maio de 2010, acabou o tempo de Adele nos Shangri-La Studio e ela voltou para Londres. "Eu me diverti muito em Malibu", ela escreveu no seu *blog*. "Foi um pouco forte demais trabalhar com pessoas tão incríveis que simplesmente transpiram grandes talentos. Foi como viver com a família dos meus sonhos por um mês."

Por conta do seu *status* de superprodutor na indústria musical, o trabalho de Rick Rubin com Adele tende a virar notícia. Com ele, ela tinha gravado quatro das 11 faixas que apareceriam no *21*. Mas, de volta a Londres, o trabalho continuou, com colaboradores conterrâneos que teriam um papel tão fundamental no eventual sucesso rápido do álbum. E, apesar das ótimas músicas que resultaram do tempo passado em Malibu, Adele queria ficar em Londres e trabalhar lá por um tempo. "Não queria viajar muito, ficar indo e voltando, para escrever. Eu só queria ficar em casa com os meus confortos e meus amigos."

As interações entre os compositores parceiros de Adele e os produtores do *21* são fascinantes, com combinações estimulantes emergindo do processo. Após sua colaboração bem sucedida na primeira faixa do álbum, "Rolling In The Deep", Adele e Paul Epworth escreveram mais duas músicas: "He Won't Go" e "I'll Be Waiting". Epworth também produziu "I'll Be Waiting", enquanto, como já falamos, Rubin cuidou de "He Won't Go". Apesar de suas reservas iniciais quanto a trabalhar com Epworth, "acabou sendo uma parceria perfeita", ela disse. "Ele é um dos compositores e produtores mais incríveis com os quais já trabalhei; ele tem muitas ideias e me fez ter muitas outras."

O trabalho de Adele no *21* também a reuniu com Jim Abbiss, com quem ela havia trabalhado em oito das 12 faixas do *19*. Para o *21*, Abbiss produziu "Take It All", composta em parceria com Francis 'Eg' White – outro dos produtores de Adele no *19* –, e também "Turning Tables", composta por Adele e o compositor e produtor americano Ryan Tedder. A colaboração de Adele com Tedder aconteceu após um encontro em um elevador na cerimônia do Grammy em Los Angeles em 2009. "Nós dois ficamos no mesmo hotel e entrei no elevador com umas cem bexigas em forma de coração. E, depois, Ryan também entrou e tudo que ele podia ouvir era a minha risada alta, que eu acho que já se tornou um pouco infame! E ele ficou me procurando entre as bexigas e dissemos 'incrível! Definitivamente temos de trabalhar juntos agora'."

Vocalista da banda OneRepublic e ganhador de prêmios pelo seu trabalho em músicas adoradas por Adele, como "Halo", de Beyoncé, e "Bleeding Love", de Leona Lewis, Tedder era, de algumas maneiras, um candidato óbvio para uma colaboração com Adele. Para começar, no entanto, ela nem tinha certeza se gostava dele. Após aquele primeiro encontro no Grammy, eles saíram para comer em Nova York. "Eu pensava assim: 'quem diabos ele acha que é?'", ela relembrou. Porém, no fim da refeição, eles tinham, como é bem apropriado, "virado a mesa de cabeça para baixo".

A colaboração aconteceu porque, em vez de impor seu estilo, Tedder ficou feliz em simplesmente deixar Adele ser Adele. Como ele explicou: "o *19...* foi tão avassalador para mim, tão simples e belo, que eu, como fã, não queria interferir no som dela". Tedder disse a Adele que ele não queria fazê-la "passar pela máquina de Ryan Tedder, na qual você acaba com uma música que tem um som tanto com a cara de Ryan Tedder quanto com a cara de Adele". "Rumour Has It" foi escrita e produzida com Tedder nos Estados Unidos, enquanto

"Turning Tables" foi escrita em Londres e, depois, produzida por Jim Abbiss.

"Set Fire To The Rain", por sua vez, foi o resultado da colaboração entre Adele e Fraser T Smith. Smith teve sucesso primeiro como guitarrista de Craig David e, desde então, tinha partido para a composição de sucessos para artistas como James Morrison e Tinchy Stryder. Ele e Adele trabalharam juntos por conta de uma sugestão do agente dela, Jonathan Dickins, que contou que Smith e Adele "simplesmente deram certo. Ele é ambicioso, tem uma excelente ética profissional, tem grande sensibilidade para música *pop* e... é um perfeccionista absoluto. Acima de tudo, ele é um homem amável e muito modesto." Smith mais tarde descreveu a experiência de ouvir Adele soltar seu vocal extraordinário e emotivo para "Set Fire To The Rain" como "incrível". Mas não foi uma sessão de gravação comum. "Louie, o cachorrinho muito amoroso dela, latiu durante toda a gravação", ele disse, "e eu fiquei meio que acalmando o cachorro, pegando-o no colo, e ele fez um pouco de xixi por toda parte".

O último compositor/produtor com quem Adele trabalhou no álbum foi Dan Wilson. Foi ideia de Rick Rubin juntá-la com Wilson, que mora em Los Angeles e pode se orgulhar de uma carreira longa e variada no mundo da música, tanto compondo e tocando seu próprio trabalho – em especial no seu álbum de 2007, *Free Life*, que ele também produziu com a ajuda de Rubin – quanto compondo para artistas como The Dixie Chicks, KT Tunstall e Carole King. Adele estava, segundo Wilson, "totalmente no meu radar já", desde o seu álbum de estreia. Juntos, eles escreveram "One And Only", "Don't You Remember" e "Someone Like You" para o *21*, a última também com a participação do compositor americano Greg Wells. "Adele é, de verdade, a pessoa mais talentosa com quem já compus", disse Wells. "Ouvi-la cantar suas ideias com a voz que ela tem, isso meio que me deixou mimado para sempre." Wilson também ficou impressionado. "Ela é uma artista muito visionária", ele comentou. "Ela sabe exatamente o que quer. Não quer perder tempo. Ela é muito engraçada e uma boa companhia, mas sabe bem o que quer fazer."

"Someone Like You" seria a última faixa do álbum, mas era, na verdade, a primeira colaboração de Adele com Wilson. Ao resumir como foi trabalhar com Adele em uma entrevista depois do *21* ser finalizado, Wilson citou uma observação de Rick Rubin. "Ele disse algo muito verdadeiro sobre ela. Ela é muito, muito espontânea ao escrever letras de músicas." E foi assim com "Someone Like You". Adele tinha descoberto, por meio de uma mensagem de texto de um amigo tarde da noite, que seu ex-namorado – *o* ex-namorado sobre quem ela estava pensando, escrevendo e cantando com tanta intensidade – havia ficado noivo de outra mulher. Totalmente arrasada, ela, por instinto, buscou algum tipo de conforto musical. Ela estava sentada na ponta da cama, esperando a banheira ficar cheia, e pegou seu violão acústico. Em alguns minutos, ela havia composto a maior parte da letra de "Someone Like You". Pouco depois, ela procurou Dan Wilson e pediu a ajuda dele para terminar a música que ela escrevera tão rápida e instintivamente. Ela acabou sendo gravada e produzida com Wilson em Los Angeles.

Meses mais tarde, com o álbum de Adele em altas posições nas paradas de sucesso do mundo todo, Wilson refletiu sobre as músicas que eles haviam escrito juntos. "Escutei o *21* muitas vezes. E percebi que algumas excelentes músicas do álbum são cheias de metáforas, como 'Set Fire To The Rain' e 'Turning Tables'. As coisas que eu e ela escrevemos são muito simples... Tão diretas emocionalmente... Sempre espero por alguém que saiba falar com tanta simplicidade e honestidade, mas sempre o faço de maneira artificial."

A composição de "Someone Like You" foi talvez mais dolorosa do que a de qualquer outra música. Adele admitiu que estava "muito triste e muito solitária" quando a escreveu. Foi a antítese da corajosa e provocadora "Rolling In The Deep", e as duas músicas acabaram sendo a abertura e o encerramento do álbum para representar a jornada emocional e pessoal para a qual aquele rompimento devastador a tinha mandado. Enquanto "Rolling In The Deep" tinha sido o "vá se danar" de Adele – uma declaração de que ela ficaria bem sem ele –, "Someone Like You" surgiu do desespero dela.

Porém, a faixa também representou um tipo de catarse para ela. Depois de tê-la escrito, ela passou por uma forte sensação de mudança, apesar da ainda presente angústia causada pela separação. Uma sensação de aceitação. "Eu estava exausta de ser tão má... emocionalmente sem forças por conta da forma como eu o estava retratando. Porque, embora eu seja muito amarga... ele ainda é a pessoa mais importante que esteve em minha vida... Eu tive de escrever ['Someone Like You'] para me sentir bem comigo mesma, e bem com os dois anos que passei com ele. E, quando fiz isso, eu me senti muito livre."

"Olá. Acho que é hora de sair devagar do meu esconderijo." Após quase dez meses de silêncio no *blog*, Adele ressurgiu com o modesto *post* de 7 de outubro de 2010. "Estive indo de Malibu a Kensal Rise no último um ano e pouco... Escrevendo e cantando até parecer que meu coração ia sair do peito e começar a me bater!", ela disse. No seu tempo livre, ela contou que tinha descoberto Wanda Jackson, brincado com seu cachorro, aprendido a cozinhar e retomado o que ela chamou de um "relacionamento de idas e vindas com gim-tônica". E também houve uma tentativa frustrada de aprender a dirigir. "Não continuei as aulas. Estava me recuperando de um grave fim de relacionamento e, por isso, estava bebendo muito [e] acho que estava acima do limite na maioria delas", ela confessou.

O álbum, no entanto, estava finalizado. No outono de 2010, os planos para o seu lançamento já estavam ganhando impulso, com todo o poder de marketing da gravadora e das equipes de administração empregado para superar as conquistas do *19*. O novo álbum, que receberia o nome de *21*, foi um trabalho muito mais completo, envolveu um número muito maior de colaboradores e músicos. Mas Adele permaneceu profunda e pessoalmente ligada a ele. O álbum falava de um homem, um homem que tinha sido dela. Um pelo qual, ela mais tarde confessaria, desistiria de tudo para que eles tivessem ficado juntos. "Bem, eu ainda cantaria no chuveiro, é claro, mas, sim... minha carreira, minhas amizades, meus *hobbies*. Eu desistiria de tentar ser a melhor... Acho que nunca vou me perdoar por não ter feito meu relacionamento com o meu ex-namorado do *21* dar certo... Ele é o amor da minha vida."

Se o *19* tinha sido um álbum agridoce sobre o fim de um relacionamento adolescente e a transitoriedade do primeiro amor, o *21* falava sobre uma dor adulta e uma alma adulta nua. E Adele teria de continuar despindo aquela alma. Não apenas na ponta da cama ou no microfone de um estúdio de gravação, mas, dali em diante, para o mundo.

Capítulo 9

21: Sobre Uma Mulher

Eu fiquei muito brava. Depois, fiquei amarga. Depois, fiquei muito solitária e, depois, arrasada. Foi nessa ordem, o álbum.

Adele sobre o *21*

O *21* é um grande álbum, confiante e consistente; e era isso que Adele queria que ele fosse. O desejo dela era que o álbum tivesse uma extensão maior do que o contido e majoritariamente acústico *19*, mas ela logo reconheceu que, para chegar a isso, teria de admitir suas próprias limitações. "Eu adoro todas as músicas acústicas do meu primeiro álbum. Mas, como compositora, sou bem limitada no que diz respeito a produção, arranjos e camadas." Ela estava desesperada para provar que era uma artista de carreira, que mostraria crescimento e desenvolvimento em cada álbum. Um *19* parte dois não iria resolver.

Houve algumas colaborações no *19*, é claro, principalmente com Eg White, mas, na essência, Adele tinha escrito as letras sozinha e, depois, trabalhado na música em graus diferentes com os três produtores. A história do *21* conta com colaborações em um estágio bastante anterior. "Meu primeiro álbum é cerca de 80% eu e meu, este é cerca de 60%", ela definiu. Outro artista poderia ter achado difícil abrir mão do controle dessa maneira, mas a determinada Adele foi esperta o suficiente para perceber que trabalhar com outras pessoas a ajudaria a olhar para seu próprio trabalho com mais objetividade. "Sou bem desapegada com meu material e sei que sou menos dura comigo mesma se estou trabalhando com outras pessoas."

Isso não significava que ela ficaria feliz em ter uma presença menor no *21*. Na verdade, ela queria colocar mais de si mesma nele do que já fizera antes. Cautelosa para não fazer um álbum emocionalmente unidimensional que seria considerado apenas outro álbum sobre separação, ela queria que ele refletisse todos os aspectos da personalidade dela. "As pessoas sempre acham que sou séria, principalmente por causa do *19*, que é um álbum mal-humorado. Mas eu não sou... Quando não estou cantando, gosto de tentar ser sarcástica, audaciosa e engraçada e eu queria que isso aparecesse em algumas das novas músicas." O novo álbum, ela esperava, também refletiria o quanto ela estava mais confiante. "Sinto-me muito mais corajosa agora em termos do que as músicas falam e, por isso, queria um pouco de energia por trás delas." Como seu primeiro álbum, o *21* também registraria o resultado de um relacionamento terminado, mas em todos os seus complexos humores e estágios. Ele falaria menos de um homem que tinha partido o coração dela e mais sobre a mulher decidida a sobreviver.

Musicalmente, Adele também estava mais madura. Ela havia mergulhado em um oceano de novas inspirações desde a gravação do *19* e queria trazer algumas de suas novas paixões para exibir no álbum. Mas ela queria um álbum da Adele, não uma sopa de influências diferentes. Ela disse à BBC6 Music: "estou mais interessada em ter uma obra do que uma mistura confusa de sons. Acho que meu primeiro álbum foi um pouco *pop*, um pouco *R&B*, um pouco *jazz*, um pouco aspirante a *rock* e um pouco *indie folk*... Comprei vários álbuns que viraram ícones e estou tentando descobrir por que eles têm um som próprio... Eu quero um som da Adele".

Na sua busca pelo desenvolvimento da carreira e por aquele som, Adele passou semanas em casa apenas "nadando em música", ouvindo álbuns clássicos recém-comprados e também artistas que ela "sempre amou": Mary J Blige, Kanye West, Elbow, Mos Def, Alanis Morissette, Tom Waits e Sinéad O'Connor. E, após a turnê pelos Estados Unidos, ela tinha dúzias de sons novos para acrescentar a essa mistura. Graças ao motorista do seu ônibus, a quem ela se refere como B, Adele tinha descoberto vários artistas de *country* nas longas viagens de um lado a outro do país entre os shows. Aproveitando o entusiasmo dela, B tocou um álbum atrás do outro e começou a fazer coletâneas para ela, inclusive seleções de músicas antigas de Dolly Parton, Johnny Cash e The Carter Family. Adele – que antes desse despertar nunca havia escutado música *country* – logo estava animada com os sons de artistas tão diferentes quanto Loretta Lynn, Alison Krauss, Rascal Flatts, Sugarland, Neko Case, T Bone Burnett, Lady Antebellum e The SteelDrivers.

Depois que Adele contou à *Rolling Stone* seu recém-descoberto amor pelo *country*, a revista divulgou, com grande animação, que o próximo álbum dela cairia para esse gênero, sob a manchete "Adele rende-se ao *country* no álbum de outono". Mais tarde, Adele deu fim aos rumores em uma entrevista que acompanhou sua aparição no Live Lounge da Radio 1, em janeiro de 2011. "Não fiz um álbum *country*... É mais o resultado e a manipulação de palavras, sentimentos e emoções que eu gosto de pensar que ficou em mim. Mas não o método de escrever música *country* em si. Meu sotaque não combina com uma música *country*... Eu não tenho tom nasalado!"

Porém, foi também o relato de histórias comuns em muitas músicas *country* que inspirou Adele. "Gravações contemporâneas podem levar três minutos para chegar ao assunto principal e, às vezes, não sabemos do que a música fala mesmo quando já acabou. Por outro lado, nos primeiros 20 segundos de uma música *country*, sabemos exatamente o que está acontecendo. Eu acho fácil me imaginar naquelas situações, escolher uma memória antiga e pensar nela enquanto ouço a música. Gosto da sensação, é bem eufórica e soa triunfante, mas também é muito perigosa e amarga. É mais emocional do que a música *pop*, tão emocional quanto os cantores de *soul* de quem eu gostava quando era pequena."

"Ela com certeza foi exposta a coisas que abriram seus olhos musicalmente", disse Paul Epworth sobre o tempo que passou trabalhando com Adele no *21*. "Muito da música dos Estados Unidos do último século foi formada por muitas provações e aflições e acho que isso aparece no álbum da Adele... que ela se identificou com esses artistas que cantam sobre suas vidas."

No entanto, se houve um artista que se destacou como influência para o *21*, foi a "tempestuosa e feroz" pioneira do *rockabilly* Wanda

Jackson, que tinha saído em turnê com Elvis Presley na década de 1950 (e tido um rápido romance com ele), antes de passar para o *country* e o *gospel*. "Fiquei muito envolvida com o quanto ela era corajosa e mal-educada; a voz dela é inacreditável." Adele adorava citar o fato de que Jackson costumava se apresentar como "o anjo de boca suja". Com 73 anos, a nunca esquecida Jackson mais tarde iria se apresentar com Adele durante parte da sua turnê norte-americana no verão de 2011, cantando velhos sucessos e também faixas do seu novo álbum, *The Party Ain't Over*, produzido por Jack White e lançado no mesmo dia que o *21*. Uma crítica da BBC chamou o encontro de "uma mistura suntuosa e confiante de *country* e *blues*".

O *21* de Adele emergiu em um período de aproximadamente 18 meses, entre abril de 2009 e outubro de 2010, que corresponde a outro momento de turbilhão na vida pessoal dela. O rompimento com o homem mais significativo com quem ela já tinha estado até então aconteceu pouco depois de ela começar a trabalhar no álbum e forneceu muito do material para ele, que ganhou forma com as influências musicais que ela tinha se ocupado em absorver. O violento coquetel de emoções sobre o qual ela começou a refletir para o novo álbum era consideravelmente mais complexo do que aquele que tinha servido de combustível para o *19*.

Seu humor mutável após a separação é reproduzido na sequência de músicas do álbum, que progressivamente trabalham sua raiva e amargura; sua culpa; sua solidão e tristeza e, por fim, sua prontidão para seguir em frente. O processo não poderia ter sido mais intenso, ou pessoal. "A experiência de compor este álbum foi muito cansativa, porque eu passava de ser cruel a cair de joelhos. Foram como os estágios da minha recuperação."

As dez músicas originais que aparecem no *21* foram escritas tanto em Londres quanto em Los Angeles, além de cinco faixas que acabaram não indo para o álbum. Embora o alto grau de colaboração do *21* tenha significado que ela teve de viajar para os Estados Unidos muito mais do que ela tinha feito para o *19*, Adele estava aliviada por poder ter sua base principal em Londres, principalmente após um ano todo em turnê. "Eu, por fim, estava em casa e tinha de viver um pouco de novo e decidir... Bem, eu não tinha de decidir sobre o que eu iria escrever; eu sabia sobre o que eu iria escrever."

Assim como acontecera com "Chasing Pavements", as músicas de Adele para o *21* geralmente começavam com o que ela chamou de "anotações feitas no diário por uma garota bêbada". No entanto, dessa vez elas viraram peças musicais dramáticas e totalmente desenvolvidas com a ajuda dos seis coautores e seis produtores. Essa polinização cruzada sem dúvida contribuiu para tornar o álbum um inteiro mais complexo do que os processos criativos mais discretos que caracterizaram a produção do *19*. Adele deu crédito a todos os produtores por lhe darem a confiança para lidar com suas emoções oscilantes de maneira direta. Ela homenageou Rick Rubin, em especial, por ajudá-la a relaxar para entrar no processo e deixar que ele seguisse seu curso orgânico. "Sou maníaca por controle e não gosto de espontaneidade", ela disse. "Mas ele me fez seguir meus instintos e me soltar quando eu estava cantando."

Entretanto, no início, Adele tinha reservas quanto aos outros produtores com os quais ela faria dupla. Ela estava preocupada por achar que Paul Epworth era muito *"indie"*, que o som característico de Ryan Tedder fosse encobrir o dela e que seria amedrontador trabalhar com Rubin (pioneiro no *rap* e *hip hop*), e que ele poderia ficar mais ausente do que presente. Porém, no final, a natureza pouco recomendável das colaborações valeu muito a pena e contribuiu, sem dúvida, para um álbum variado e, muitas vezes, surpreendente. De maneiras diferentes, todos os seus produtores aceitaram o desafio de ajudar Adele a estabelecer um som mais confiante e completo, e que fizesse justiça ao seu considerável talento.

Embora algumas pessoas tenham achado algumas faixas produzidas demais, a espontaneidade da resposta vocal de Adele aos vários estágios de sua jornada emocional aparece no álbum inteiro. É notável que, mesmo nesse álbum maior e de produção muito mais colaborativa, que envolveu uma lista de elenco três vezes mais longas que a do *19*, um quarto das faixas finais – "Rolling In The Deep", "Someone Like You" e "Lovesong" – foi originalmente gravado como *demo*s, que depois todos decidiram que não poderiam ser melhoradas. As duas primeiras *demo*s, as músicas com as quais o álbum abre e fecha, iriam se tornar os maiores sucessos e, de duas maneiras bem diferentes, assinaturas musicais de Adele.

No lançamento, o título do álbum provocou algumas piadas na mídia. Pelo segundo álbum seguido, diziam os engraçadinhos, Adele não foi capaz de inventar nada mais original do que sua idade quando o estava compondo. Ela tinha, na verdade, resistido a usar o nome *21*, mas a ideia não ia embora. "Era... um título óbvio, mas eu acho que às vezes ser óbvio é o certo, em vez de tentar ser esperto", ela disse. "Vinte e um é uma idade muito importante em todos os lugares e eu sinto mesmo que mudei desde que fiz 21 anos e com tudo o que aconteceu. Encaixa muito bem."

Ela pode ter composto o álbum quando tinha certa idade, mas o grande sucesso de *21* se deve ao fato de que ele toca pessoas de todas as idades, de pré-adolescentes a idosos. Como o *The Guardian* afirmou: "As pessoas podem ter sucesso com a atual falta de ideias sônicas inovadoras, mas não são elas que criam um público, desde adolescentes que leem a *NME* a tiazinhas que cantarolam junto com a Radio 2".

E Adele gostava do seu álbum também. "Eu o amo. Simplesmente amo o clima dele... E acho que algumas das músicas de lá são as mais articuladas que já escrevi."

Rolling In The Deep

"Rolling In The Deep", descrita por Adele como uma "música escura, meio *blues*, *gospel* e de discoteca" atinge o ouvinte com força por sua poderosa primeira batida, definindo o tom de grande dramatismo do que vem depois e sinalizando na hora uma grande mudança em relação ao som acústico simples característico do *19*.

A história da criação rápida e inflamada explica muito. Foi escrita e gravada com Paul Epworth, na manhã seguinte ao rompimento de Adele com sua "alma gêmea". Adele chegou à sessão de gravação agendada em um estado emocional de perturbação pura. Em vez de tentar acalmá-la, Epworth incitou a raiva dela e o batimento acelerado do coração de Adele ditou o ritmo da abertura marcada da música. "Eu sou tão dramática. Estava tão brava!", ela contou. Com o sangue quente, ela cantou o primeiro verso da música *a cappella* enquanto

Epworth improvisava o som na sua guitarra. O resto aconteceu com rapidez e uma *demo* foi feita em menos de dois dias.

"Eu acho que esse é o meu equivalente a dizer coisas no calor do momento e a vomitar palavras", disse Adele mais tarde sobre a faixa que se tornaria o primeiro *single* lançado do álbum. "É preciso juntar muita merda para me deixar um pouco chateada e louca, por isso, quando fico brava de verdade, consigo sentir o sangue percorrendo meu corpo." Incentivada por Epworth, ela queria escrever uma música que, quando as pessoas ouvissem, "as fizesse pensar 'nossa, parece que ela vai matá-lo'".

Além da raiva que pulsa por "Rolling In The Deep", Adele também queria que a música refletisse seu lado de humor maldoso. "Sou muito sarcástica, de humor muito maldoso, sempre tento contar uma piada e fazer as pessoas rirem. Acho que 'Rolling In The Deep'... [está] mais ligada a isso." Também é a música na qual a influência de Wanda Jackson é mais evidente, em especial uma faixa menos conhecida de 1961, adorada por Adele, chamada "Funnel Of Love". "Tem um som muito Phil Spectory", ela disse, "e inspirou 'Rolling In The Deep' quando comecei a escrever".

A batida de discoteca de "Rolling In The Deep" também nasceu do desejo de Adele de ter pelo menos uma ou duas faixas no álbum que fizessem o público dos seus shows se mexer. "Quando vou ver um show só com baladas, perto do fim, minhas pernas começam a ficar muito inquietas", ela contou. "Achei que tinha de colocar algumas canções animadas para a plateia movimentar as pernas um pouco!"

Conduzida pela bateria e pelo baixo, e com excelentes *backing vocals*, "Rolling In The Deep" evoca uma emoção forte no ouvinte, construindo um pressentimento nervoso. "Ela vaiou, ela berrou; ela veio acompanhada do reforço de vários *doppelgangers* vingativos", como descreveu o crítico do *The Guardian*. Porém, graças à sua batida vibrante, "Rolling in The Deep" também é uma música *pop* fácil de conquistar o ouvinte, que faz os pés se mexerem, bem como Adele queria.

Lançada como *single* no Reino Unido pouco antes do *21,* em janeiro de 2011, "Rolling In The Deep" teve uma recepção positiva, preparando o palco para o som mais completo do segundo álbum de Adele. "O *single* é um hino *pop* épico e rítmico com um piano pulsante e um vocal que seria de se esperar de uma veterana com 20 anos de estrada", publicou o *The Sun*.

"O perceptível salto vocal de Adele em termos de confiança vocal realça a faixa", concordou a Billboard. O veredicto da *Rolling Stone* enfatizou as influências americanas que entraram na produção da música: "esta faixa de luto por uma separação cresce até um clímax de batidas e palmas que afirma a habilidade inglesa de rearranjar o som da música de raiz americana."

Originalmente, Adele tinha pensado em usar "Rolling In The Deep" como o título do álbum, mas depois decidiu que era "um pouco longo demais e os europeus ficariam completamente confusos". A frase deriva de uma gíria do *hip hop*, "*roll deep*", que significa ficar perto de uma pessoa ou um grupo para que sempre tenha alguém o protegendo, que o ajude a lutar se você tiver algum problema. Ela reflete a natureza condenada do relacionamento de Adele. "Foi assim que me senti, sabe? Pensei que eu sempre teria isso", ela disse. "E... acabou não sendo o caso."

Apesar das suas dúvidas iniciais sobre o que um produtor com o *pedigree indie* de Paul Epworth poderia trazer para o álbum dela, "Rolling In The Deep" acabou sendo "exatamente o tipo de coisa que ele tinha em mente para fazer comigo". Adele mais tarde elogiou Epworth, chamando a colaboração entre eles no álbum de "uma combinação perfeita". Em "Rolling In The Deep", ele tinha, de acordo com ela, "realmente feito minha voz sair de mim... Há notas que atinjo naquela música que eu não sabia que conseguia atingir". E a faixa exibe mesmo uma voz de alcance considerável, impulsionada por uma cantora confiante e madura que não tem medo de desafiá-la.

Nascida de uma sessão da qual Adele, ferida e tensa, esperava muito pouco, "Rolling In The Deep" acabou indo para o álbum na sua versão *demo*, já que as gravações posteriores não conseguiram captar a emoção pura daquele dia carregado no estúdio. As habilidades e a concentração tanto de Adele quanto de Epworth provaram seu valor ao produzirem a gravação que se tornaria um sucesso tão grande.

"Rolling In The Deep" também é a música do álbum com mais *covers*, com artistas tão diferentes quanto Patti Smith, Lil Wayne, Nicole Scherzinger, Linkin Park e o elenco de Glee arriscando suas próprias versões. E foi um marco para Adele também. Rick Krim, do VH1, para o qual Adele gravou uma sessão acústica pouco antes do lançamento do *21* nos Estados Unidos, estava entre aqueles que achavam que ela tinha adquirido "um pouco mais de pompa" no novo álbum. "Muitas coisas aconteceram a ela desde o primeiro álbum, assim, esperamos ouvir seu crescimento. O primeiro *single* é instantâneo... Não se parece com nada do álbum de estreia."

Rumour Has It

"É sobre um garoto que conheci no verão. Não confio com facilidade nas pessoas. Não aconteceu nada... Saímos algumas vezes. E ele tentou vender a história para o maldito *The Sun*!" Foi o que Adele contou em uma entrevista no rádio, no Canadá, em maio de 2009, ao falar da origem de "Rumour Has It". Ela nunca mais falou desse garoto, mas a música com certeza reflete o fato de que a fama crescente de Adele tinha trazido atenção indesejada dos tabloides. As fofocas sobre ela já eram tantas que, quando ela voltava para casa depois de longos períodos de turnê nos Estados Unidos e tentava entrar em contato com seus amigos de Londres, percebia que até eles tinham começado a acreditar nos rumores. "Meus amigos falavam 'fiquei sabendo disso, blá, blá, blá... Espero que não esteja saindo com ele porque ouvi dizer que ele trepou com ela... e disseram que você está com ele'. Meus próprios amigos estavam fofocando a meu respeito. Como a música se chama 'Rumour Has It' (dizem os rumores), algumas pessoas acham que ela fala de *blogs,* revistas e jornais, mas não. Ela fala dos meus próprios amigos acreditarem no que ouviam."

"Rumour Has It" foi escrita nos Estados Unidos com o compositor e produtor americano Ryan Tedder, que Adele havia conhecido em um elevador depois do Grammy de fevereiro de 2009. No entanto, a colaboração não foi tão por acaso quanto pode parecer por causa desse encontro: os créditos de composições musicais de Tedder incluem grandes sucessos como canções de Beyoncé, Kelly Clarkson, The Pussycat Dolls e Leona Lewis.

Apesar de admirar seu trabalho, referindo-se a ele como "fábrica de sucessos", Adele não estava preocupada com a reputação de Tedder. Desde o início da colaboração deles, ela queria que eles chegassem a um som que fosse diferente para o seu álbum. "Sempre podemos reconhecer uma música de Ryan Tedder. Eu gostava disso, mas queria algo que surpreendesse todo mundo. Assim, criamos essa música meio *blues*, *pop* e rítmica." Também tinha o que ela chamou de uma "guitarra suja".

Com um clima de *jazz* e impulsionada por palmas e dedos estalados, além de um vocal com atitude, "Rumour Has It" tem um dos arranjos mais complexos do álbum. É também uma faixa de contrastes, com uma ponte dramática que limpa tudo, exceto algumas cordas e um piano de efeito para acompanhar o vocal penetrante de Adele, antes de a bateria jorrar novamente no refrão final. Chamada de *"motown* com esteroides" por um crítico, também foi considerada "uma música do gênero *swamp* tão perfeitamente sombria que David Lynch pode gostar dela".

Tedder mais tarde elogiou o álbum todo e o que ele representava para Adele. "Por mais que eu ame o *19* – e eu amo –, este é um enorme salto para ela. Com algumas exceções, o *19* foi muito subjugado; o *21*, não."

Em contraste com as emoções cruas que caracterizam a maioria das faixas do álbum, "Rumour Has It" é uma música que Adele diz que "não deve ser levada a sério... Eu estava com uma ressaca dos diabos também, a última coisa que eu queria fazer era tentar ser emocional... Basicamente, sou apenas eu tirando um sarro".

Turning Tables

Embora tenha sido produzida em Londres por Jim Abbiss, com quem Adele trabalhou tanto no *19*, "Turning Tables" também foi escrita em colaboração com Ryan Tedder. Como "Rolling In The Deep", a música nasceu do calor de uma briga que Adele teve com seu ex-namorado. Em uma versão da história, Adele tinha chegado ao estúdio para uma sessão marcada com Tedder, chateada e agitada após uma discussão com seu antigo companheiro. "Eu não conhecia o Ryan na época e então: virei e disse 'quem diabos ele pensa que é, sempre virando as merdas das mesas sobre mim?' E ele pegou aquele 'virando mesas' e inventou a frase, que eu adorei".

Em outra variação da história, Adele disse que a briga com o ex-namorado aconteceu do lado de fora de um restaurante chinês em Nova York e foi o gatilho para a derrocada do relacionamento deles. Eles tinham começado a discutir no restaurante Dim Sum em volta de uma daquelas mesas que giram, para que todo mundo possa pegar um pouco de cada prato. Acabou sendo uma metáfora apropriada: "saímos brigando para a rua e ficamos revirando as coisas um para cima do outro".

"Turning Tables" diminui o tempo em relação às instigantes batidas das primeiras duas faixas do álbum e cria um clima mais delicado e melancólico. Embora seja mais orquestral, ela leva o ouvinte de volta ao tipo de acompanhamento com piano e cordas conhecido do *19* e tem uma abertura na produção, típica de outras faixas produzidas por Abbiss, que permite que o alcance total e o tom da voz de Adele apareça. Inicialmente simplificada para ser uma balada minimalista, ela se eleva para um clímax cinematográfico e forte nas cordas, enquanto a voz de Adele estala periodicamente com a emoção de tudo aquilo. As cordas que perduram e desaparecem devagar no final enfatizam a dor e a amargura que continuaria após a música estar pronta.

A maturidade da voz de Adele na faixa a marca como uma cantora que não precisa mais ser comparada a ninguém. "'Turning Tables' coloca Adele em uma classe própria, não que os críticos não pintem mais comparações preguiçosas com suas contemporâneas britânicas do começo", como disse um crítico. "Essa é uma balada que vai tentar seu melhor para arrepiar todos os pelos do seu corpo", disse outro.

Adele fez uma apresentação memorável de "Turning Tables" no The Late Show With David Letterman nos Estados Unidos e outra, depois, no The Jonathan Ross Show, em setembro de 2011, pouco antes de ela ser forçada a cancelar todas as datas da sua turnê por causa de problemas nas suas cordas vocais. O esforço colocado sobre a voz dela é audível na última apresentação, mas, no fim, ele combina com a emoção crua da música e sua interpretação é de arrepiar.

Don't You Remember

"Don't You Remember" é a primeira faixa produzida por Rick Rubin do *21* e uma das três músicas do álbum escritas em parceria com o músico e compositor americano Dan Wilson. Ela apresenta um tom mais autorreflexivo depois dos humores carregados e alterados das faixas que vêm antes. A letra sugere uma pessoa começando a se acalmar e pensando no seu papel em uma separação difícil, enquanto relembra com saudade o que foi bom no relacionamento e implorando para o ex não esquecê-la.

A música surgiu quando Adele, já tendo começado o trabalho no álbum, começou a refletir sobre algumas das músicas que já tinha escrito e ficou impressionada com a forma negativa como falava do seu antigo namorado. "Eu, de repente, fiquei com muita vergonha... da maneira como estava retratando alguém que era muito importante para mim... e me senti muito mal e infantil por tê-lo descrito como um completo cretino... Comecei a lembrar como, no começo, minha pele formigava toda vez que ele me tocava e eu ficava esperando ao lado do telefone, enlouquecida por ele não ter respondido à minha mensagem de texto em dez segundos."

De todas as músicas do álbum, essa balada é uma das que têm influência mais óbvia do amor recém-descoberto de Adele pela música *country*. Ao reconhecer o "toque *country*" da faixa, Adele também citou a música "Need You Now", do grupo Lady Antebellum, por ter lhe dado a coragem de tentar algo similar musicalmente. "Quando eu estava no estúdio em Malibu, essa foi a última música que escrevi enquanto estava gravando, e 'Need You Now' tocava por toda parte. É uma daquelas músicas. A quantidade de vezes que eu fiz uma merda de ligação enquanto estava bêbada! Nunca ouvi duas vozes funcionarem com tanto brilhantismo juntas. Foi inacreditável. Eu os vi tocarem em Minneapolis... e foi um dos melhores shows que já vi... Mas a sensação que a música deixou em mim, tentei canalizá-la para a minha própria música."

Ao descrever a faixa como "muito americana" porque "tem uma mudança-chave no final", Adele também a considerou "uma ode a uma nova descoberta para mim". Ela começa com alguns arpejos de guitarra simples ao longo da sequência de acordes e, depois, desenvolve-se para um som bastante completo em direção ao clímax crescente, com o baixo e a bateria segurando um fundo sólido e a guitarra principal passeando livremente pelo refrão, enquanto as cordas colorem sutilmente o restante do espaço.

Ao resenhar o *21*, o *The Observer* referiu-se a "Don't You Remember" cruelmente como uma "balada assustadora de ritmo médio". Em outros lugares, no entanto, o veredicto foi de que seu sabor *country* de apertar o coração faz dela uma das faixas mais memoráveis e tocantes do álbum: "Com seus versos adocicados e refrão sincero, qualquer pessoa que já passou por uma separação consegue criar uma ligação com Adele. Por ironia, essa é uma das músicas das quais com certeza vamos nos lembrar" foi o comentário da MTV. Um crítico até achou que foi essa música, acima de qualquer outra, que finalmente afastou a concorrência: "Adele faz parecer que Duffy, Joss Stone e Amy Winehouse nunca existiram".

Set Fire To The Rain

"Set Fire To The Rain" é a única faixa do álbum escrita com o compositor britânico Fraser T Smith, que também a produziu. Ele e Adele trabalharam juntos por sugestão do empresário dela, Jonathan Dickins, que reconheceu entre as qualidades de Smith "uma grande sensibilidade para a música *pop*". Uma balada poderosa e atraente, "Set Fire To The Rain" é talvez a música mais puramente *pop* do álbum e foi o terceiro e último *single* a ser lançado dele, depois de "Rolling In The Deep" e "Someone Like You". O *single* chegou à primeira posição na Polônia, na Bélgica e nos Países Baixos; e ficou no 11º lugar no Reino Unido após seu lançamento em julho de 2011.

Marcado pelo paradoxo no título, a música foi, segundo Adele, uma tentativa de transmitir as "contradições que existem nos relacionamentos... Uma pessoa diz isso, a outra diz aquilo" e como podemos ter sentimentos conflituosos em relação às pessoas que amamos. "Eu estava... de coração partido quando conheci a pessoa de quem a música fala e ele me trouxe de volta à vida e me fez melhorar. E ele também era um cretino."

Desde a surpreendente primeira linha, uma grande produção sinfônica caracteriza a música. Ela abre para um ritmo controlado no piano, acompanhado pela bateria e o baixo, com algumas vozes etéreas sintetizadas flutuando por trás, tendo como fundo as cordas que fluem pelo impactante refrão. Um crítico observou que a produção da música invocava "elementos de Phil Spector nos seus dias de sucesso".

O poder absoluto da música dividiu opiniões no seu lançamento. Alguns críticos acharam que "Set Fire To The Rain" era uma produção emocional em excesso; "o único verdadeiro tiro n'água do álbum". A MTV foi mais generosa, opondo-se a tais críticas dizendo que, embora "algumas pessoas achem que ela é um pouco exagerada na produção... nós ainda adoramos a voz perfeita de Adele, cheia de sentimento". O *The Guardian* referiu-se a ela, um pouco equivocado, como "verdadeiramente uma música para todos os tons de sofrimento".

Adele contou outras versões mais confusas da origem da sua música contraditoriamente nomeada. Antes de uma apresentação emocionante no The Graham Norton Show, ela contou aos outros convidados do programa no sofá que "não faz muito sentido, mas não se preocupem". Em outra ocasião, enquanto conversava com o público antes de uma apresentação da música, Adele disse que ela foi escrita em resposta a um amigo que disse a ela que "Chasing Pavements" não era um hino *gay* o suficiente. Porém, talvez o relato mais aleatório sobre o título da música tenha aparecido durante um show em Leeds. Adele, fumante confessa, disse ao público que ela tinha tido a ideia em um dia de chuva. Quando o isqueiro dela deixou de funcionar por causa da água...

He Won't Go

Depois da produção inflada e com muitas cordas de "Set Fire To The Rain", "He Won't Go" define um tom completamente diferente. Escrita com Paul Epworth e produzida em Malibu por Rick Rubin, a inspiração para a música não foi o ex de Adele, mas dois de seus amigos. "Eu estava em casa depois de uma turnê do meu primeiro álbum e tinha me mudado para o novo apartamento... mas [eu] não tinha amigos normais na minha área. Eram todos amigos do trabalho, ou pessoas que conheci por meio do trabalho e, então, conheci esses dois por causa do nosso amor mútuo por cachorros." Adele logo descobriu que um dos seus novos amigos era viciado em heroína e estava prestes a ir para uma clínica de reabilitação. "Os laços de um com o outro... superaram tudo o que estava acontecendo... e isso me tocou e me emocionou", ela disse. "Ele está limpo há mais de um ano agora e é muito animador ver uma nova vida acontecer para uma pessoa de trinta e poucos anos."

A música também fala de ficar ao lado de alguém, apesar de dizerem que você ficaria melhor sem essa pessoa. Por coincidência – ou talvez não –, foi isso que aconteceu por um tempo com Adele e o ex-namorado, que nem seus amigos nem sua família aprovavam.

Produzida sem excessos por Rick Rubin, a faixa começa com uma linha de percussão lânguida à qual alguns acordes doces de piano são acrescentados, antes de uma linha de baixo aparecer. Os ritmos sincopados do refrão e a adição inesperada de uma harpa são especialmente sedutores. Há fortes ecos de *hip-hop* e *R&B* contemporâneos, que geraram comparações entre "He Won't Go" e o trabalho de Mary J Blige e Lauryn Hill, ambas cantoras admiradas por Adele.

"Adele tem uma verdadeira química com Epworth", publicou a *Rolling Stone*, incentivando os leitores a verem "sua atuação velha escola/nova escola" da faixa.

Take It All

"Take It All" reuniu Adele com dois de seus produtores do *19*: "Eg" White, que compôs a música com ela, e Jim Abbiss, que a produziu. A canção foi a primeira do álbum a ser escrita e a única a emergir do difícil e turbulento período quando Adele estava terminando o relacionamento com o ex-namorado. "Take It All" foi composta na primavera de 2009, quando eles ainda estavam juntos, mas, de acordo com ela, a música "fala da minha devoção a alguém e de essa pessoa não ligar, fazer piada comigo e me explorar, de certa forma". Ela derramou toda sua dor e frustração nesse lamento lancinante por seu relacionamento cada vez com mais problemas.

Dado seu conteúdo doloroso, a faixa emergiu com rapidez marcante durante uma sessão de dois dias com White. Adele estava se acostumando novamente a escrever e gravar depois de passar tanto tempo em turnê. Ela e White gastaram a maior parte do primeiro dia contando as novidades e fofocando, já que não se viam havia meses. Foi apenas perto do fim do segundo dia que o trabalho em cima da faixa começou com seriedade. "Ele tocou um acorde e, depois, simplesmente comecei a cantá-la... e, literalmente, enquanto eu cantava, a letra meio que apareceu... Fiquei muito surpresa com o conteúdo. Eu só descubro o que estou pensando e sentindo nas minhas músicas. E não tinha percebido que me sentia assim."

Ao manter a simplicidade da sua composição, a faixa com toque *gospel* dá ao vocal crescente e apaixonado de Adele apenas um acompanhamento simples de piano e breves estalidos de *backing vocals* no refrão. O resultado é "uma efusão arenosa e crua" e uma das músicas mais tocantes do álbum. Depois de tê-la escrito, Adele esperou alguns dias antes de tocá-la para seu namorado. "Ele me deixou algumas semanas depois."

I'll Be Waiting

"É quase como imaginei que seria andar pela rua com meu iPod e pensar 'é! A trilha sonora da minha vida!'" Escrita em parceria com Paul Epworth e produzida por ele, "I'll Be Waiting" apresenta uma nota muito mais animada ao álbum, sinalizando, talvez, o início da recuperação provocadora de Adele daquilo pelo que o seu ex a havia feito passar. "Todas as vezes que acrescentávamos alguma coisa a ela, ou escrevíamos mais uma parte, ficávamos muito animados porque estávamos felizes", ela contou mais tarde sobre o trabalho em cima da música com Epworth. Um crítico, entrando no clima, descreveu a faixa como "uma catarse poderosa e de olho no futuro em um mar de músicas que detalham sofrimento por amor e o naufrágio de relacionamentos que se estragam".

A voz de Adele é a presença no comando da faixa, que também conta com alguns excelentes sons de metais. A ponte dá ao ouvinte uma pausa para pensar e absorver de verdade a letra, antes que tudo caia de novo no refrão com um grande floreio. A música toda é bastante animada, o que faz dela outra daquelas faixas destinadas a fazer o público dos shows de Adele se mexer depois de algumas baladas.

A subida comovente de "I'll Be Waiting" inspirou os críticos a fazerem toda uma lista de comparações, referindo-se de maneiras diferentes a sua "pegada à Aretha Franklin"; seu *gospel* de bar a Rolling Stones" e suas pitadas de Eric Clapton, The Beatles e Dusty Springfield... Além da nova paixão de Adele, Lady Antebellum.

"'I'll Be Waiting' vai", disse outro crítico, "tentá-lo a ligar para seu último amor e deixar a música tocando no correio de voz, com um copo de chá doce com vodca".

One And Only

Ainda com um humor mais otimista, "One And Only" apareceu quando Adele pensava em outro homem. "É outra música feliz... sobre alguém que conheço há anos. Sempre gostamos um do outro e nunca ficamos juntos, embora eu esteja bem convencida de que provavelmente vou me casar com esse cara no final." A ponte foi escrita no dia seguinte a Adele ter assistido a *Nunca fui beijada*, com Drew Barrymore, que descreve no filme como o mundo todo sai de foco quando ela está sendo beijada. "É cafona, mas sempre que ouço a ponte, é mais ou menos assim... Eu me imagino sendo beijada e o mundo todo desacelera devagar e parece um pouco um conto de fadas." A música resultante é um número descomplicado de *soul*; sem cordas nem metais, apenas uma canção compacta tocada pela banda dela em Malibu e produzida por Rick Rubin.

"One And Only" foi escrita em parceria com Dan Wilson e Greg Wells. Wells descreveu a sessão de composição de três dias com Adele em Los Angeles como diferente de qualquer outra experiência que já tivera e ele ficou pasmo quando a música pareceu surgir de Adele quase completa. "Escutei uma progressão de piano de quatro acordes e um lento compasso 6/8. Continuei tocando por cerca de dez minutos. Adele ficou andando pela sala com um bloco de anotações e uma caneta... depois, [ela] finalmente disse: 'não tenho certeza se está bom, mas o que acham disto?' E, com força total na voz, ela cantou o refrão finalizado de 'One And Only' e eu quase caí no chão." A canção precisou apenas de pequenos ajustes de Dan Wilson e Adele na semana seguinte.

Mais tarde, o sentimento de Adele em relação ao provável "One And Only" (o único amor) sobre quem ela escreveu mudou por inteiro. Em Nova York, em maio de 2011, ela apresentou a faixa dizendo: "ela fala sobre criar coragem para dizer a alguém que você ama há muito tempo que quer ficar com ele". Porém, no Royal Albert Hall, em setembro, ela disse ao público que "esse cara foi um baita canalha comigo". Apesar da transformação no seu sentimento, "One And Only" ainda é um animado hino com uma levada de *blues*, valente na sua determinação de seduzir o ouvinte junto com aquele que inspirou a letra. "Essa música é muito alegre. É uma grande pena ele ser tão cretino."

"'One And Only' pode ser a música do seu casamento", disse um crítico, ao perceber a origem da música em um filme melado. "Ela ressalta a mais genuína iteração da voz de Adele – evocando gigantes do *soul* e do *blues* como Etta James –, que canta com beleza a letra carinhosa."

Lovesong

Único *cover* do álbum, "Lovesong" foi escrito por Robert Smith e Simon Gallup, vocalista e baixista, respectivamente, da banda britânica *cult* pós-*punk* The Cure, uma das favoritas da mãe de Adele. Estranhamente delicada no que diz respeito a uma música do The Cure, "Lovesong" foi escrita por Smith, diz a história, para sua noiva na época.

Perto do fim do seu tempo em Malibu com Rick Rubin, Adele estava tendo um raro dia ruim nas gravações. A ideia de que ela cantasse "Lovesong" surgiu, mas não foi ideia dela; talvez ela tivesse discutido a música que cresceu ouvindo com os músicos à sua volta. Tanto o guitarrista Smokey Hormel quanto Rubin decidiram que Adele poderia ser a mulher certa para ressuscitar aquela canção. Embora preocupada com sua voz, que mostrava sinais de estresse após várias semanas em estúdio, Adele resolveu tentar. O que é notável, devido ao seu cansaço, é que a gravação que agora enfeita o *21* foi a primeira dela. Rubin achou que não poderia ser melhorada. E, realmente, o toque um pouco rouco na voz de Adele combina com os sentimentos íntimos e tocantes da música com perfeição. Enquanto cantava, Adele, com muitas saudades de casa, foi dominada pela nostalgia, como contou: "foi muito estranho porque tive uma visão 'com gostinho de Natal' da minha mãe quando eu tinha 6 anos".

De aparição acidental no álbum, "Lovesong" agora se transformou na homenagem de Adele à mãe que tanto a ajudou na sua iniciação na música. Penny – nervosa, no começo, com a ideia de uma versão tão diferente da música que ela conhecia e amava – foi conquistada por ela na mesma hora. "Ela me deserdaria se não gostasse, mas adorou!" Em uma entrevista para a *Rolling Stone*, Adele explicou o que ela achava que uma boa versão deveria fazer. "Eu acho muito importante que... ou você faça uma versão melhor que o original ou faça uma música completamente diferente."

Mais lenta e muito mais doce do que a original, a versão de Adele para "Lovesong" tem um belo arranjo. Com poucos instrumentos, ela conta com um par de guitarras clássicas divididas pelo campo estéreo que atravessam a música e cordas acomodadas com a linha vocal, o que ficou muito bonito. Adele depois elogiou o trabalho de Rubin na produção. "É mesmo uma gravação formidável... É realmente o Rick Rubin naquela música... os sons... a forma como tudo foi captado pelo microfone... Tudo."

Depois de uma temporada de quase cinco semanas nos "43 quilômetros de beleza cênica" de Malibu que a deixou com saudades de casa, Adele jogou na interpretação emotiva de "Lovesong" toda sua vontade de voltar para casa e para a mãe, que a apresentou ao The Cure para início de conversa. E, depois, ela se sentiu melhor. "É uma música muito tocante... A experiência toda em Malibu com Rick Rubin foi um pouco forte demais... Senti-me muito pesada e aquela música me libertou um pouco."

"Lovesong" continuou a transportar Adele de volta à sua infância no norte de Londres. "Sempre que canto essa música, eu me lembro de quando tinha 5 ou 6 anos e morava em um pequeno apartamento em Tottenham", ela disse.

Someone Like You

"Ela mudou minha vida. Sempre que a canto, ela muda um pedacinho de mim." E o mesmo acontece a "Someone Like You", a música que desnuda todo o horizonte de emoções que Adele é capaz de levar para suas músicas. Quando Adele a escreveu, ela já tinha composto a maioria das músicas do álbum, mas estava começando a ficar preocupada porque nenhuma tocava de verdade sua personalidade. "Eu não tinha aquela música em que eu acreditasse ver a mim mesma, aquela música que me emocionasse. É importante, para mim, ter isso." E, então, do nada, veio a notícia cruel. O ex-namorado de Adele iria se casar com outra pessoa.

Depois da provocação doída de "Rolling In The Deep" e "Rumour Has It", do otimismo posterior de "I'll Be Waiting" e da terna lembrança de "Lovesong", "Someone Like You" fez Adele mergulhar em desespero pelo noivado dele. "Nosso relacionamento era tão intenso que pensei que iríamos nos casar. Mas era algo que ele nunca quis... Assim, quando descobri que ele queria isso com outra pessoa... foi a pior sensação do mundo."

Adele compôs a estrutura da música rapidamente no seu violão acústico em um rompante de emoção em casa e, depois, levou-a para Dan Wilson. Ele percebeu que manter um senso tangível do quanto Adele estava triste era essencial. "Não tentamos abri-la para que pudesse se referir a qualquer pessoa. Tentamos fazê-la o mais pessoal possível." À primeira reunião, Adele levou apenas alguns acordes e versos do início da música. Ela e Wilson depois "deram a partida", fazendo *brainstorm* de várias melodias e letras com um piano.

"Someone Like You" foi composta e gravada em um estúdio minúsculo no Santa Monica Boulevard, em Los Angeles. "É um lugar com teto alto e um lindo piano que eu adoro... Muito simples e nada glamoroso. Acho que o lugar afetou a música e, é claro, a gravação", relembrou Wilson. Ele e Adele decidiram manter a produção no mínimo, trabalhando eles mesmos na faixa. "No final do segundo dia, tínhamos terminado uma *demo* que percebi ser muito boa... E foi a que usaram no álbum."

Com a expressão instrumental vinda apenas por meio de algumas variações sutis no tempo e na intensidade, o resultado é a simplicidade, unindo o vocal extraordinário de Adele com um piano solitário; uma combinação habilidosa que se tornaria familiar com suas inesquecíveis interpretações ao vivo da música. "Quando ela canta, há um véu finíssimo entre nós e as emoções dela", afirmou Wilson. "No salão onde ela está cantando, os pelos se arrepiam de verdade."

Diante disso, "Someone Like You" traz um clima pessimista para finalizar o álbum, já que se originou de uma renovação da dor do relacionamento acabado de Adele. "Quando a estava escrevendo, eu estava me sentindo muito triste e meio solitária, o que contradiz 'Rolling In The Deep', que foi algo como 'vou ficar bem sem você'. Essa música me mostra arrasada de verdade. É brutalmente a respeito dele." E, ainda assim, por mais agonizante que seja, "Someone Like You" também é a música de uma mulher que agora é capaz de desejar felicidade ao seu ex-namorado e está pronta para seguir em frente com sua vida. "O relacionamento resumido em 'Someone Like You' me mudou de uma forma muito positiva. Ele me fez ser quem sou agora." Embora ela fosse continuar se emocionando toda vez que cantasse a música, esse momento de catarse em um álbum catártico também representa um momento agridoce da libertação de Adele. "Depois de escrevê-la, senti-me mais em paz. Ela me libertou."

"Someone Like You" é um final triunfante que muitos consideram a melhor parte do álbum. "Pode ser clichê, mas Adele guardou o melhor para o final com essa balada emocionada e encantadora ao piano." É a faixa da qual a própria Adele tem mais orgulho também. "É a minha música favorita entre as que já escrevi porque é muito articulada. Ela resume por completo como me senti na época." Segundo ela, era uma música sobre perda, mas esperançosa além de triste. "Acho que nunca escreverei uma canção melhor do que essa. Acho que será a minha música."

Capítulo 10

Dor Gostosa

Eu só queria fazer boas músicas e acho que consegui.
Adele, 2010

No início do outono de 2010, Adele estava bem e tinha saído de verdade do seu esconderijo. Embora ainda não tivesse um título oficial, o novo álbum estava quase pronto para sair. E assim começou um ano com uma louca agenda de apresentações e promoção do álbum, na Inglaterra e no exterior. Em setembro e outubro, Adele voltou aos Estados Unidos e começou por Nova York: "para tocar algumas músicas e dizer 'olá, voltei'", como descreveu o responsável pelo marketing da Columbia, Scott Greer.

Como parte do processo de conquista, Adele faria algumas apresentações pequenas, apenas para convidados, para que pessoas importantes do mundo da música e convidados VIP tivessem uma prévia do que poderiam esperar do novo álbum. Em um desses *shows* íntimos no Largo Theater em Los Angeles, com um fundo de veludo vermelho e cercada por abajures antigos, Adele ofereceu "Rolling In The Deep", "Don't You Remember", "Turning Tables" e "Someone Like You". "Estou tremendo", ela disse depois de cantar a última música acompanhada, como se tornaria o hábito, apenas por um pianista. "Fico triste sempre que a canto." Após finalizar o programa com "Chasing Pavements" e "Hometown Glory" como bônus, ela decidiu não continuar cantando, apesar dos clamores do público para que ela o fizesse. "Minha voz ficou adormecida por meses, está furiosa comigo agora por tê-la colocado de volta ao trabalho", ela explicou.

A turnê promocional do álbum também a levou a Minneapolis e St. Paul, onde ela voltou à estação de rádio pública local e apresentou versões acústicas de "Someone Like You" e "Rolling In The Deep" do novo álbum, além de uma velha favorita, "Chasing Pavements". Em uma entrevista reveladora com os apresentadores, feita entre as músicas, ela revelou, com certa timidez, que o novo álbum se chamaria *21*. "Eu ia dar o nome de 'Rolling In The Deep', mas acho que é meio longo e que pode ser um pouco como telefone sem fio e virar outra coisa. Como meu baterista, que achou que fosse 'Rolling In The Beep'. E os números são meio universais." Quando perguntaram se ela manteria a tendência de usar números nos nomes dos álbuns, ela disse que 21 era "o único número bom para usar que restava; 34 é um pouco engraçado, não é?"

Em 1º de novembro, o *blog* de Adele anunciou oficialmente a chegada de seu novo álbum... e as razões por trás do título. "Levou um tempo e fiquei muito arrasada enquanto escrevia. É diferente do *19*... Estou lidando com as coisas de maneira diferente agora. Sou mais paciente, honesta, perdoo mais e estou mais consciente dos meus próprios defeitos, hábitos e princípios. É algo que vem com a idade, eu acho. Assim, como seria adequado, este álbum se chama *21*... Tentei pensar em outros títulos, mas não consegui criar nada que representasse o álbum de maneira apropriada. Ficava evitando o *21*, achando que era óbvio. Mas por que não ser óbvio?"

Algumas semanas depois, "Rolling In The Deep" foi tocada pela primeira vez no Reino Unido, no programa de Zane Lowe na Radio 1. Naquela mesma semana, Adele voltou a se apresentar no Later... With Jools Holland, o programa no qual ela tinha feito sua emotiva estreia três anos antes. Lá, ela não cantou "Rolling In The Deep", mas "Someone Like You" para demonstrar o que o diretor executivo da XL Ben Beardsworth chamava de "os dois lados do álbum". Ele disse à *Music Week* que a gravadora de Adele tinha, originalmente, ficado tentada a lançar o *21* a tempo para o Natal de 2010, mas resolveu esperar. "Queremos ter certeza de que todos os lugares estão arrumados com perfeição para fazer justiça ao álbum", ele acrescentou.

Embora tivesse confessado estar nervosa de novo antes do programa, a apresentação de Adele no Later... foi simplesmente deslumbrante e um sinal das ótimas coisas que viriam. Apesar de a estreia dela naquele programa ter sido marcante, sua participação equilibrada, mas carregada de emoções, de 2010 tornou-se uma das mais memoráveis. A tímida garota vestindo uma túnica floral e sentada em um banco, impressionada com os outros participantes, tinha sido substituída por uma diva completa, com o cabelo cor de cobre longe do seu rosto expressivo, uma postura forte, as mãos pontuando expressivamente suas palavras.

A "preparação" do álbum continuou com "Rolling In The Deep" sendo tocada no rádio nos Estados Unidos e um anúncio oficial no people.com com os filmes em preto e branco, retrôs e cheios de estilo da sua estadia no Shangri-La Ranch, em Malibu. Embora "Rolling In The Deep" não estivesse destinada a ser o nome do álbum, seria a primeira música dele a ser liberada para um público agora ansioso. Em 29 de novembro, ela foi lançada como *single* nos Países Baixos. Na semana anterior, Adele tinha dado um pulo lá para se apresentar na televisão holandesa no MaDiWoDoVrijdag Show, que teve a primeira apresentação da música na TV.

Em uma entrevista deliciosamente irreverente com o apresentador Paul de Leeuw, ela reiterou que o *21* refletia o fato de ela estar mais consciente de seus defeitos do que antes. "Eu costumava pensar que era a melhor namorada do mundo. E eu não sou mesmo." Também havia uma pequena homenagem ao seu querido Louie. "Ninguém nunca vai me amar tanto quanto ele me ama." E Adele ficou exultante quando os apresentadores fizeram uma surpresa e a presentearam com uma bicicleta holandesa ao vivo no programa, completa, com campainha, um grande laço vermelho e uma bandeirinha na parte de trás. Sua única preocupação, ela disse, é que já tinha pedido uma bicicleta de Natal para a mãe.

No dia seguinte, "Rolling In The Deep" foi lançada como *single* nos Estados Unidos. Adele voltou à costa oeste alguns dias depois para cantar a música no Ellen DeGeneres Show, mas ela também tinha outro compromisso emocionante nessa mais recente viagem aos Estados Unidos. Ela havia sido convidada para participar do especial de artistas do ano da Country Music Television em Nashville, uma cerimônia anual de apresentação extravagante que homenageia as conquistas de estrelas da música *country*. Um dos homenageados daquele ano seria o grupo Lady Antebellum. Alguns meses antes, quando promovia seu álbum em Los Angeles, Adele encontrou um tempo para ir a um show do trio de sucesso de Nashville, após ter escutado muito as músicas dele enquanto estava em turnê pelos Estados Unidos, no ano anterior. Durante sua estadia no Shangri-La Ranch em Malibu, a música "Need You Now" do grupo tinha saturado as ondas de rádio, solidificando o carinho de Adele pelas baladas tristes de amor da banda.

No especial da CMT, em 3 de dezembro, Adele iria apresentar um *cover* daquela exata música em homenagem à banda, em um dueto com o famoso cantor de *R&B* que virou *country* Darius Rucker. Adele parecia estar em casa e sua aparição em destaque na terra que é o coração espiritual da música *country* foi o encerramento de um ano em que o gênero havia se tornado cada vez mais importante para ela. Sua versão de "Need You Now", cantada com Rucker, foi depois lançada em uma edição limitada do *21*.

De uma apresentação para a realeza da música *country* a uma apresentação para a realeza britânica de verdade. Adele voltou para casa a tempo de aparecer no Royal Variety Performance, no London Palladium, em 9 de dezembro. Animada ("sempre assisti e sempre amei"), cantou "Rolling In The Deep" em frente a Charles e Camilla, bastante perturbados porque seu carro havia sido atacado por estudantes violentos no caminho para o teatro. Ela ficou muito nervosa por se apresentar no que chamou de "uma instituição britânica tão icônica", uma situação que não melhorou quando ela bateu a cabeça no microfone ao entrar. "Por sorte, a filmagem estava de longe", ela contou. "Fiquei com medo de meu nariz começar a sangrar. E, então, pisquei para Camilla."

Adele depois foi a um baile ao lado dos outros artistas. "Pude conhecer a Susan Boyle, que foi muito agradável e, de verdade, a pessoa mais doce que já conheci. Também conheci Dappy do N-Dubz, que é um verdadeiro cavalheiro; Michael McIntyre [que] apresentou... Ele é mais engraçado na vida real do que quando está no palco... E

Robbie Williams!", ela contou no *blog*. Somente no encontro com Robbie ela voltou ao seu antigo comportamento embasbacado com as estrelas, observando que "não ousarei falar sobre isso porque posso mijar nas calças com a emoção de reviver o momento!".

Para garantir que os fãs não achassem que aquilo tudo estava começando a lhe subir à cabeça, Adele então pôs os pés no chão no seu típico estilo autodepreciativo. "Foi um evento muito glamoroso; até eu e Paloma Faith, que conheço há anos, paramos com a arrogância e pedimos *nuggets* de frango e bebemos vinho barato no hotel ao lado!"

Em meados de dezembro, Adele partiu para sua primeira visita ao Japão, antes do lançamento de "Rolling In The Deep" lá. Acabou sendo uma viagem meio desperdiçada, já que Adele ficou gripada e não pôde cumprir a maior parte das curtas apresentações promocionais preparadas para ela. Quando chegou o Natal, no entanto, ela conseguiu uma folga breve, mas muito necessária, em Londres, feliz por saber que, após todo aquele trabalho duro na estrada, tudo estava entrando no lugar sem problemas para o lançamento do álbum em janeiro.

Um pouco antes do Natal, ela também ganhou o bônus inesperado de ver uma velha favorita – sua versão *cover* de "Make You Feel My Love" – alcançar posições altas nas paradas de sucesso do Reino Unido após ter sido cantada duas vezes durante a sétima temporada de The X Factor. Depois de uma interpretação inspiradora por aquela que acabaria sendo a segunda colocada daquela edição, Rebecca Ferguson, no início de novembro, a versão de Adele havia chegado ao quarto lugar nas paradas, mais de 20 lugares acima de quando ela havia sido lançada como *single*.

Foi um Natal em família. Os melhores momentos para Adele foram "o bolo crocante de *blueberry* que eu fiz e o *kit* para fazer um navio na garrafa que ganhei da minha avó". Depois, com o lançamento do *21* a menos de um mês de distância, ela teve de voltar ao trabalho. Acompanhada por Louie, ela partiu para o norte, para algumas entrevistas de rádio, e fez uma apresentação memorável no evento Love Live Music da Smooth Radio, em 5 de janeiro, no cenário íntimo do Cavern Club. "Minha voz pode estar uma mistura de

Tom Waits e Tina Turner porque estou me recuperando de uma bronquite", ela anunciou à plateia lotada ao subir no palco, toda de preto e com pouca maquiagem. Mais tarde, Adele reconheceu a emoção de se apresentar naquele lugar histórico: "senti um arrepio na espinha! E os tijolos do Cavern Club original na estrada, com a gravação de todos os nomes de quem já tocou lá, me fizeram babar!" Porém, por mais divertida que tenha sido a viagem, foi apenas o início de uma série de apresentações que disfarçariam o verdadeiro estado da voz dela.

Houve também um sinal precoce do quanto a imprensa iria seguir cada movimento dela durante 2011, e não apenas no que diz respeito à música. Durante uma entrevista com a XFM Manchester, para a qual ela também apresentou um dos seus shows intimistas no início de janeiro, Adele reclamou de uma entrevista publicada na edição daquela manhã do *The Sun*. "Escreveram uma reportagem sobre mim em que eu dizia 'novo álbum, novo homem' e disseram que eu queria ficar noiva este ano. Eu disse isso a eles brincando, como uma falsa resolução de ano-novo. E agora inventam que eu tenho um novo homem."

"Rolling In The Deep" foi lançada como *single* no Reino Unido em 17 de janeiro. Ela venceu com facilidade a concorrência do *single* de retorno de Britney Spears, "Hold It Against Me", mas não conseguiu superar "Grenade", de Bruno Mars, e dar a Adele seu primeiro *single* na primeira posição no fim de semana seguinte. Ainda assim, mostrava que pessoas de todo o país estavam adorando o novo *single* e o poder da voz de Adele. No entanto, a voz dela estava descansando, seguindo as ordens de permanecer em silêncio e evitar bebidas e cigarros. Adele estava sentindo novamente os efeitos colaterais da gripe que tivera em dezembro. Porém, havia resenhas maravilhosas de "Rolling In The Deep" para animá-la. "Agora está frio e úmido e a voz de Adele é como um gole de Ribena quente e o som de trompas", brincou Morwenna Ferrier, impressionada, no *The Guardian*, chamando "Rolling In The Deep" de sua favorita nos lançamentos de *singles* da semana.

"E o melhor de tudo, pela primeira vez, a produção está toda atrás dela, surgindo posicionada como um leque, como uma gangue de rua, pronta para lutar. As harmonias fantasmagóricas, as palmas propulsoras, o piano martelado... Tudo está lá para oferecer apoio àquela voz notável, em voo livre. E ela voa, muito, muito alto", escreveu Fraser McAlpine em seu *blog* no site da BBC Radio 1.

"Se nós fôssemos o canalha que inspirou esse colosso da música *pop*, estaríamos sentindo uma mistura de medo, vergonha e arrependimento. Um bocado de arrependimento", concluiu a *Digital Spy*, dando ao *single* cinco estrelas.

Em meio a toda a animação, Adele pediu aos seus fãs que lembrassem seu ídolo, Etta James, que acabara de receber o diagnóstico de leucemia e demência. Ao publicar algumas das apresentações favoritas de Etta no *blog*, ela escreveu "chorei e ri ao mesmo tempo enquanto reassistia. Ela é tão incrível, ninguém se compara a ela. Um pedaço de mim morre e vai para o céu sempre que a ouço".

O novo álbum de Adele foi lançado no Reino Unido em 24 de janeiro. Também foi colocado à venda no mesmo dia na Austrália, na Áustria, na Alemanha, na Irlanda, nos Países Baixos, na Suíça, na Polônia e na França. Adele, recuperada, celebrou com outro show intimista, dessa vez no The Tabernacle, em Notting Hill, Londres. Foi outra demonstração de bravura. Com o *21* finalmente no mercado, tanto em lojas quanto *online*, sua apresentação ao vivo levou um blogueiro ao "pensamento nada revolucionário de que a única coisa que deveria separar o artista do *showman* é a própria apresentação. Todo o resto é bobagem... Adele parece uma janela aberta no ônibus abafado da música popular. Não há artifícios, não há enganações e há poucos indícios de ambição. Adele simplesmente faz o que faz, mas ela faz melhor do que qualquer outra pessoa. E é tudo de que precisamos agora."

Não havia, é claro, nenhum sinal de que o iminente lançamento mundial do álbum tivesse subido à cabeça dela. Adele estava com muita disposição para bater papo. Seu público ficou sabendo que havia pedaços de unhas de acrílico presas no violão dela, que ela havia perseguido Kevin Costner no CMT Awards e que ela amava tanto Leona Lewis que tinha gastado quase 100 libras votando nela quando ela participou de The X Factor. Adele gostou muito de se apresentar ao vivo na sua cidade natal e escreveu no *blog*, no dia seguinte: "foi tão incrível tocar em casa de novo. Percebi hoje de manhã que meu último show aqui foi no Natal de 2008! Isso é ilegal, de acordo com as minhas regras! Foi um momento tão brilhante. Eu estava nervosa, animada, com vontade de chorar, mas estava nas nuvens!"

O show da segunda-feira no The Tabernacle, transmitido ao vivo pelo *site* de Adele, foi apenas o começo de uma semana extraordinária. Na quarta-feira, ficou claro que o *21* tinha alcançado o sucesso tanto na Europa quanto em outros lugares, tendo ido direto para o topo das paradas de sucesso de *downloads* em países como França, Áustria, Alemanha e Austrália. No meio da semana, ela pegou um voo até Paris para aparecer na televisão antes de voltar no último trem Eurostar da noite. Em um verdadeiro estilo de superestrela, uma escolta policial foi oferecida para garantir que ela conseguisse pegar o trem. "Era uma mistura de Whitney Houston com Obama", ela comentou.

Na manhã seguinte, Adele fez sua terceira sessão do Live Lounge para a BBC Radio 1, nos Maida Vale Studios, apresentando seis músicas no primeiro Live Lounge Special, particularmente longo. Três eram do novo álbum, "Rolling In The Deep", "Someone Like You" e "Don't You Remember", além de "Hometown Glory" e "Chasing Pavements". A sexta música era um *cover* de "Promise This", da Cheryl Cole, escolhida e interpretada por Adele especificamente para aquela sessão. Adele, que tinha conhecido Cole havia pouco tempo na Royal Variety Performance, disse estar "extranervosa" para cantar a música porque "eu a adoro tanto. É minha pessoa favorita." Quando uma mensagem de texto de uma ouvinte chegou depois da apresentação, dizendo o quanto ela gostava da risada de Adele – que riu com gosto durante uma entrevista com Fearne Cotton antes –, a cantora revelou que o médico que cuidava da sua voz lhe tinha dito para não rir mais. "Não é depressivo? Rir é a minha vida!"

No dia seguinte, Adele apareceu na televisão britânica para variar, apresentando "Rolling In The Deep" no This Morning e conversando com os apresentadores Eamonn Holmes e Ruth Langsford no sofá. Quando lhe perguntaram sobre o ex-namorado a quem devia agradecer pelo álbum, Adele disse: "deu errado, mas, na verdade, ele foi ótimo. Estou em paz com isso, especialmente agora que o álbum saiu e não estou mais tão tensa com isso". No entanto, como se trata de Adele, ela não poderia deixar o clima triste. Ela gerou muitas risadas ao acrescentar: "sei que você provavelmente está assistindo porque sei que você provavelmente está com muito ciúme por não estar mais comigo" e, depois, caiu em uma grande gargalhada. "Estou brincando. Não, de verdade, nós conversamos outro dia e eu estou em paz com isso agora." Mais tarde, naquele dia, ela por fim recebeu sua nova bicicleta, a que tinha ganhado dos amigos da televisão holandesa. Ela publicou uma foto no seu *site* que a mostrava andando na bicicleta, toda sorrisos, com o grande laço vermelho enfeitando o guidão.

Os sorrisos sem limites também podiam ter algo a ver com as resenhas extremamente arrebatadoras do *21* brilhando nas páginas da imprensa nacional. "Uma segunda coleção progressiva e adulta, deve garantir que Adele chegará ao 23, 25, 27 e mais", publicou o *The Guardian*, dando ao álbum quatro estrelas. "Onde antes suas músicas leves e experimentais pareciam quase incapazes de transmitir sua voz poderosa, o peso musical e emocional desses estilos permite que ela abra de verdade suas asas vocais", disse o *Daily Telegraph*. "A voz dela parece ir direto ao seu coração. É realmente tão maravilhosa, quase nos sentimos obrigados a levantar e aplaudir depois de ouvir pela primeira vez", concordou a BBC Music. "Todas as faixas são pontos altos. O *21* é simplesmente deslumbrante." O MSN Music escreveu: "O *21* tem uma interpretação vocal que coloca Adele na liga dos verdadeiros gigantes. Ela é uma diva do *soul* no melhor sentido".

Uma das poucas notas de discordância veio da crítica Kitty Empire do *The Observer*, que adorou "Someone Like You", mas ficou decepcionada com a maior parte das músicas restantes: "... mais dessa intensidade de ex-namorada obsessiva não seria ruim em um álbum que não provoca tantos arrepios quanto deveria".

No domingo, 30 de janeiro, no entanto, surgiram mais do que arrepios de animação com a notícia de que o *21* tinha ido diretamente para o primeiro lugar das paradas de sucesso de álbuns do Reino Unido. E havia feito isso ao alcançar um número fenomenal de vendas: 208.090, a venda mais alta da primeira semana de janeiro desde que os desafetos de Adele, os Arctic Monkeys, tinham lançado *Whatever People Say I Am, That's What I'm Not*, em 2006. Seu primeiro álbum, o *19*, também havia voltado às paradas, no quarto lugar.

Na metade da semana seguinte, o *21* também era o álbum de vendas mais altas na Áustria, na Bélgica, na Alemanha, na Irlanda, nos Países Baixos, na Nova Zelândia e na Suíça e estava entre os cinco primeiros na Dinamarca, na Noruega, na Austrália e na França. Adele estava pasma e feliz. Mas havia pouco tempo para aproveitar a glória nacional – e continental – de ter um álbum na primeira posição. Adele já estava de volta aos Estados Unidos, pronta para outra rodada frenética de entrevistas e aparições antes do lançamento norte-americano do *21,* no dia 22 de fevereiro.

Em 2 de fevereiro, ela escreveu no *blog* de Nova York: "está gelado aqui, há neve por toda parte, mas é ótimo estar de volta!… (Além disso, hoje faz duas semanas desde que fumei um cigarro! Meu Deus, quero um para comemorar, mas vou me manter forte!)". Era claro que Adele estava se esforçando para colocar sua voz em primeiro lugar. Ela também já estava sentindo falta de Louie, em especial quando viu a linda foto em que ela está abraçando-o na edição recente da revista americana *Nylon*. Ela fez uma breve turnê promocional que a levou a Washington DC antes de serem iniciadas as vendas dos ingressos para a futura turnê norte-americana em maio. Depois, foi para a Inglaterra para se apresentar no Brit Awards de 2011, no dia 15 de fevereiro.

Ela estava ainda mais nervosa do que o habitual quando descobriu que se apresentaria depois do Take That e antes de Rihanna. "Durante o dia inteiro eu pensei 'vai ser um desastre'", ela contou mais tarde. Mesmo depois da apresentação tão emotiva que a levou – junto com boa parte do público – às lágrimas, Adele não se sentiu muito melhor com a situação. "Eu achei que foi uma merda, na verdade!", ela declarou à revista *Q*. "Foi tão sem graça no final, obviamente porque comecei a chorar. Na última vez que estive nos Brits, estava com meu namorado, de quem a música fala. E o público, meus colegas, ficou em pé. Eu estava muito emotiva. Voltei para o camarim acabada …"

Com sua percepção aguçada para comemorações especiais e sua habilidade de inventar algo especial mesmo com o paralisante medo de palco, aquela foi, talvez, a apresentação seminal de Adele entre tantas outras memoráveis. Era a música mais triste de todas, tão linda e fragilmente verdadeira em sua interpretação que milhões de pessoas continuaram falando sobre ela, muito tempo depois de as notas finais desaparecerem. Ela tinha, nas palavras de diversas manchetes do dia seguinte, roubado o show. O Clashmusic.com chamou aquele de "um verdadeiro momento do tipo 'onde você estava quando aconteceu?'... A apresentação de Adele sem dúvida chamou mais atenção do que os próprios prêmios".

O efeito nas vendas foi fenomenal também. "Someone Like You", lançada como *single* junto com o *21*, disparou de uma posição abaixo da 40ª para a número um, enquanto "Rolling In The Deep" subiu para a número quatro. Com o *21* ainda na primeira posição das paradas de sucesso de álbuns, Adele ficou famosa por ser a primeira artista desde os Beatles, em 1964, a ter sucessos entre as cinco primeiras posições das paradas tanto de *singles* quanto de álbuns em uma única semana. "Às vezes, a sorte simplesmente sorri para você", foi como Jonathan Dickins explicou.

Porém, mais uma vez, não havia tempo para sentar e pensar na sorte. Com o lançamento do *21* marcado para menos de uma semana nos Estados Unidos e no Canadá, lá foi ela cruzar o Atlântico de novo para outra rodada de entrevistas e aparições na televisão, inclusive no The Today Show e no The Late Show With David Letterman, em Nova York; e no The Ellen DeGeneres Show, em Los Angeles. Também aconteceria uma sessão acústica de seis músicas para o VH1, gravada no Harlem no mês anterior, que trazia um *cover* glorioso de "(You Make Me Feel Like A) Natural Woman".

Tratava-se de lembrar a nação daquela britânica ganhadora de dois Grammys que havia feito todos se ajeitarem nas poltronas quando apareceu no Saturday Night Live em frente a 15 milhões de pessoas e, bem, roubou a cena. Um ano e pouco depois, havia perguntas inevitáveis sobre o que, ou quem, tinha inspirado as músicas do novo álbum. Teria sido difícil ser venenosa no horário nobre da televisão americana, é claro, mas havia sinais de que, talvez, Adele estivesse ficando mais doce com o seu ex. "Estou menos amarga. Em especial agora que o álbum está indo tão bem", ela disse em uma entrevista. Fazia quase um ano e algum tipo de processo de cura estava substituindo a dor do coração dela ocasionalmente. "Estou sem palavras. Não sabia o que fazer quando descobri que 'Someone Like You' estava no primeiro lugar [no Reino Unido]!", ela escreveu no *blog* quando estava nos Estados Unidos, antes de sua participação no programa de Letterman. "Aquela música é tão especial para mim e, agora, é ainda mais, muito obrigada. E quem diabos ainda está comprando o álbum na Inglaterra? Ele será lançado aqui amanhã também, estou borrando as calças."

A aparição de Adele no programa de Letterman foi ao ar na véspera do lançamento do álbum. Adele cantou "Rolling In The Deep", com a equipe do lado de fora do *set*, desejando que ela não dissesse a palavra "*shit*" (merda) na letra dos primeiros versos em horário nobre. Adele, geralmente boca-suja, passou no teste, substituindo o palavrão pela palavra menos ofensiva – mas muito menos eficaz – "*stuff*" (coisa). Letterman ficou impressionado. "Uau, cara... Adele, *21*... Fantástico... Foi lindo... Volte sempre que quiser."

As críticas do *21* nos Estados Unidos deram as boas-vindas daquele que estava sendo inevitavelmente chamado no país de o álbum "*sophomore*"* de Adele. "Agora que ela é maior de idade... Adele deixou o tom mais duro, aperfeiçoou a roupagem jazzística e parece pronta para brigar em um *pub*", publicou a *Rolling Stone*. "No seu melhor momento, o *21* é aquela rara *commodity pop*: eterna" foi o veredicto da *Entertainment Weekly*. O *LA Times* achou que, "no geral, o *21* mostra que Adele, agora com 22 anos, está tendo sucesso no mesmo cenário em que alguns de seus contemporâneos, os que usam penteados altos e os que não, perderam todos os pontos de apoio." E o *Washington Post*: "O segundo disco dela, o 'ainda melhor' *21*, é um álbum sobre o fim de um relacionamento com cordas e uma vaga inclinação à música de raiz. Tudo nele é calibrado com precisão para transcender gêneros, resistir a modismos, para ser apenas o que é".

A resposta do público ao novo álbum, no entanto, foi arrebatadora: o *21* foi diretamente para a primeira posição da lista Billboard 200, tendo vendido 352 mil cópias na primeira semana. Mesmo antes de ter sido lançado nos Estados Unidos pelo iTunes, já estava entre

---

*N.T.: Palavra usada para alunos do segundo ano do Ensino Médio ou da faculdade. Também para o segundo álbum de um artista ou banda.

os dez primeiros com base na pré-venda. No lançamento, foi direto para a primeira posição também nas paradas de sucesso digitais.

E o *19* também ressurgiu com força, voltando ao Top 20 na 16ª posição. Depois dos shows de costa a costa, dos meses na estrada longe de casa, das eternas entrevistas para a televisão e para o rádio, Adele finalmente tinha conquistado a América. O *The Independent*, observando o sucesso dela do outro lado do oceano, comentou que o "som de raiz" do *21* era suficiente para "persuadir um número cada vez maior de americanos de que essa britânica amigável é uma artista de verdade".

"Nada do que aconteceu comigo no último mês, na Inglaterra ou no exterior, ficou claro para mim, porque eu estava com tanto medo de lançar o álbum que construí uma pele de concreto. Mas ela com certeza acabou de rachar!", dizia o *blog* de Adele em 7 de março, refletindo a conquista da primeira posição nos Estados Unidos, pouco antes de ela voltar ao Reino Unido, onde o *21* continuava em primeiro também. Adele teria algumas semanas de descanso antes de incendiar os palcos europeus e britânicos da sua gigante turnê Adele Live, para divulgar o *21*. Deveria ter sido uma chance de ela relaxar e aproveitar a recepção que sua música estava recebendo. Porém, em vez disso, os eventos dos meses anteriores, que a tinham elevado ao *status* de celebridade, em paralelo com sua subida nas paradas de sucesso, também trouxeram alguns dos aspectos mais desagradáveis da fama. Aquela pele de concreto teria ajudado um pouco no que viria a seguir.

Em primeiro lugar, o pai dela vendeu sua história ao *The Sun*. Sob a manchete "Eu era o pai alcoólatra e desagradável de Adele. Isso me corrói por dentro", Mark Evans descreveu seu relacionamento de altos e baixos com Adele desde que se separara da mãe dela e sua batalha com a bebida depois da morte de seu pai. Ele alegou que as músicas que tocava quando a filha era pequena a influenciaram, embora ficasse muito chateado ao ouvir as músicas dela porque "não conseguia suportar as memórias que elas traziam". Porém, após alguns anos de estranhamento, ele e Adele, dizia, estavam se dando bem, "... então, quem sabe um dia desses eu encontre coragem para ir assistir a um show dela".

Adele ficou mortificada. "Ele não tem o direito de falar sobre mim, porra... Ele deu ao jornal fotos pessoais de infância. Fiquei furiosa; nós não temos um relacionamento", ela declarou à *Rolling Stone*. No dia seguinte, o *The Sun* publicou outra história que a deixou horrorizada: "Mãe adolescente, apartamentos lotados e abandono da escola... A verdade por trás da corajosa luta de Adele até o estrelato". Dessa vez, a reportagem alegava citar as palavras da adorada avó de Adele, Doreen "que, orgulhosa, mostrou para nós uma foto de Adele que ela guarda na sua carteira com o passe de ônibus e disse: 'ela continua a mesma, mas não a vemos muito porque ela está muito ocupada. Eu não a vejo faz um ano'".

"Ó, meu Deus, minha avó? Eles são cruéis." Adele contou à *Rolling Stone* que um repórter do *The Sun* tinha encurralado sua avó para fazer uma entrevista no ponto de ônibus e, à revista *Q*, que eles tinham inventado a história. De qualquer maneira, Adele ficou tão abalada com a exposição de sua vida pessoal guardada com carinho que começou a fumar de novo.

Ela, que já havia sido uma ávida leitora de revistas de fofoca, estava tendo de aceitar o fato de que aparecia nelas quase toda semana. "Eu tenho ódio de estar nelas." Seguida e noticiada com regularidade, a vida dela não parecia segura do exame minucioso da mídia em nenhum aspecto. Ela disse à revista *Q* que havia contratado um segurança e estava convencida de que seu celular estava sendo grampeado. E ela não se sentia mais à vontade em restaurantes: "tenho de ter cuidado com o que digo". Havia fãs esquisitos também, como o cara da câmera em Colônia, que não sabia a hora de ir embora. E aquele que enviou para ela um lenço de papel "duro e enrugado" pelo correio. "Havia um bilhete dizendo 'é isso que eu a imagino fazendo comigo'. Ó, você me mandou um lenço de papel duro e enrugado. Com certeza vou entrar em contato com você. Ei, vamos casar e ter filhos!"

Adele pode ter dado risada e deixado para lá, mas, depois disso, as cartas que recebia começaram a ser filtradas. Ainda chegavam muitas cartas inspiradoras entre aquelas mais perturbadoras. "Recebo muitas cartas de pessoas que me dizem que eu as deixo muito felizes de serem quem são e muito confortável com elas mesmas, o que eu amo", ela contou.

No espaço de um mês, de março a abril, a turnê de Adele a levou de Oslo, na Noruega, para Suécia, Alemanha, Itália, Espanha, França, Bélgica, Países Baixos, Dinamarca e Irlanda, antes de finalizar com uma semana de shows no Reino Unido. Muitas das apresentações foram mudadas para lugares maiores graças à demanda do público por ingressos. Louie foi com ela e houve muitos momentos de destaque, apesar do quão confuso o blá-blá-blá dela no palco possa ter sido para o público europeu que só falava o inglês de curso de idiomas. Em Bruxelas, um rapaz *gay* de idade escolar até agradeceu a ela por ter lhe dado a coragem de assumir sua sexualidade ("tive de sair para não cair no choro", disse Adele mais tarde).

Na plateia do seu último show, no Shepherds Bush Empire em 21 de abril, amigos famosos como Mark Ronson, James Corden e Alan Carr marcaram presença para dar-lhe as boas-vindas à sua cidade natal. Christa D'Souza, que logo entrevistaria Adele para a *Vogue* do Reino Unido, também estava lá e escreveu: "E ela meio anda, meio corre, em um brilhante vestido preto de brocados, o cabelo cor de biscoito de gengibre preso para trás em anéis no estilo Beyoncé. Teatralmente, ela abana seu colo amplo e cor de creme e, depois, começa a pular, fechando e abrindo os punhos de boneca para mostrar que, para ela também, esse é um momento importantíssimo". Mesmo depois de um mês de turnê, cantando as mesmas músicas, noite após noite, Adele ainda tinha muitos momentos assim. Em Birmingham, alguns dias antes, ela havia sido levada às lágrimas no palco quando a plateia cantou junto com ela "Make You Feel My Love" e, por um longo instante, ela não conseguiu continuar. "Eu estava em casa, sou tão patriota, estava tão emotiva", ela comentou sobre aquela noite.

No entanto, buscar emoções tão profundas para criar esse tipo de apresentação toda noite estava começando a trazer consequências, e Adele deu duas entrevistas durante a parte europeia da turnê que revelaram isso. No fim de março, ela falou com a *Rolling Stone* em Hamburgo. A entrevista a descreve "um pouco mal-humorada", bebendo vinho tinto e fumando mais do que os sete cigarros que ela alegava estar se permitindo por dia. Mais tarde, antes de entrar no palco para o show daquela noite, ela disse ao entrevistador: "estou tremendo... Tenho medo de plateias… Tenho de suportar isso. Mas não gosto de turnês. Tenho muitos ataques de ansiedade."

Em Copenhagem, algumas semanas depois, ela foi entrevistada pela *Q*. Adele disse a Sylvia Patterson que, na noite anterior, ela fizera o que vinha fazendo cada vez mais na turnê "quando me sinto um pouco insegura", permaneceu acordada até as 5 horas da manhã no quarto do hotel sozinha com Louie e uma garrafa de vinho tinto, falando com os amigos da Inglaterra pelo Skype e sentindo saudade de casa. "Quanto mais sucesso eu faço, mais insegurança eu sinto, é estranho", ela disse. "Nada de ruim, apenas em relação a quem sou, como me sinto com as coisas. Não sei se é porque estou tão espantada pelas pessoas gostarem do que eu faço, mas sinto que nunca vou corresponder às expectativas."

Adele também caiu em problemas depois de ter aparentemente reclamado, na mesma entrevista, sobre a quantidade de imposto de renda que estava tendo de pagar. "Fico mortificada por ter de pagar 50%! Porque eu ficaria esperando por cinco horas se meu apêndice estourasse ou algo assim; os trens estão sempre atrasados; a maioria das escolas públicas é uma bosta e eu tenho de dar quatro milhões de libras? Estão me gozando?" Quando a entrevista saiu no final de maio, gerou uma reação negativa no Twitter. Um blogueiro do *Guardian Music* disse que foi "inquietante ouvir essa artista que eu admiro parecer tão gananciosa quanto político do Tory* mais nojento e cheio de manchas" e apontou que os Beatles tinham tido de pagar 95%. Era raro, mas Adele e sua boca grande tinham dito algo nada adorável.

Pelo menos o lado mais patriótico de Adele estava ansioso pelo casamento do príncipe William com Catherine Middleton em meados de abril, quando ela teria três semanas de descanso. Aconteceria um churrasco e, quem sabe, ela até pintasse as grandes unhas com a bandeira do Reino Unido, ela disse. E, logo depois, ela partiria para a América para lançar a turnê Adele Live lá. Talvez, à luz dos comentários dela em Copenhagem, a perspectiva de uma turnê tão grande e de ficar longe de casa tanto tempo tão cedo a estivesse preocupando. No entanto, ela iria voltar para casa antes do que todos poderiam imaginar.

---

*N.T.: Antigo partido de tendência conservadora do Reino Unido.

Capítulo 11

Pouca Voz

Eu não dei tudo?/ Tentei meu melhor
Dei para você tudo que tinha/Tudo e nada menos

Adele, "Take It All"

Em março de 2011, o mundo da música estava aos pés de Adele. Seu segundo álbum aclamado pela crítica, o *21*, lançado em janeiro, tinha estreado na primeira posição no Reino Unido, nos Estados Unidos e em outros 17 países da Europa. Sua estonteante interpretação de "Someone Like You" no Brit Awards de 2011 tinha gerado mais de 5,5 milhões de visualizações do vídeo no YouTube. Seu visual glamoroso de diva a estava colocando na capa de revistas da moda. Mas sua voz estava vacilando.

Os problemas na voz de Adele ficaram aparentes pela primeira vez no início de 2011. Após sua crise de gripe em dezembro do ano anterior, ela não conseguiu recuperar a força total. Apesar da apresentação nos Brits (que serviu como a mentira máxima para rebater os rumores de que algo estava errado), a voz de Adele estava, na verdade, ficando "cada vez mais fraca, até que quebrou... Não percebi na hora porque nunca tinha acontecido nada de errado com a minha voz, nunca. Mas eu também nunca tinha cantado tanto." Mais tarde, em uma entrevista no The Graham Norton Show, ela contou que o problema começou em um show para o rádio que ela fizera em Paris na semana antes de o *21* ser lançado. "Não sabiam mexer na merda do som e, assim, tive de gritar por cima da banda e minha voz sumiu."

Uma triste proibição de cafeína, cigarros e álcool veio em seguida. "Não estou fumando, não estou bebendo álcool. Nada de cafeína, bebidas com gás, *curry*... Posso apenas mastigar balas de menta, nunca chupá-las..." Para um amante de Coca-Cola, vinho tinto e cigarros, a proibição representava um catálogo de infelicidades. Ter de abandonar os cigarros era o pior de tudo. "Eu detesto isso. Quero muito fumar. Eu amo fumar, é minha característica", ela lamentou. Ela admitiu depois que tinha visto uma melhora, apesar de brincar frivolamente que "preferia que minha voz ficasse meio estragada para que eu pudesse dar uma merda de uma risada". Uma proibição também difícil foi a de que não deveria falar. "Tive de ficar em silêncio por nove dias com uma lousa presa no pescoço... Como uma criança de castigo no canto da sala. Como uma muda dos funerais da era vitoriana."

O regime funcionou, a voz dela voltou e a turnê de 20 shows pela Europa e o Reino Unido aconteceu de acordo com o planejado, de março a abril. Porém, foi um intervalo temporário. Maio trouxe estrondos de problemas pelo caminho. Ao voltar para os Estados Unidos, Adele participou do Dancing With The Stars e apresentou uma interpretação de "Rolling In The Deep" com gás total. No entanto, não pôde cantar a segunda música planejada, um *cover* de "(You Make Me Feel Like A) Natural Woman", explicando ao apresentador do programa que não conseguia alcançar as notas altas necessárias porque sua voz estava "destruída". O *The Daily Mail* publicou fotos de *paparazzi* de Adele passeando por Beverly Hills na noite anterior com Tinie Tempah, segurando um maço de cigarros. "O sucesso americano custou a Adele sua voz... ou foram só os cigarros?", dizia a manchete.

Depois: crise. Na última semana de maio e na metade de sua turnê pelos Estados Unidos, ela estava em Minneapolis e deveria se apresentar no Ogden Theater da cidade. Durante uma ligação pelo Skype na manhã do dia do show, a voz dela "de repente apagou, como uma lâmpada". Ela disse que foi "como se alguém fechasse uma cortina na minha garganta. Eu sabia que algo estava errado e entrei em pânico, mas convenci a mim mesma de que ficaria bem." Quando ela chegou à passagem de som na noite do show, ficou claro que ela não conseguiria se apresentar e, seguindo conselhos médicos, o show foi cancelado.

Adele insistiu em viajar para Denver, no Colorado, para o próximo show dois dias depois. Ela seguiu em frente, apesar da apreensão interna de que seria um erro. Seus piores medos viraram realidade quando, durante o show, ela sentiu alguma coisa "rasgando" sua garganta. A adrenalina tomou conta e ela conseguiu terminar as músicas. Com o cancelamento do show em Minneapolis, os fãs de Denver, alguns dos quais tinham pagado dez vezes o valor dos ingressos que haviam esgotado meses antes, estavam extasiados porque o show tinha acontecido de acordo com o planejado. Sob a manchete "Apesar da laringite, Adele apresenta um show poderoso que não decepciona", um crítico escreveu que "desde o momento que Adele pisou no palco, ficou claro que ela queria fazer uma apresentação completa, começando com a emocionante 'Hometown Glory', que não mostrava sinais de fraqueza." O único momento em que ela deu sinais de estar abaixo das expectativas, disse ele, foi durante "Take It All", quando "por cerca de um minuto, no meio da música, ela parecia com dor de verdade". Mesmo quando apresentou a música, Adele pediu ao público para ajudá-la a cantar, porque, segundo ela, havia algumas notas que a "minha voz simplesmente não vai alcançar".

Estava claro demais que os problemas de voz de Adele eram mais sérios do que uma laringite. Os shows da semana seguinte foram cancelados e ela partiu para Los Angeles, para descansar, ainda com a esperança de retomar a turnê em San Francisco, no dia 4 de junho. Um especialista em otorrinolaringologia de Los Angeles acabou com essa ideia. Adele foi diagnosticada com uma hemorragia nas cordas vocais, e um mês de repouso absoluto para a voz era indispensável. O restante das datas da turnê americana teve de ser cancelado. Em um comunicado à imprensa, Adele comentou: "Estou muito frustrada. Esperava que, com uma semana de descanso, eu ficasse melhor e pudesse cantar de novo logo. No entanto, não há nada que eu possa fazer a não ser seguir o conselho do médico e descansar mais. Sinto muito mesmo. Até breve. Com amor, Adele".

Devastada por ter de reduzir uma turnê que ela parecia estar adorando – "conheci tantas pessoas incríveis e toquei com os melhores artistas que já tive ao meu lado" –, Adele pegou um voo de volta para Londres. O repouso forçado não era uma ordem à qual ela se submeteu com facilidade. Escreveu no *blog*, em 21 de junho, que estava ocupando o tempo "assistindo a coleções de DVDs e arrumando as coisas em pilhas organizadas", e também tentando voltar a cozinhar. Houve uma noite animada em um show da Beyoncé apenas para convidados e enfeitado de celebridades no Shepherds Bush Empire, e diziam por aí que Adele tinha ficado "arrasada" por ter de recusar a chance de fazer um dueto com Beyoncé no palco em Glastonbury alguns dias depois. Também circulavam rumores de que ela tinha almoçado com Jay-Z para discutir uma colaboração no futuro. "Adele correrá atrás de calçadas com Jay-Z" foi a manchete do *The Sun*. Qualquer que fosse a verdade sobre os dois assuntos, enquanto se recuperava em casa, Adele escutava as músicas de Beyoncé por horas e começou a tarefa de jogar mais de mil CDs na sua conta do iTunes. No entanto, ela estava "entediada até a alma".

Apesar da sua frustração, o repouso pareceu fazer efeito. A condição da sua voz melhorou, no início de julho, Adele tinha se recuperado o suficiente para aparecer no Heaven, em Londres, para o fim de semana do orgulho *gay* e, alguns dias depois, em um show na Roundhouse de Londres para o iTunes Festival, o que foi bem adequado, levando em consideração o uso do iTunes que a manteve ocupada no seu mês de descanso forçado. Foi um retorno triunfante à cidade natal. "Nada me dá mais prazer do que estar em casa e cantar para vocês", ela disse à plateia de 2 mil pessoas da Roundhouse, que quase a fez chorar ao cantar junto com ela em massa a última música, "Someone Like You". Logo em seguida, Adele estava em primeira posição nos tópicos mais comentados do Twitter e as críticas seriam elogiosas. "Quando ela cantou, ela voltou a um patamar de elite, em que apenas uma voz e um piano podem arrancar lágrimas dos nossos olhos", escreveu o *London Evening Standard*. E sua voz aguentou bem. "Se ainda há vazamentos residuais nos canos de Adele, não podemos ouvi-los: as palavras 'cidade natal' enrolam-se com facilidade em volta da estrutura de ferro do teto", disse o *The Observer*.

Mais tarde naquele mês, Adele declarou estar "inacreditavelmente feliz" por estar na lista anunciada de indicados do Mercury

Prize de 2011 para álbum do ano. O *21* foi colocado como segundo favorito pelos apostadores, atrás do *Let England Shake,* de PJ Harvey. Alguns dias depois, houve mais animação com a notícia de sete indicações do videoclipe de "Rolling In The Deep" no MTV Music Video Awards de 2011 – o VMA –, inclusive um para videoclipe do ano. "Pasma com as indicações para o VMA!", ela publicou no *blog,* com uma foto alegre e glamorosa dela com grandes óculos escuros, sentada em uma poltrona de couro. "Estou pensando em lançar uma linha de cadeiras para comemorar", ela brincou, fazendo referência ao videoclipe, em que ela aparece sentada.

Depois, veio a notícia triste da morte de Amy Winehouse. Adele colocou no *blog* sua própria homenagem a Amy sob o título "Amy voa no paraíso". "Poucas pessoas têm a coragem de fazer o que amam, simplesmente porque amam", ela escreveu. "Nós acreditávamos em cada palavra que ela escreveu e elas chegavam ao nosso coração quando Amy as cantava. Ela abriu o caminho para artistas como eu e fez as pessoas se interessarem pela música britânica de novo... Acho que ela nunca percebeu o quanto era brilhante e como é importante, mas isso apenas a deixa mais encantadora." Deve ter sido difícil para Adele não lembrar todas aquelas vezes em que foi comparada a Amy, cuja fragilidade tinha, no final, levado a melhor sobre seu talento. Apesar de sua natureza mais forte, os problemas recentes de Adele eram um lembrete cruel do quão vulnerável o meio musical poderia deixá-la.

Quando ela retomou a turnê Adele Live, em 9 de agosto, em um show remarcado no Orpheum Theatre de Vancouver, Adele dedicou "Make You Feel My Love" a Amy, um gesto que se tornaria parte de seus shows na semana seguinte. E, como Londres estava sofrendo com tumultos e brigas na noite da sua estreia em Vancouver, ela apresentou "Hometown Glory" dizendo: "Tenho de cantar esta música para a minha cidade natal. Londres está sob o ataque de um bando de idiotas".

De Vancouver, ela desceria a costa oeste por Seattle, Los Angeles e San Diego, antes de uma rodada final de shows remarcados em Las Vegas, Salt Lake City e St. Paul. A maioria teve os ingressos esgotados em minutos. "Ir a um show de Adele é como ir a uma missa na Igreja da Alma. Adele, a profeta da verdade com um gostinho de *blues*, preside a cerimônia", escreveu um crítico que foi ao show de Seattle. Ele olhou para a plateia quando Adele cantou "Someone Like You" e viu "pessoas chorando, outras balançado de um lado para o outro com os olhos fechados e as mãos para o alto. Parecia ser a hora do testemunho. E ela deu a todos nós aquela chance, aquela válvula de escape, aquela doce confissão ao virar o microfone para o público e dizer 'agora, vocês cantam'. E nós cantamos. Em doce harmonia, o exército de Adele cantou".

Os dois shows de Adele em Los Angeles foram eventos concorridos. O primeiro, no Greek Theater, teve na plateia o astro de *Crepúsculo* Robert Pattinson e Jessica Simpson. Duas noites depois, no Hollywood Palladium, Ryan O'Neal, Dita von Teese, Dwight Yoakam e o blogueiro Perez Hilton estavam no meio da multidão, assim como Rick Rubin. "Poderiam pensar que o Grateful Dead estava na cidade, com todos os fãs desesperados lotando o Sunset Boulevard na busca de um milagroso ingresso", escreveu o *The Hollywood Reporter*.

A cerimônia de 2011 do VMA aconteceu em Los Angeles no dia 28 de agosto. Foi um evento louco e com um exagero de ações promocionais e teatralidades, já que os artistas do primeiro escalão competiam para ser a notícia da noite. Beyoncé anunciou pouco antes do show que estava grávida. Lady Gaga apareceu travestida e tentou beijar a Britney Spears. Chris Brown voou alto. Bruno Mars apresentou um tributo a Amy Winehouse. E Adele, cujo videoclipe de "Rolling In The Deep" ganhou quatro dos sete prêmios para os quais tinha sido indicado, optou por cantar "Someone Like You", vestida de preto e acompanhada pelo seu solitário pianista. Alguns dias depois, ela disse a Jonathan Ross que havia se sentido "muito deslocada" e desejado estar "em casa com as minhas amigas".

Ainda assim, apesar de Beyoncé acariciar sua barriga de grávida e da piada de Lady Gaga com seu *alter ego*, a apresentação de Adele foi a melhor da noite para muitos. "Então, qual foi o truque dela para ganhar atenção? Ficar parada no mesmo lugar com um vestido elegante e cantar a plenos pulmões sua música "Someone Like You". Foi isso. E foi precisamente essa abordagem simples e cheia de classe que lhe rendeu aplausos de pé e serviu como mais uma prova de que ela é uma das artistas com maior capacidade de conquistar todas as pessoas da música *pop* contemporânea" foi o veredicto do *The Washington Post*.

Porém, os problemas começaram de novo. Adele voltou a Londres no fim de agosto com gripe. "Acabei de chegar em casa, tão cansada", ela escreveu no *blog*. Entretanto, com outra rodada de shows no Reino Unido programada para começar no dia 4 de setembro, havia pouco tempo para descansar; não havia pausas. Em 3 de setembro, ela apareceu no muito aguardado primeiro episódio do programa de entrevistas que marcava a "volta" de Jonathan Ross, na ITV. Ross, em busca da aprovação dos telespectadores, assim como de bons índices de audiência depois de sua saída da BBC, não poderia ter tirado do firmamento uma estrela mais luminosa do que a de Adele na tentativa de trazer brilho novamente à sua carreira.

Com um visual discretamente elegante – vestido preto simples com lantejoulas no estilo anos 60 e o cabelo puxado para trás em um penteado impressionante –, Adele foi a atração principal, aparecendo depois da famosa atriz de Hollywood, Sarah Jessica Parker, e do ás da Fórmula 1, Lewis Hamilton, no sofá e contando a Ross, atenciosa, que estava com gripe, quando ele a cumprimentou com um beijo. Na conversa, ela manteve seu comportamento típico e agitado e deu muitas risadas altas. Sim, ela teve problemas por não se apresentar em lugares maiores. Não, ela não era muito fã de turnês, e o público americano é "bem maluco". Assim, ela estava solteira – "estou sempre solteira; é muito difícil conhecer alguém". Sobre seu namorado mais recente, ela comentou com sua honestidade característica: "Ele não vai ganhar uma música sobre ele, de jeito nenhum. Ele falaria disso para sempre. Ele é assim tão idiota". Adele também deixou escapar para Ross – e 4,3 milhões de telespectadores – sobre seu suposto e secreto próximo projeto em estúdio. "Vou fazer uma música tema", ela contou, e, com isso, Ross começou a cantar o tema do James Bond. Enquanto ria com a brincadeira, Adele – em um gesto revelador – colocou a mão para sentir as glândulas no seu pescoço. Terminadas as piadas e a indiscrição, Adele levantou-se para cantar. Sua interpretação de "Turning Tables" foi um pouco ressonante, mas tão emocionante e calma como sempre. Conforme os créditos do programa apareciam, nem mesmo o narrador da ITV pôde se conter. "Ela é incrível", ele murmurou. O dia seguinte foi diferente. Adele foi forçada a cancelar os dois primeiros shows da sua iminente turnê de 15 apresentações pelo Reino Unido, em Plymouth e Bournemouth. "Estou tão imprestável quanto uma lesma agora. Estou com uma gripe horrível desde que cheguei em casa no começo da semana e esperava que ela não fosse atingir meu peito. Mas, infelizmente, ela atingiu e está me deixando sem fôlego e não consigo segurar nenhuma nota quando canto", ela publicou no *blog*.

No dia 6 de setembro, Adele participou da cerimônia do Mercury Prize, no Grosvenor House Hotel de Londres, mas não cantou ao vivo, como havia sido planejado. Ela subiu ao palco com Jools Holland para uma breve conversa e disse para todos que estava "decepcionada pra burro" por não poder cantar, mas, de resto, foi bem discreta. Naquela noite, o *21* perdeu para o *Let England Shake* de PJ Harvey, um resultado que, no geral, foi bem aceito pelo mundo da música graças às já astronômicas vendas de Adele.

No dia seguinte, Adele desistiu do show em Cardiff apenas poucas horas antes e cancelou o show seguinte, em Blackpool. No *blog*, ela publicou uma foto de si mesma, pálida e sem maquiagem, segurando um bilhete escrito "sinto muito". "Acordei me sentindo um pouco melhor, mas não muito. Porém, decidi ir para Cardiff de qualquer maneira, na esperança de conseguir cantar hoje. No meio do caminho para lá, percebi que esse desejo era irreal e, assim, voltei para casa para descansar." Ela dizia que estava sem fôlego e que seu peito estava "nojento". Na época, Adele ainda atribuía sua doença a uma gripe que tinha virado infecção no peito, e não aos seus problemas anteriores com a voz. "Isso não tem nada a ver com o que aconteceu antes com a minha garganta. Tenho certeza de que muitos de vocês estão se sentindo assim também, está um surto", ela tentou tranquilizar os fãs. Mas dois shows em Wolverhampton foram cancelados antes de Adele – "entupida de antibióticos" e um pouco descansada – conseguir iniciar a turnê com um show no De Montfort Hall em Leicester, no dia 13 de setembro. Não havia evidência de que ela estava funcionando em potência reduzida. "Graças a Deus, estou bem pra caramba, fiquei doente feito um cão!", ela contou ao público. O *The Daily Telegraph* deu à apresentação cinco estrelas. Os oito shows seguintes ocorreram de acordo com o plano, levando Adele a Newcastle, Manchester, Londres – inclusive com um show de apenas uma noite no Royal Albert Hall, mais tarde lançado em DVD –, Edimburgo e Glasgow e ganhou ótimos elogios e adulações. "Todas as notas eram claras e poderosas" foi um comentário muito repetido.

Mais uma vez, por causa de sua pura determinação em continuar, as apresentações de Adele ao vivo escondiam o estado real da saúde dela. No entanto, o custo físico não apenas de concluir a turnê, mas de dar ao público o seu melhor logo ficou evidente. Com uma turnê de dez apresentações nos Estados Unidos já remarcada, programada para começar em Atlantic City, no dia 7 de outubro, a voz de Adele "foi desligada" de novo, "no meio da conversa". Uma segunda hemorragia nas cordas vocais dela foi diagnosticada e a turnê toda nos Estados Unidos teve de ser cancelada.

A decepção e a angústia de Adele são quase palpáveis no seu texto "Publicação importante" no *blog*, em 4 de outubro. Ela culpa diretamente a programação cruel das turnês pelos seus problemas: "o fato é que eu nunca pude me recuperar totalmente de nenhum dos problemas que tive e, depois, continuar descansando depois de recuperada por conta dos meus compromissos de turnê. Ofereceram para mim a opção de não fazer turnê nenhuma para evitar que algo assim aconteça de novo, mas eu simplesmente odeio decepcioná-los. Apesar de, agora, eu os estar decepcionando outra vez, embora não seja culpa minha, de verdade".

Adele foi rápida ao tentar acabar com as sugestões de que seu hábito de fumar tinha culpa na sua condição. Ela disse que tinha feito tudo que o médico mandara para tentar aliviar seus problemas, por mais amargo que fosse esse remédio. "Eu cumpri um regime rigoroso de várias dietas, vapor, descanso vocal e aquecimentos vocais. O que é muito necessário, mas uma loucura de tão desagradável", ela escreveu em 4 de outubro. Seus comentários frequentes no passado sobre o quanto gostava de fumar e a negação de que o hábito pudesse ter algum efeito negativo na sua voz realmente pareciam maluquice, dado o que ela estava sofrendo na época. "O cigarro não foi a causa da minha laringite, o problema é que eu estava falando muito", o *The Sun* publicou que ela havia dito, em 10 de outubro. "Eu estrago minha voz fora do palco, não no palco. No palco, fico bem, já que parece que, tecnicamente, estou ótima. Porém, quando falo, estrago muito minha voz. Fui enganada para parar de fumar." Vários comentários de fãs imploravam que ela voltasse a mascar chiclete de nicotina pelo bem da sua voz.

Os problemas com a voz de Adele eram uma notícia tão importante que as fofocas logo foram mais além, ganhando força com a informação de que ela estava doente demais para participar da cerimônia de premiação da revista *Q* e aceitar os dois prêmios que tinha conquistado: melhor artista mulher e melhor música por "Rolling In The Deep" (Paul Epworth, produtor da música, os aceitou em nome dela). Rumores no Twitter diziam até que ela sofria de câncer na garganta. Essa fofoca especialmente assustadora persistiu tanto que os empresários de Adele foram forçados a divulgar uma declaração negando com veemência que a cirurgia pela qual ela iria passar serviria para tratar apenas uma corda vocal com hemorragia. No entanto, a declaração não chegou antes de "rezeporadele" chegar aos tópicos mais comentados do Twitter.

Qualquer um pode sofrer problemas de voz, mas cantoras são particularmente vulneráveis e isso aumenta com a pressão para fazerem turnês e cantarem ao vivo uma era de queda nas vendas de CDs. Semanas depois de Adele cancelar todos os compromissos restantes de 2011, tanto o cantor *country* Keith Urban quanto o astro do *blues* John Mayer anunciaram que passariam por uma cirurgia parecida. As notícias levaram o *The Hollywood Reporter* a fazer a pergunta "por que tantos cantores estão fazendo cirurgias?" e citar como resposta o Dr. Shawn Nasseri, otorrinolaringologista de Beverly Hills, cuja lista de pacientes inclui Justin Bieber e Kelly Rowland, além de ser o médico de voz à disposição do American Idol e do X Factor dos Estados Unidos: "dez anos atrás, eu costumava ver hemorragias duas vezes por ano. Agora, eu as vejo uma vez por mês".

Nasseri atribui o drástico aumento nos problemas de voz entre cantores às demandas cada vez maiores que existem sobre eles. "Quando eles têm sucesso, há muito mais de tudo; imprensa, divulgações, eles têm de estar no Twiter, no Facebook e em *chats*, eles fazem turnê e gravam ao mesmo tempo, muitas vezes tarde da noite... As pessoas não diminuem o ritmo porque têm de aproveitar enquanto estão no auge. Antes, o mercado perdoava um sumiço de um ou dois meses. Agora, é diferente."

Na busca por tratamento para seus problemas na voz, Adele tornou-se apenas a mais recente em uma longa lista de cantores famosos a fazerem isso. Enquanto se apresentava em uma temporada na Broadway de Victor/Victoria em 1997, Julie Andrews foi forçada a deixar o papel principal depois de desenvolver nódulos nas cordas vocais. A posterior cirurgia de "rotina" para curar o problema danificou a elasticidade das cordas, limitando seu alcance vocal e sua habilidade de manter as notas. Mais tarde, na esperança de recuperar sua voz para cantar, ela ficou sob os cuidados de Steven Zeitels, um médico pioneiro de Boston que estava estudando maneiras de recuperar a elasticidade perdida das cordas vocais, que atinge cantores com frequência. Andrews dá a Zeitels o crédito por ter-lhe devolvido ao menos parte de sua voz para cantar e o ajudou em sua campanha por mais pesquisas sobre condições perigosas para a voz.

Steven Tyler, do Aerosmith, que sempre desafia a si mesmo em termos musicais e tem o apelido de "o demônio do grito" também passou por uma cirurgia a *laser* pioneira com o Dr. Zeitels para curar uma veia rompida em sua garganta em 2006. Após algumas semanas de descanso, sua voz estava recuperada o suficiente para que ele "desse uma de Janis Joplin" e para que a banda começasse a trabalhar no novo álbum. A cirurgia de Tyler foi o assunto de um documentário do canal National Geographic chamado *A incrível máquina humana*.

Roger Daltrey, do The Who, teve sérios problemas com a voz no final de 2009 por causa de uma "displasia pré-cancerígena" nas cordas vocais. Um mês após Zeitels ter realizado um procedimento com *laser* e injetado um biomaterial parecido com gel nas cordas vocais de Daltrey (que passou algumas semanas difíceis sem cantar, falar ou beber durante o Natal e o Ano-Novo), o cantor apresentou-se com força total com o The Who em um show no intervalo do Superbowl de 2010.

Quando ficou claro que Adele tinha um problema sério na voz, o Dr. Zeitels – na época professor em Harvard e diretor do mundialmente renomado Massachusetts Center for Laryngeal Surgery and Voice Rehabilitation – foi a escolha óbvia para ajudá-la. No início de novembro, ele operou as cordas vocais de Adele e, depois, divulgou a seguinte declaração sobre a condição dela: "Adele passou por uma microcirurgia para parar a hemorragia recorrente nas cordas vocais causada por um pólipo benigno. Essa condição é o resultado comum de veias instáveis das cordas vocais que podem se romper...". O Dr. Zeitels espera que Adele recupere-se por completo da microcirurgia a *laser*. Algumas semanas depois, Adele, superaliviada, escreveu no *blog*: "obrigada pelos pensamentos positivos e desejos de melhoras. Estou muito bem, melhorando, superfeliz, relaxada e muito positiva em relação a tudo. A operação foi um sucesso e estou descansando até ser liberada pelos médicos... É melhor eu voltar a ensaiar meu show de mímica agora. Cuidem-se, estou com saudades. Sempre sua, Adele. Beijos."

Como todos os seus compromissos restantes para 2011 estavam cancelados, o ano (que começou em meio a uma grande fanfarra) terminou em lamúria. Era a ascensão e queda de uma grande voz. E a preocupação com a dona dessa voz – que ainda tinha 23 anos – virou uma preocupação nacional, indo muito além dos tabloides e revistas de celebridades. Afinal, era uma garota que um antigo primeiro-ministro britânico havia chamado de "uma luz" no fim do túnel da nação. Até a revista política semanal *The Spectator* sentiu vontade de falar alguma coisa. Em um artigo chamado "Fique bem, Adele", o editor do *The Catholic Herald* (ninguém menos) chamou-a de "a Vera Lynn da crise financeira mundial. É bom a cirurgia na garganta dar certo, pois será difícil superar a nova Depressão sem ela". Foi um tributo extraordinário para uma garota comum de Tottenham que cantava, em geral, músicas *pop* sobre decepções amorosas, geralmente bem tristes.

Nos difíceis dias do início de outubro, Adele tinha escrito no *blog*: "cantar é literalmente a minha vida, é meu *hobby*, meu amor, minha liberdade e, agora, meu trabalho. Não tenho escolha a não ser me recuperar direito e por inteiro ou corro o risco de estragar minha voz pra sempre... Por favor, acreditem que isso é tudo que posso fazer para garantir que eu sempre possa cantar e fazer músicas para você da melhor maneira que consigo. Sua, e somente sua para sempre, Adele. Beijos".

    Se o preço a pagar para ouvir a voz dela de novo era não ouvi-la por um tempo, valia a pena.

Capítulo 12

O "Grande" Problema

As pessoas sempre falaram sobre mim que "ela nunca chegará a lugar algum, é uma menina gorda". Mas isso obviamente não é um problema. Estou vendendo CDs, não estou?

Adele, 2009

Se a voz de Adele é tão bonita, por que sua aparência importa? Importa exatamente porque há tão poucas mulheres famosas de proporções médias no mundo *pop*. Assim que ela começou a chamar atenção para sua música, Adele, com 19 anos e usando tamanho 42/44, foi imediatamente aclamada como um tipo de modelo tamanho G, quisesse ela ou não.

Desde o início da sua carreira, ela teve de se acostumar com perguntas sobre seu tamanho, o que seria suficiente para criar em qualquer mulher um complexo. Em vez disso, ela as rebatia animada. "Sou muito confiante", disse ao *The Observer* em janeiro de 2008. "Mesmo quando leio as pessoas dizendo coisas horríveis sobre meu peso... Desde adolescente, eu uso tamanho 42 ou 44, às vezes 46. E nunca foi um problema."

Como esperava que isso colocasse um ponto final no assunto, Adele ficou surpresa quando as perguntas continuaram aparecendo. Sob o título "Eu não quero ser uma *popstar* magrela", ela contou ao *Daily Mirror* em julho: "foco na minha aparência me surpreendeu de verdade... Faço música para ser uma musicista, não para aparecer na capa da *Playboy*".

No ano seguinte, Adele tinha começado a aceitar um pouco o foco em sua aparência, deixando que Anna Wintour a arrumasse para o Grammy e interessando-se por estilistas. Wintour também a convidou para ser fotografada por Annie Leibovitz para a edição anual sobre boa forma da *Vogue* dos Estados Unidos, que celebra a "moda para todos os corpos". Adele falou alegremente sobre seus "três bumbuns" na entrevista que acompanhava as fotos, mas teve de acalmar a reação negativa causada pela foto de Leibovitz. Com a liderança de Perez Hilton e sob a manchete "*Vogue* destroça Adele", a revista foi acusada de manipular a imagem do corpo de Adele até deixá-lo irreconhecível. "Quem não passa por tratamento de foto?", ela contestou. "Ninguém diz nada quando a foto de uma garota magrinha, loira, [de seios grandes], com dentes brancos é retocada."

Apesar dessa rebatida um pouco petulante, Adele começou a perceber o quão importante sua imagem corporal era para certa parte do seu público. "Os fãs se sentem encorajados por eu não usar o tamanho PP, por verem que não têm de ter certa aparência para alcançarem o sucesso", ela contou à *Vogue*. Adele começava a entender que o interesse em seu tamanho não era um sinal de que não se importavam com sua música. Significava apenas que ela era admirada ainda mais por ser feliz do jeito que era também.

Já no verão de 2009, Adele tinha se tornado uma líder total da moda tamanho G. O *The Daily Telegraph* fez um especial sobre estilos para "corpos maiores", citando a aparência "sem defeitos" de Adele no palco do Hollywood Bowl em um vestido justo de Barbara Tfank como "outro estilo triunfante para a nova geração de heroínas tamanho G da moda". Adele, disse o jornal, "faz parte do grupo emergente de mulheres famosas e jovens que estão agindo diferente e mostrado que 'chique' e 'de vanguarda' são adjetivos que agora elogiam as *fashionistas* maiores, e não apenas as magrinhas usadas como modelos".

Qualquer temor de que sua jornada para ter sucesso nos Estados Unidos pudesse levar Adele a uma busca secreta por impulsionar sua imagem perdendo alguns quilos foi eliminado por outra entrevista. "Tenho o mesmo peso que tinha aos 15 anos e comecei a tomar pílula anticoncepcional. Cheguei até aqui sem ter a aparência da Britney Spears. Acho que posso ir um pouco além." De acordo com o entrevistador, esse último comentário foi feito "com um sarcasmo digno de Jay McInerney". Alguns meses antes, o *Daily Mail* havia publicado que ela dissera: "não se pode ir à América e fazer porcaria; você poderia ter um corpo incrível e eles ainda assim não aceitariam. Eu poderia usar um saco de lixo e eles ainda gostariam de mim".

Como o ganho e a perda de peso das celebridades são uma obsessão sem fim das revistas de fofoca, e em uma época em que os transtornos alimentares estão aumentando entre os jovens, talvez não seja surpresa que tantas pessoas tenham se interessado por uma cantora talentosa que dá tão pouca importância à sua aparência. A música *pop* tem poucos exemplos semelhantes. Esta é, afinal, a era *superkitsch*, extremamente preocupada com o corpo de Katy Perry, Lady Gaga e Rihanna, em que roupas minúsculas e coreografias altamente sexuais no palco são a norma. Em frente a esse cenário extravagante de mau gosto e roupas curtas, Adele, resolutamente monocromática e vestida com discrição, é um contraste marcante: uma mulher que apresenta um show diferente por completo, em que sua voz e as letras das músicas oferecem todo o drama necessário.

Não que Adele tenha criticado aquelas cantoras que gostam de deixar tudo à mostra. Afinal, ela cresceu amando o tipo de *pop* grudento e pomposo do qual Katy Perry é apenas a patrocinadora mais recente. "As Spice Girls, quando eu tinha 9 anos, faziam várias insinuações sexuais. Eu adoro. Se você tem o que mostrar, mostre, se combinar com a sua música. Mas não consigo imaginar revólveres e chantili saindo dos meus peitos... Mesmo se tivesse o corpo da Rihanna, ainda faria a música que faço e as duas coisas não combinam", ela disse à revista *Q*. "Detesto a ideia de que as pessoas possam dizer 'olhe para ela; ela está indo tão bem porque tem um corpo incrível'."

Adele, em geral, parece relutante em ser levada a se posicionar explicitamente contra as pressões que os jovens enfrentam para serem magros. Ela continua a preferir dar o exemplo respondendo a perguntas sobre peso com desinteresse mal-educado. "Nunca caí nesse feitiço. Uso tamanho 44, normal... Tenho muitas coisas na minha lista de tarefas e isso está bem no final. Quando consigo um tempo, não quero ir para a merda da academia. Quero ir ao *pub* com meus amigos... Não é nem preguiça, é apenas que outras coisas me animam na vida." Porém, em algumas ocasiões, ela começou – com seu estilo inigualável – a se arriscar a opinar um pouco mais. "Eu não incentivaria ninguém a ser doente de tão gordo assim como não incentivaria uma modelo da Ralph Lauren a chupar gelo quando sentisse que fosse desmaiar... Estou apenas incentivando as pessoas a não se perturbarem umas às outras."

Assim que ela tinha percebido que havia maneiras de se vestir e impressionar com seu corpo curvilíneo, Adele parece, atualmente, ter aceitado, embora de forma subentendida, o rótulo de modelo de comportamento. Quando a revista *Glamour a* colocou na capa da sua edição de julho de 2011, Adele elogiou o editor por colocar uma garota tamanho G nesse destaque. "Acho que foi muito corajoso." A *Glamour* não foi a única revista a decidir que já era seguro colocar Adele nessa posição. No final do ano, ela também enfeitou as capas da *Rolling Stone*, *Q*, *Vogue* e *Cosmopolitan* dos Estados Unidos.

Entretanto, a *Vogue* mais uma vez atraiu críticas, dessa vez por perder a oportunidade de mostrar Adele de corpo inteiro na capa, por mais impressionante que fosse o *close* no seu rosto e nos seus ombros. Porém, na entrevista para a mesma edição, Adele foi *blasé* como sempre. "Eu não tenho uma mensagem. Gosto de ser eu mesma; sempre gostei. Já vi pessoas cujas vidas são controladas por isso, sabe? Que querem ser mais magras ou terem seios maiores e isso as desgasta. Não quero isso para a minha vida. Tenho inseguranças, é claro, mas não ando com pessoas que as apontam para mim." Foi talvez a afirmação mais elegante e confiante em seu corpo já feita por uma mulher que conseguiu comer massa e aparecer na capa da bíblia da moda; um mundo onde o tamanho PP tinha, de alguma maneira, se tornado a norma e não a exceção.

Porém, se Adele esperava que ser *blasé* em relação ao seu tamanho faria o problema evaporar de alguma maneira, ela estava muito enganada. Apesar de a entrevista para a *Vogue* ter passado por uma série de tópicos além de seu peso, foram os comentários de Adele sobre ele que o *Daily Mail* decidiu destacar sob a manchete "Não vou ficar obcecada em ser mais magra". Como o *The Guardian* admitiu com relutância, a verdade era que as perguntas nunca desapareceriam. "Embora fosse bom se uma cantora não se sentisse forçada a defender seu peso, frequentemente chamado no insincero linguajar jornalístico de 'curvas', também é reanimador ver que ela permanece verdadeira e fiel ao seu compromisso de manter o peso natural."

A verdade é que Adele é condenada se faz e condenada se não faz. Se ela responder a futuras perguntas sobre seu peso com nada além de "próxima pergunta", ela não ajudará aqueles fãs que agora a veem como inspiração em suas próprias batalhas para não deixarem suas vidas serem controladas pelo seu peso. E, ainda assim, se ela continuar a aceitar essas perguntas como significativas quando preferiria falar sobre sua música, o risco é que isso continue a ser um problema com o qual ela será associada para sempre.

A verdade é que essa associação provavelmente já aconteceu. Em novembro de 2011, Lady Gaga foi levada a divulgar uma declaração por meio da sua gravadora quando veio a público que alguns de seus fãs estavam fazendo piada com o peso de Adele no Twitter, com comentários cruéis na linha de: "confirmado: Gaga não usará seu vestido de carne porque está com medo de que Adele o coma". A resposta de Gaga foi clara: "Lady Gaga não aprova a intimidação de outra pessoa por causa de sua aparência física; vai contra tudo o que ela defende".

Comparada com Adele, uma mulher de peso médio que faz músicas acima da média, parece que Gaga, superpreocupada com a aparência, não tem do que se queixar.

Capítulo 13

O Segredo do Seu Sucesso

Se meu álbum puder fazer alguém dizer "ah, sei exatamente do que ela está falando", meu trabalho está feito.
Adele, 2011

"Quero fazer álbuns para sempre", Adele tinha declarado em dezembro de 2008. Desde esse pronunciamento precoce e determinado, ela ganhou prestígio como uma mulher inteligente e nada ingênua quando se trata da sua carreira. Em dezembro de 2011, no encerramento de um ano fenomenal e como se para sinalizar novamente sua intenção, apesar da falta de voz temporária, ela nos olha com confiança suprema e curvilínea da capa da *Cosmopolitan* americana, vestida com uma peça decotada com renda e estampa de leopardo da Dolce & Gabbana. Não vou a lugar nenhum, ela parece dizer.

Além de se tornar (de certa forma, não por sua própria vontade) um poderoso modelo para mulheres de proporções mais comuns de todo o mundo, Adele também foi uma bomba no mundo musical. Apesar da explosão nos *downloads* digitais de álbuns, o total de vendas de álbuns tem diminuído faz uma década. Nesse cenário triste, o sucesso estrondoso dos dois álbuns de Adele – em especial o *21* – é ainda mais notável. Em novembro de 2011, o *21* (que poderia, com facilidade, ter sido aquele difícil segundo álbum) era, de longe, o álbum digital mais vendido do Reino Unido de todos os tempos, com quase 670 mil cópias compradas.

Ele subiu como um foguete após seu lançamento em 24 de janeiro, chegando a 2 milhões de vendas em 12 semanas, para equiparar-se ao recorde alcançado pelo *Life For Rent*, de Dido. Em julho, ele chegou à marca de três milhões, o álbum que fez isso mais rapidamente, superando o recordista anterior – *(What's The Story) Morning Glory* do Oasis – com um ano de vantagem. Suas vendas combinadas caminham para os 4 milhões, um número alcançado anteriormente apenas por sete álbuns seletos no Reino Unido, inclusive clássicos inabaláveis como *Sgt Pepper's Lonely Hearts Club Band*, *Dark Side Of The Moon* e *Thriller*. Acrescente-se a isso as vendas fenomenais de faixas individuais do álbum, inclusive mais de um milhão para "Someone Like You", e fica claro que o *21* é um álbum que encontrou um público de escala sem precedentes. No entanto, qualquer gravadora atualmente posicionada para pegar a onda e "fazer como a Adele" deve ter cuidado. Como afirmou um artigo da séria revista mensal de música *The Word*: "o sucesso dela é tão atípico, tão antinatural, tão belamente anormal que qualquer tentativa de seguir os passos dela irá fracassar porque não terá o ingrediente intangível crucial: a própria Adele".

Mas digamos que fosse possível massificar isso, esse sucesso prodigioso dela. Do que consistirá a fórmula mágica? Os profissionais da música já arriscaram algumas teorias. E não é surpresa que o talento dela seja o principal ingrediente. "Há o velho clichê de que talento, sorte, trabalho pesado e achar o momento certo resultam em sucesso e isso é verdade para Adele", disse Paul Connolly, presidente da Universal Music Publishing para o Reino Unido e a Europa, à *Music Week*. "Porém, na minha cabeça, o que torna a campanha desse álbum única é o elemento do talento dessa equação ser tão forte."

É difícil argumentar contra. E, graças à personalidade confiante de Adele e às suas recusas explícitas para tocar em festivais ou fazer propaganda de marcas, ela parece ser a antítese da moderna *popstar* fabricada, tendo confiado em primeiro lugar na sua música para levá-la ao estrelato. Entretanto, embora seu sucesso seja, por um lado, um "triunfo do antimarketing", os dons de Adele foram habilidosamente guiados por aqueles ao seu redor. Tanto que, em maio de 2011, a "equipe Adele" – que inclui Richard Russell da XL, Paul Connolly da Universal e Jonathan Dickins da September Management – ficaram no topo da lista Music Power 100, do *The Guardian*, das pessoas mais importantes da cena musical britânica

(Simon Cowell chegou apenas ao terceiro lugar). Adele, dizia o editorial, somente havia conquistado tanto poder "com a ajuda de uma equipe dedicada a fazer isso acontecer". A londrina de 23 anos podia ser vista, ele continuava "como um exemplo de como um talento brilhante – com o apoio de uma equipe brilhante – ainda pode unir milhões de pessoas ao mesmo tempo, na simples celebração de ótimas músicas". "É muito agradável ver algo de tanto sucesso feito de maneira tão sensível", acrescentou Cerne Canning, agente da famosíssima banda *indie* escocesa Franz Ferdinand e membro do quadro de especialistas da indústria musical que compilou a lista.

Sensibilidade à parte, Adele também tem recebido uma carga intensa de trabalho de suas gravadoras (alguns diriam intensa demais devido ao que aconteceu com a voz dela) em termos de shows e aparições na mídia, em especial na América. No contexto da queda brusca de vendas de CDs, fazer com que a música dela conecte-se diretamente com o público mostrou-se vital. Nas palavras de Steve Barnett, presidente do conselho da Columbia: "sabíamos que as pessoas precisavam conhecê-la e, assim, usamos uma abordagem antiga. Ela tinha de sair e tocar e, como ela é tão cativante, achamos que, se conseguíssemos as oportunidades certas na TV, ela conseguiria isso".

Foi algo que Rick Rubin também percebeu quando disse a Adele que ela precisava captar um pouco da qualidade dos seus shows ao vivo quando foi gravar o *21*. A equipe Adele também ganhou várias fatias generosas de sorte: a apresentação de Adele no SNL sendo vista por 15 milhões de telespectadores nos Estados Unidos vem à mente, junto com o saudável empurrão nas vendas dado a "Make You Feel My Love" quando a música foi escolhida por vários concorrentes do X-Factor em 2010. Porém, o que é mais importante (sendo que as participações no Later… With Jools Holland e no Brit Awards de 2011 como melhores exemplos), Adele sempre realizou apresentações significativas quando era mais importante.

A XL e a Columbia sem dúvida trabalharam bem dos dois lados do Atlântico. Entretanto, no final das contas, os motivos das façanhas notáveis de Adele não podem ser atribuídos simplesmente a bom conhecimento do negócio da música e boas decisões. Enquanto reconhece que, no fundo, "é apenas música, apenas música de excelente qualidade. Não há mais nada. Não há truques nem venda de sensualidade", o fundador da XL, Richard Russell, também acredita que o sucesso de Adele fará os profissionais da indústria musical "repensarem o que deveriam estar fazendo". Porém, como já foi dito antes, para qual finalidade, já que eles não têm a própria Adele?

No fim, os melhores esforços das gravadoras não teriam conquistado nem a metade se Adele já não fosse um raro exemplo de uma artista capaz de chegar até as pessoas de todas as idades, nacionalidades e histórias de vida e cativá-las com sua música. E mais, ela consegue isso tanto pessoalmente quanto por meio dos seus álbuns. Assim, é possível explicar como a música de Adele convenceu tantos de nós? É hora de tentar.

Apesar de ela ainda ter vinte e poucos anos, há algo de *retrô* em Adele: uma qualidade atemporal que nos serve de tônico salutar em momentos de incerteza. Apesar das brincadeiras e da tagarelice, e dos ocasionais surtos de arrebatamento típico de garotinhas, ela mostra maturidade, tanto na sua atitude corajosa fora do palco quanto em sua presença sobre ele, onde ela tem algo da compostura dos artistas de antigamente.

Talvez esteja em seu sangue. Quando mais nova, a semelhança de Adele com a bisavó era sempre apontada: sua aparência, sua atitude, seu "elã *retrô*". "Eu não a conheci, mas me disseram que ela sempre seguia sua intuição. Seguia seus instintos. Sempre me senti ligada a ela", Adele comentou certa vez.

Na verdade, Adele já reconheceu com orgulho que é apenas a última de uma linhagem longa de mulheres fortes da sua família que sobreviveram aos muitos tropeços da vida. "Todas elas tiveram de aguentar muita merda, mas nunca se ressentiram. Sempre pensaram: 'bem, problemas acontecem. Siga em frente. Abrace seu destino'." Todo mundo adora celebrar um sobrevivente forte. Não é por acaso que muitos de nós sabemos de cor a letra do sucesso marcante e desafiador de Gloria Gaynor "I Will Survive", embora tenha sido lançado 30 anos atrás. Adele prefere Etta James, mas o princípio é o mesmo.

Observe que há uma diferença entre aceitar as adversidades e relaxar. Em uma era em que as crises das celebridades – com romances, álcool, drogas – são conduzidas publicamente demais e, com frequência, em detalhes constrangedores, Adele manteve alguma dignidade e, até – embora seja uma palavra estranha para usar em relação a alguém tão sincera –, um pouco de mistério. Apesar da crescente e agitada especulação, ela recusou-se a revelar nomes ao falar dos ex-namorados. Eles foram os catalisadores de suas músicas e isso é tudo o que importa. Ela parece dizer que tudo o que revela no palco deveria ser suficiente para nós. Não é o "quem" que importa, é o "como": a maneira como você lida com o fim do amor e segue em frente é o mais importante.

Exatamente porque não temos "muita informação" sobre eles, os casos de amor fracassados de Adele parecem mais o tipo universal de tristeza que já afligiu a maioria de nós. Ao reduzir deliberadamente as fofocas do estilo "ah, ela saiu com este e aquele" e, em vez disso, transferir os traumas por meio da música, Adele conseguiu transformar-se em um tipo de "representante da dor" com quem um grande público pode se identificar. *Gay* ou heterossexual, de 21 ou 65 anos, quem não precisa, de vez em quando, de um pequeno choro catártico para aliviar as "cicatrizes do amor"?

O amplo alcance de Adele reflete-se tanto na composição das plateias dos seus shows quanto na demografia da quantidade muito maior de compradores dos seus álbuns. Após um show de Adele, em agosto de 2011, um crítico do *Los Angeles Times* escreveu que o público consistia de: "mulheres de todas as formas e cores. As que usavam salto, as que usavam tênis, senhoras mais velhas que vão ao Lilith Fair[1] e meninas que tiram fotos em grupo nos banheiros." E "havia mais homens do que o esperado."

E um artigo da edição de outubro de 2011, que trazia Adele na capa, a *Vogue* tentou resumir a popularidade universal da cantora: "atualmente, não há ninguém com um apelo global como o dela, que tenha uma ligação tão grande com o público, do garoto de 15 anos

---

1. Turnê de shows e festival de música que apresentava apenas artistas solo mulheres e bandas lideradas por mulheres. Aconteceu em 1997, 1998, 1999 e 2010.

que acabou de passar por sua primeira decepção à mulher de 50 e poucos que está se divorciando pela quarta vez".

Quando se trata disso, o estilo "comum" da garota de Tottenham, ao lado da sua voz extraordinária, é uma combinação que funciona com quase todo mundo. Katy Perry e Rihanna têm certo encantamento, mas elas não têm de se parecerem com o resto de nós. Sim, às vezes queremos que a música *pop* nos ajude a escapar da monotonia e nos traga um pouco de brilho e Gaga. Porém, em nossos momentos de necessidade emocional, queremos que ela enuncie algo sobre nós e sobre as dificuldades do dia a dia que temos de superar. Como o *site* salon.com disse sobre Adele: "a cantora de voz ressonante não precisa dos truques de Gaga. Ela tem a melhor arma de todas: ela é real."

Há uma escola de pensamento atual que diz que os compradores de álbuns, em especial as mulheres, estão se cansando do comportamento de mau gosto e sensualizado que são a regra agora para a maioria das cantoras. Não que elas sejam pudicas, é apenas que isso não representa o que costumava representar. Mulheres independentes agora são abundantes na música *pop*, graças ao caminho aberto explosivamente por Madonna, mas suas palhaçadas mais extremas não parecem mais dar a sensação de poder para as mulheres. Quando, em abril de 2011, Adele superou Madonna pelo maior tempo passado por uma artista solo feminina no topo das paradas de sucesso de álbuns do Reino Unido, ficou marcada a ascensão de um tipo diferente de mulher. Independente, é claro, mas, em vez de optar por nos chocar, ela decidiu nos maravilhar.

O que dá a muitas mulheres (e a vários homens também) a sensação de poder agora é a história de sobrevivência comum dessa cantora de tamanho comum. Adele compõe e canta com beleza sobre as crises humanas costumeiras – aquelas que acontecem em algum lugar o tempo todo – de uma maneira que alcança os corações feridos dos seus fãs. E também os conforta dizendo: já passei por isso e, como eu, você consegue superar. "Quero que as pessoas se sintam em casa quando me virem", ela disse, "que sintam um conforto imediato".

Porém, de alguma forma, nada disso parece piegas. Talvez por causa do enorme contraste entre seu comportamento fora do palco (toda piadas e tagarelice e altas gargalhadas) e a imagem emocionalmente nua que ela talha (e "talhar" muitas vezes é a palavra certa) no palco. Como a própria Adele já reconheceu, ela é o oposto de um comediante de *stand-up*. Ela exibe seu tumulto interno nas músicas para que todos vejam e, logo em seguida, conta uma piada ou uma anedota suja quando termina de cantar. Mas a vida é composta desses contrastes de emoções.

Durante um show em Birmingham, em abril de 2011, apesar de já ter cantado a música inúmeras vezes, Adele chorou tanto com sua reação interna a "Make You Feel My Love" quanto com a reação do público. Com outros artistas, poderíamos suspeitar da habilidade de chorar tão prontamente no palco, em especial graças à rápida recuperação para a conversa descontraída entre as canções. Mas nunca suspeitaríamos de artifícios com Adele. Ao dar a nota de cinco estrelas para o show, um crítico do *Financial Times* escreveu: "o contraste entre a personalidade pé no chão dela e o peso emocional do seu canto não foi incongruente. Ele é o centro dos seus atrativos. Emoções poderosas não pertencem só à tragédia grega; elas fazem parte daquilo que significa ser comum".

Assista a Adele interpretar "Someone Like You" e você será transportado tanto para o turbilhão interno e a dor dela quando escreveu a música quanto para o seu próprio turbilhão e dor, passado ou presente. Mesmo depois que ela para de cantar, o impacto perdura, enquanto o piano toca mais algumas notas e o peso das palavras e o poder da voz dela continuam a arrastar os ouvintes. Porque você acredita nela. "O segredo para os grandes cantores é acreditar em cada palavra que eles cantam", afirma Jonathan Dickins, um dos primeiros a testemunhar do que Adele era capaz. "E eu acho que você acredita em todas as palavras que saem da boca dela."

É algo que todos os que já trabalharam com Adele descobriram. Paul Epworth, que produziu "Rolling In The Deep" diz: "é muito mais fácil tentar se esconder atrás de uma fachada ou uma identidade artística. [Adele] fez algo muito comovente e acho que isso criou uma ligação com as pessoas em uma era de artificialidade, pós-produção das gravações e *popstars* fabricados. Ela surgiu como uma lufada de ar fresco."

Claro que há um efeito indesejado. O sucesso de Adele é tão grande que muitas pessoas dizem estar cansadas dela e a onipresença das suas músicas. Em um jornal nacional, ela até foi responsabilizada por criar "A Nova Chatice... uma onda tediosa de baladas que destrói tudo pelo caminho". Embora o comentarista engraçadinho em questão tenha acrescentado que "devemos permitir que a Nova Chatice assuma o controle, floresça. É uma coisa boa, a longo prazo".

Apesar dos difamadores, as vendas dos álbuns de Adele são a confirmação de que milhões de pessoas estão adorando suas músicas sem reclamações. Táticas de choque e desafio dos limites não são uma prioridade para todos nós, principalmente aqueles atingidos por problemas em suas próprias vidas, assim como por surpresas desagradáveis do estado atual do mundo. Adele é a prova de que, em tempos assim, um pouco de integridade ajuda muito.

No final das contas, o que a maioria de nós exige da música é talento genuíno, de alguém real. A habilidade de Adele para fazer as músicas maravilhosas que faz, ao lado de sua imagem resolutamente não lapidada, fez dela uma grande estrela. Ela não é perfeita e é por isso que há algo em Adele. É fofo ela falar palavrões sem parar. Fumar como a chaminé do clichê. Virar taças de vinho tinto (ou, pelo menos, ela fazia isso). Admitir que cutuca o nariz. Arrancar os sapatos assim que começam a machucá-la.

Adoramos o fato de ela ter subido ao palco usando um absorvente no dedo. E de ela, certa vez, ter declarado que deseja o Justin Timberlake. E de ela mimar seu cachorro e deixá-lo morder.

E de que, como a maioria de nós, ela já foi uma boba por causa do amor.

Capítulo 14

Garota da Realidade

A ideia toda de ser uma celebridade: ter meu próprio programa de TV, lançar meu próprio perfume... Acho que poderia engarrafar meu xixi!

Adele, 2009

Se um dos preços da fama é a complacência, então Adele ainda não o pagou. "Sempre acho que posso fazer melhor. Nunca adoro o que fiz e não me elogio muito", ela contou em uma entrevista para o rádio nos Estados Unidos em 2010.

Não foi a primeira vez em que ela declarou essas dúvidas.

E a fama nunca foi sua ambição. Ao contrário do cantor aspirante ou concorrente de *reality show* que confessa "eu quero muito isso", Adele começou sua carreira na música sem nenhum desejo mais malicioso do que, talvez, trabalhar em um departamento de *artists and repertoire* um dia e foi persuadida a pensar em si mesma como cantora de verdade gradualmente. Não foi ela que publicou suas primeiras músicas no Myspace, e foi necessária persistência da parte da gravadora XL para convencer Adele de que estava mesmo interessada nas músicas dela antes de ela concordar em marcar uma reunião.

Cinco anos e meio depois, a fama mundial agora é dela. Porém, de acordo com Adele, ela continua "bem alheia a tudo isso". Ao acabar de voltar de Los Angeles e de passar uma noite cheia de estrelas no MTV Video Music Awards em setembro de 2011, ela foi ao The Jonathan Ross Show e disse ao apresentador "não estou muito ligada com o lado da fama na carreira. Não busco nada disso e, para ser sincera, não me interessa". O VMA, ela comentou, tinha sido "um ótimo passeio, mas me senti muito deslocada e queria estar em casa com as minhas amigas".

Depois de Adele ser contratada pela XL e começar a ganhar dinheiro com o primeiro álbum, ela teve um breve flerte com o estilo de vida das celebridades, saindo com artistas como Lily Allen e mudando-se para um elegante apartamento em Notting Hill. A DJ Jo Whiley, da Radio 1, passou um tempo com Adele lá, na gravação de um programa para o Live Lounge. "Era um apartamento bonito e pequeno no oeste de Londres, o tipo de área em que um *popstar* mora quando o dinheiro entra. Porém, podíamos ver que o coração dela não estava lá, era longe demais da sua mãe." Alguns anos depois, Adele realmente voltou a morar com a mãe, no ambiente mais familiar do sul de Londres.

O coração dela podia não estar em Notting Hill, mas Adele o coloca por inteiro em seus eletrizantes shows. Tanto que, agora, ela esgota os ingressos em lugares de toda a Europa e América quase no mesmo instante. Após duas longas e muito aclamadas turnês para os seus álbuns, seria de imaginar que ela já fosse uma veterana tranquila com o assunto. Longe disso. Adele ainda não acha que apresentações ao vivo são naturais para ela e, com frequência, é atormentada pelo debilitante medo de palco. Conforme sua popularidade aumentou, também cresceu sua tendência de esgotar seus nervos.

"Fico com um medo terrível. Em um show em Amsterdã, eu estava tão nervosa que fugi pela saída de incêndio." (Realmente, ela desapareceu por cerca de dez minutos.) "Já vomitei algumas vezes. Certa vez, em Bruxelas, eu vomitei em cima de alguém. Simplesmente tenho de suportar isso." Vomitar, segundo ela, é sinal de que alguma coisa fantástica acontecerá. "A questão é: quanto maior é o desespero, mais eu me divirto no show."

A situação não melhora depois que o show já está acontecendo. "Eu não me acalmo de verdade até sair do palco. Quero dizer, a ideia de alguém gastar 20 dólares para vir me ver e dizer 'ah, eu prefiro o álbum e ela acabou por completo com a ilusão' me chateia muito. É muito importante quando as pessoas vêm e me dedicam seu tempo."

Em uma filmagem nos bastidores, pouco antes de ela subir ao palco para o show de setembro de 2011, no Royal Albert Hall, com capacidade para mais de 5 mil pessoas, a tensão de Adele é quase palpável. Parada na coxia, ela parece pálida e paralisada. Após a primeira música, "Hometown Glory", contudo, ela pega o microfone e como a cumprimentar o público como se fossem amigos que há muito tempo não se encontram. "Uh! O Royal Albert Hall, porra!" Apesar da imensidão do lugar, ela disse que queria que a plateia sentisse "como se simplesmente estivéssemos aqui, tomando chá e pedindo uma entrega de comida em uma noite de sábado". Seu comportamento falante e do tipo "pense de mim o que quiser" no palco ("não sei o que me dá para falar tanta merda") é a cortina de fumaça perfeita e esconde uma teia de nervos. "Não consigo parar de falar... Tento dizer ao meu cérebro 'pare de mandar palavras para minha boca'. Mas fico nervosa e viro a minha avó. Por trás dos olhos, há puro medo. Acho difícil acreditar que conseguirei me apresentar."

Apesar da camada superficial de informalidade relaxada, Adele acha toda a história de subir ao palco para cantar antinatural. "Quando ouço artistas dizerem 'nasci para me apresentar', eu penso 'o quê?'. Eu não nasci para isso. Não é normal." O fato de ter de investir tanto, emocionalmente, em cada apresentação, até mesmo para conseguir chegar ao palco para início de conversa, poderia explicar por que Adele tem uma presença tão extraordinária. E por que, quando ela canta, podemos apenas acreditar que é tudo real.

Seu medo de palco é uma das razões pelas quais Adele sempre disse que não tocará em grandes festivais de música, ou estádios, apesar de que poderia enchê-los várias vezes com facilidade. "Não farei festivais; a ideia de uma plateia tão grande me assusta loucamente", ela contou à revista *Q*. "Diga o número 18 mil para ela e verá a cor abandonar seu rosto de verdade", diz Jonathan Dickins. Não é um número que ele tenha escolhido ao acaso: 18 mil é a capacidade do Hollywood Bowl.

Ainda assim, essa é uma pressão à qual Adele pode ter de ceder agora, simplesmente porque tantas pessoas querem vê-la ao vivo. "Eu arrumo problema por não me apresentar em lugares maiores", ela comentou com Jonathan Ross, em setembro de 2011. Apenas algumas semanas depois, no Hammersmith Apollo de Londres, ela disse à plateia: "esta é a última vez que vocês me verão em um lugar como este. São minhas últimas apresentações em teatros, já que passarei para estádios". Apesar das vaias que o anúncio provocou em algumas partes da plateia, apresentar-se não deverá ficar mais fácil para Adele.

Outros aspectos do seu grande sucesso provaram ser um desafio para Adele. "Estou na pior profissão, tenho medo de aviões e de câmeras", ela brincou uma vez. Ela detesta ser seguida por fotógrafos. "Odeio os *paparazzi*. Eu os odeio. Acho que são nojentos", ela declarou à CNN depois do Grammys, fingindo cuspir. Às vezes, ela ainda consegue sair sem ser reconhecida, "se não coloco os cílios postiços nem prendo o cabelo para cima", mas ela contou ao apresentador britânico de um programa de conversas Graham Norton em 2011 que, recentemente, ela tinha entrado em uma loja de bebidas e "dois segundos depois havia uns 30 *paparazzi* do lado de fora". Ela genuinamente não entende por que deveria ser perseguida. "Veja Meryl Streep, a melhor atriz do mundo; ninguém sabe nada sobre ela, sabe?"

Em uma ocasião, quando morava em Notting Hill, Adele estava "irada de verdade" por ser seguida por um exército de fotógrafos à noite. Na manhã seguinte, eles ainda estavam do lado de fora. Adele saiu para brigar com eles e descobriu que eles, na verdade, estavam seguindo sua vizinha, Elle Macpherson.

Adele continua encantadoramente embasbacada com outras celebridades. Encontros com artistas como Justin Timberlake e Robbie Williams a deixaram em estado de choque. Depois de conhecer a Beyoncé, ela disse: "fiquei de joelhos e chorei. Eu ouço as músicas dela desde os nove anos, cara. É incrível." Só de ver Barbara Windsor ela sentiu "um frio na barriga". Ficar ao lado de Jay-Z em uma fila no Grammys foi "como um sonho mesmo... Ele cheira a dinheiro!" Porém, apesar de sua admiração entusiasmada, Adele também gosta de contar histórias contra si mesma, que minam a magia da celebridade, como imitar o som da Jennifer Aniston urinando na cabine ao lado ("eu realmente ouvi o xixi sair dela. E a chamei de Rachel!") e corar ao lembrar da vez que quase atropelou P Diddy com um carrinho de golfe.

A adorada Beyoncé inspirou uma técnica que Adele usa para tentar afastar seu lendário medo de palco. Quando as duas cantoras estavam prestes a se encontrar e Adele, em completo arrebatamento por conta da situação, teve "um ataque de ansiedade total", ela perguntou a si mesma o que o *alter ego* agressivo e sem papas na língua de Beyoncé, Sasha Fierce, faria. O momento deu à luz um *alter ego* dela própria: Sasha Carter, uma combinação de Sasha Fierce e June Carter, que Adele usa para "animá-la" antes de entrar no palco.

Assim como ela não se considera no mesmo patamar de celebridade que Beyoncé, Adele também não tem nenhum interesse em fazer exigências de celebridade. Quando, em dezembro de 2011, sua lista de exigências para a turnê de shows nos Estados Unidos vazou para a imprensa, acabou não rendendo uma boa história. A exigência mais rigorosa lá dizia respeito à bebida que deveria ser fornecida para a equipe: "cerveja norte-americana *não* é aceitável"; uma estipulação que muitos europeus podem achar perfeitamente razoável. No mais, barras de cereais, chiclete, garrafas d'água e um isqueiro eram o que havia de mais extravagante.

Na filmagem nos bastidores do DVD gravado no Royal Albert Hall, Adele mostra à câmera o seu camarim. "Sou como uma artista que nunca vendeu nenhum CD quando se trata da minha lista de exigências. Recebo algumas frutas, que não como... Não gosto de frutas, gosto apenas de legumes e verduras. Peço uma boa garrafa de vinho tinto, mas não posso mais beber e, assim, minha equipe a bebe... Água... E mel."

Muitas celebridades alegam viver no mundo real de água, mel e barras de cereais, mas uma sensação de irrealidade costuma perdurar em torno de suas declarações de normalidade. Quando Adele diz que gosta de dar uma boa passada de aspirador de pó em casa, é fácil imaginar que seja verdade. "Eu lavo minhas próprias roupas. Minha tia faz a limpeza para mim, mas adoro fazer uma boa limpeza também", ela disse à *Glamour,* em julho de 2011. O esforço de Adele para atravessar toda a bobagem de celebridade parece ser genuíno. Quando perguntaram qual havia sido o seu ponto alto em 2008,

Adele respondeu que, sem dúvida, foi o *19* chegar ao primeiro lugar no Reino Unido. "Meus melhores momentos são sempre no Reino Unido, porque minha avó consegue acompanhar."

Embora seja pouco provável aparecer uma matéria de oito páginas sobre a Adele na *OK Magazine*, mesmo para a sua avó, a cantora é valiosa tanto para a mídia impressa quanto para a TV, pois geralmente é muito engraçada. Mas ela continua determinada a não se expor em excesso, em especial agora, quando praticamente um em cada dez lares do Reino Unido tem uma cópia do *21*. "O controle de qualidade é vital. Se eu fizesse tudo, meu talento e minha música ficariam diluídos... Eu me repetiria... se eu fizesse todo programa de televisão e capa de revista que tive a oportunidade de fazer. Também só faço o que gosto: programas aos quais assisto e revistas que leio. Não faço nada apenas para vender mais CDs."

Da mesma forma, Adele está determinada a não ser a representante de nada. No *site* dela, é possível comprar uma seleção limitada de mercadorias: camisetas com corações, panos de prato do *21*, macacões para bebês com a frase "estou cansado". Mas não há um perfume da Adele (confessem, Beyoncé e Katy Perry) e, definitivamente, nenhuma propaganda de bebidas sem álcool, *à la* Duffy e Diet Coke. ("Eu acho muito desnecessário", disse Adele sobre a campanha de Duffy, "e fez com que eu a visse com outros olhos".) "Não quero me ver estampada por toda parte tão cedo na minha carreira... tenho apenas 23 anos. Posso mudar de ideia com o tempo, mas, agora, não quero meu nome perto de outra marca. Se me oferecessem 10 milhões, eu diria 'saiam daqui!'. Além disso, se eu fosse representar alguma coisa, seria a Coca-Cola com todas as calorias!"

"Há tantas pessoas que acreditam na própria fama e tratam as outras como lixo e, se algum dia eu ficar assim, com certeza pararia de fazer o que estivesse fazendo por um tempo e iria me encontrar de novo. Acho grotesco quando as pessoas mudam por causa disso, mas talvez seja por que elas não sejam tão boas em manter contato com as pessoas que as amam por algum motivo." Quando lhe perguntaram, aos sábios 22 anos de idade, se ela tinha algum conselho para os futuros ganhadores do Critics' Choice Award nos Brits, Adele alertou sobre a enganação da mídia. "Não acreditem no alvoroço. Não leiam nenhum material. Apenas continuem pelo motivo que os fez começar e não por causa daquilo que todos os outros dizem."

Agora que ela está prestes a se apresentar em grandes estádios, Adele ainda dá tanto valor à sua ligação com os fãs quanto daria se estivesse ainda tocando em pequenos *pubs* de Londres. "Embora eu nunca vá conhecer a maioria das pessoas que vêm ver meu show, ou que compram meus CDs, elas são parte da minha vida. Elas mudaram minha vida e permitem que eu faça meu trabalho."

Se Adele pensa na posteridade, é apenas para ter algo para se exibir para seus netos. "Às vezes, não sei o que me dá para fazer isso, porque álbuns são como fotografias, ficam para sempre. Talvez seja bom o fato de que poderei olhar meus álbuns e ver como cresci enquanto pessoa. E, quando eu for mais velha, tiver filhos e netos e eles passarem pela época angustiante da adolescência pela qual eu passei no *19*, posso falar 'escute isto! Era o que a vovó estava fazendo aos 19 anos!'."

O sucesso pode não ter mudado Adele, mas outras pessoas da sua vida não permaneceram as mesmas. "As pessoas começam a nos tratar de maneira diferente", ela admitiu. Embora ela diga que odeie estar solteira, ela tem bastante consciência dos perigos de namorar agora que é famosa e rica. "Cuido bem do meu dinheiro e sei reconhecer pessoas ruins. Já aconteceu de… algumas pessoas famosas, e pessoas que fazem coisas normais, me perguntarem se eu quero ficar com elas e eu não quero."

Ela é uma "bagunça emocional" autodeclarada no palco, porém, fora dele, Adele tem um caráter formidável e sabe muito bem o que fazer com a carreira. "Desde o início, ela tinha uma ideia muito clara de quem quer ser", afirmou Ben Beardsworth, diretor da gravadora de Adele, a XL. "É bem assustador ter esse nível de determinação, e clareza de visão, confiança e empenho." Adele sempre esteve firme no comando da sua própria carreira. "Eu dou a palavra final em tudo, vou às reuniões de estratégia mais tediosas. Quanto mais sucesso você tem, mais pessoas trabalham para você. Eu odiaria que alguém falasse para mim 'oi, eu trabalho para você' [e eu dizer] 'ah? O que você faz?'. Gosto de estar envolvida de verdade em tudo… Acho que incomodo as pessoas."

Houve momentos de perda da confiança, é claro, em especial quando Adele cancelou a turnê pelos Estados Unidos no verão de 2008 por causa do que ela chamou de sua "crise da pouca idade". Por um tempo, havia a possibilidade clara de que ela poderia sair do caminho certo, estava bebendo muito e afastando-se de todos para ficar com o homem da sua vida. Entretanto, depois do fim do relacionamento e de um pouco de reflexão sóbria, ela voltou aos trilhos. Apesar dos fãs decepcionados e da impetuosidade da sua decisão, é difícil não sentir compaixão por alguém que foi jogada nas pressões de turnês e shows tão de repente e tão jovem.

"Quanto mais sucesso eu tenho, mais inseguranças eu sinto, é estranho... Simplesmente em relação a quem eu sou. Como me sinto em relação às situações. Não sei se é porque eu estou tão pasma por as pessoas gostarem do que faço, mas acho que nunca corresponderei às expectativas." Foi isso que Adele disse à revista *Q* em julho de 2011. Tudo aconteceu tão rápido que, talvez, apenas agora Adele esteja começando a perceber o que pode prejudicar se não ficar um tempo longe dos holofotes. "Estou fazendo isso desde os 19 anos e, se fizer da maneira que posso fazer, se trabalhar como louca por 10 anos, eu vou perder os meus 20 anos. Acho que é por isso que tenho ficado insegura. E se eu sair do outro lado e não souber quem sou? Não quero me esquecer de ser normal."

E Adele adora ser normal. A sua ideia de um dia perfeito é ficar bebendo cidra no Brockwell Park, no sul de Londres, com os amigos. Quando Graham Norton sugeriu, em uma entrevista para a TV em 2011, que Adele estava tão famosa que não podia tirar o dia de folga quando quisesse, ela foi rápida para corrigi-lo. "Ah, não, acabei de ter uma farra de cinco dias!" No final da turnê europeia na primavera de 2011, Adele insistiu em voltar de avião diretamente para Brighton para ir a um show – "com um amigo que é um grande boa-vida" – apesar de ter de se apresentar em Dublin na noite seguinte. Quando sua equipe protestou, ela contou à *Q* (provavelmente fazendo uma grande piada) que disse a todos que: "eu posso estar um pouco preocupada com Dublin... Mas vocês trabalham para mim, seus filhos da mãe! Preciso disso para ficar em paz".

Em dezembro de 2011, Adele deu uma entrevista em primeira mão após a cirurgia nas cordas vocais para marcar a coroação do *21* na Billboard como melhor álbum de 2011 e de Adele como melhor artista. Não haveria, ela afirmou, um álbum novo pelos dois ou três anos seguintes. "Vou criar bases, construir um lar e apenas 'ser' por um tempo. Vou desaparecer e voltar com um álbum quando estiver bom o suficiente."

Adele não pode ter ficado imune ao trauma de perder a voz em um estágio tão crucial da carreira, tratando a situação como possível outro sinal de que nada pode ser dado como garantido. E que tentar fazer tanto tão nova não é inteligente. Ela já teve de crescer rápido: sendo que 2011 foi não apenas um ano fenomenal em termos de vendas de músicas, mas também um ano de provação no campo pessoal. "Tem sido brilhante e animador e emocionante. Profissionalmente, tem sido um ano que definirá minha vida para sempre. Por causa do sucesso, é óbvio que algumas coisas foram reveladas e algumas pessoas reapareceram, pública e privadamente. Mas isso é esperado. E essas coisas me forçaram, pessoalmente, a tratar de situações das quais não trataria... até meus 30 anos."

O que quer que 2012 traga, Adele ainda está determinada a continuar chutando os sapatos de salto da fama para poder ficar em pé, como ela costuma fazer no final dos shows, com os pés protegidos por meias firmes no chão. "Quando se trata de continuar sendo eu mesma... minha carreira não é minha vida, ela não vai para casa comigo. Então, é moleza manter os pés no chão e não mudar por causa disso. As mesmas coisas de que sempre gostei ainda me satisfazem. Minha equipe é a mesma e meu grupo de amigos é o mesmo... Vou para casa e minha melhor amiga ri de mim, em vez de ir a festas decoradas com celebridades para encontrar pessoas que sabem quem eu sou, mas eu não conheço. Sou um zero à esquerda quando se trata dessas babaquices."

A já enorme popularidade de Adele só aumenta com esse jeito muito comum frente ao seu *status* de estrela. Apesar de declarar que manter os pés no chão é "moleza", o equilíbrio entre sua carreira bem-sucedida e seu desejo de manter-se na realidade com certeza continuará sendo delicado. "Sou incrivelmente reservada, mas também sou incrivelmente sincera e acho que isso cria um tipo de terreno de 'meio-termo' respeitável", ela disse recentemente.

É de se imaginar que andar nesse terreno intermediário nunca será fácil. Mas se alguém consegue andar na corda bamba, esse alguém é Adele.

Epílogo

Quando Todos se Importavam

Faça o trabalho e componha músicas como fazia antes de todos se importarem.

Adele, 2011

Uma voz encantadora.

Uma voz de parar o trânsito. Uma voz que poderia mover montanhas. Uma voz com um canto intensamente pungente, transpirando alma. Uma voz que provoca arrepios. Uma voz extraordinária. Uma voz envelhecida. Uma voz que exala tristeza. Uma voz melodiosamente ferida e ressoando como tom esfumaçado de cigarros Golden Virginia.

Algo de uma beleza dolorosa, habilidosa em floreios que provoca um calafrio na sua espinha, mas capas de arrancar tinta das paredes. Uma voz parecida com uma capa de veludo. Uma voz que arrepia os cabelos com sua honestidade melodiosa.

Uma voz tão vasta, pura e poderosamente emotiva que poderia inverter as marés.

Tudo isso foi escrito por aqueles que brigaram com seus vocabulários para encontrar palavras capazes de descrever a voz estupenda que pertence a Adele Laurie Blue Adkins.

No fim de 2011, ela estava em silêncio havia quase três meses. Porém, ainda tinha muito barulho em torno de Adele. Nas últimas semanas de novembro, a XL lançou um DVD com o show de Adele no Royal Albert Hall em 22 de setembro. É verdade que podemos ouvi-la lutando contra a própria voz para chegar aonde ela queria chegar e seu costumeiro poder de mover montanhas muitas vezes não está presente. Contudo, é uma apresentação eletrizante, e até corajosa, dado o que sabemos sobre o frágil estado de suas cordas vocais.

Embora ela não tenha conseguido participar da cerimônia que também aconteceu em novembro, Adele faturou três prêmios no American Music Awards em Los Angeles; empatando com Taylor Swift no maior número de vitórias da noite. E, em 1º de dezembro, a chegada das notáveis, mas não inteiramente inesperadas, seis indicações ao Grammy: álbum do ano e melhor álbum vocal de *pop* pelo *21*; música do ano, gravação do ano e melhor vídeo musical curto por "Rolling In The Deep"; e melhor performance *pop* solo por "Someone Like You". Apenas uma mulher já ganhou seis Grammys em um ano e o nome dela é Beyoncé. Uma mulher por quem Adele, aparentemente, tem uma admiração encantadora.

Em 2012, Adele voltará. Os fãs esperam, e confiam, que sua voz estará tão magnífica quanto sempre. E, se ela sente pressão para ter um bom desempenho no futuro, até agora não demonstrou. "Não me importo muito com expectativas... Não estou esperando que meu próximo álbum seja tão bem-sucedido quanto este." Talvez, à luz do que ela aprendeu com seus colaboradores no *21*, sua opinião criativa será, segundo ela, soberana. "Quero que seja bastante acústico e baseado no piano. Quero compô-lo, gravar tudo, produzir tudo e virar mestre nisso sozinha."

Por que ela acha que este é o seu momento? Foi a pergunta que lhe fizeram durante uma entrevista para a edição marcante de número 300 da *Q*, em cuja capa ela aparecia, fotografada por Rankin em um vestido roxo.

"Talvez as pessoas saibam que eu simplesmente gosto de música... Acho que faço as pessoas se lembrarem delas mesmas", ela respondeu.

Também acho que ela faça isso. Além, é claro, daquela voz encantadora.

Observações Sobre as Fontes

Observações sobre as fontes

Todas as entrevistas foram feitas com Adele, a menos que seja dito o contrário. Citações sem fonte de Adele foram retiradas de entrevistas em seu site, <www.adele.tv>, ou do DVD *Live At The Royal Albert Hall*.

Prólogo

"Eu estou desesperado para que a premiação seja mais séria", David Joseph, *The Guardian*, 8 de novembro de 2010.
"noite que mais mudou minha vida", entrevista de Chris Moyles, BBC Radio 1, 5 de julho de 2011.

Um: Sonhos

"pseudoartista", *Daily Telegraph*, 27 de abril de 2008.
"Ela engravidou", *The Observer*, 27 de março de 2011.
"um galês enorme", *The Observer*, 27 de janeiro de 2008.
"Eu tinha uns 30 primos…", *Daily Telegraph*, 27 de abril de 2008.
"É constrangedor; minha mãe…", *The Sun*, 18 de janeiro de 2008.
"Embora algumas pessoas não as achem legais…", *Now magazine*, 2 de março de 2011.
"Foi por causa delas que eu quis me tornar artista…", YouTube, <http://www.youtube.com/watch?NR=1&v=iaDA5uvtwN8>.
"As pessoas pareciam muito pretensiosas…", *The Times*, 28 de dezembro de 2007.
"Eles falavam, minha nossa, você é uma cantora." *Q*, maio de 2008.

"Nunca tinha escutado...", <www.spinner.com/2010/12/23/adele-definingmoments/>.
"Embora Pink não pare por absolutamente nada...", crítica, *NME*, <http://www.nme.com/reviews/artistKeyname/6854>.
"Eu estava tentando ser descolada...", *The Sun*, 18 de janeiro de 2008.
"No início... adorei a aparência dela...", *Blues & Soul*, <http://www.bluesandsoul.com/feature/302/the_futures_looking_rosie_for_adele>.
"tomou conta da minha mente e do meu corpo", *Rolling Stone*, 28 de abril de 2011.
"As músicas das paradas de sucesso eram tudo que eu conhecia...", *Daily Telegraph*, 27 de abril de 2008.
"cantora incrível tipo Faith Evans", *Blues & Soul*, julho de 2008.
"eles não me incentivavam de verdade...", *The Times*, 28 de dezembro de 2007.
"Eu queria estudar na Sylvia Young....", *Q*, maio de 2008.
"um lugar cheio de crianças...", *The Guardian*, 27 de janeiro de 2008.
"Essa Leona Lewis...", *The Sun*, 18 de janeiro de 2008.
"Alguns dos alunos são horríveis, muito ruins", *The Times*, 28 de dezembro de 2007.
"Ninguém na BRIT School me ensinou a cantar", *Q*, maio de 2008.
"Eu chegava à escola com quatro horas de atraso..." *Rolling Stone*, 28 de abril de 2011.
"fazendo piruetas na bosta do corredor", *Vogue*, outubro de 2011.
"A maioria dos artistas não entende nada disso...", *The Times*, 28 de dezembro de 2007.
"Eu a ouvi tocar um saxofone muito agudo", Shingai Shoniwa, *Daily Mail*, 22 de agosto de 2011.
"Morávamos uma ao lado da outra...", *ibid*.

Dois: Saem Pássaros Azuis

"Eu queria ajudar outras pessoas a venderem CDs", *Rolling Stone*, 22 de janeiro de 2009.
"algum pervertido da internet", *Vogue*, outubro de 2011.
"Foi quando nós sentimos uma puta alegria", *The Observer*, 27 de março de 2011.

"com a barriga dolorida no dia seguinte", *ibid.*
"Eu ouvi e joguei algumas ideias...", Jonathan Dickins, *Vogue*, outubro de 2011
"Nós nos conhecemos em um mundo sem nada de *glamour* e extravagância...", Jack Peñate, <http://news.bbc.co.uk/newsbeat/hi/music/newsid_8045000/8045397.stm>.
"Devo tanto ao Jack...", *The Sun*, 18 de janeiro de 2008
"Fiquei tonta com o contrato...", *Billboard*, <www.billboard.com/news/chasing-adele-1003816595.story#/news/chasingadele-1003816595.story>.
"Fui ao *pub*...", *Rolling Stone*, 22 de janeiro de 2009.
"Quando nos apaixonamos por uma pessoa..." Alison Howe, *The Guardian*, 23 de novembro de 2007 <www.guardian.co.uk/music/2007/nov/23/popandrock1>.
"Quando minha mãe foi aos bastidores...", *The Times*, 28 de dezembro de 2007.
"Eles costumam colocar os artistas no meio do cenário...", *The Guardian*, 23 de novembro de 2007.
"quando ela abre a boca...", crítica, Drowned In Sound, drownedinsound.com/directory/artists/Adele.
"As expectativas quanto a esse *single*...", Jonathan Dickins, *Music Week*, <www.musicweek.com/story.asp?storycode=1031776>.
"Não era das apresentações arrasadoras...", crítica, *The Independent*, 5 de fevereiro de 2008.
"Eu era obcecada por ele", Radio 1 Newsbeat, 12 de novembro de 2008.
"a primeira artista do nosso selo a ter uma música tocada na Radio 2", Richard Russell, *The Times*, 28 de dezembro de 2007.
"muito estranho...", *ibid.*
"É assustador o quanto ele está no comando...", *Time Out*, 22 de janeiro de 2008.
"A primeira coisa que seduz os ouvintes...", crítica, BBC, <http://news.bbc.co.uk/1/hi/entertainment/7168252.stm>.
"bandas clones...", Paul Rees, BBC, <http://news.bbc.co.uk/1/hi/entertainment/7169307.stm>.

"não acredito que fiz o sinal da paz na TV…", *The Observer*, 22 de janeiro de 2008.
"Não. Sou uma oportunista…", YouTube, <www.youtube.com/watch?v=PCIV9u0EcWk>.
"estreia maravilhosa…", crítica, *The Observer*, 20 de janeiro de 2008
"menos um lançamento…", crítica, *The Guardian*, 25 de janeiro de 2008.
"estreia decente e aceitável…", crítica, *The Independent*, 25 de janeiro de 2008.
"muito pouco no álbum…", *NME*, <www.nme.com/reviews/adele/9433>.
"uma obra tocante de verdade, pensada com maturidade…", crítica, BBC, <www.bbc.co.uk/music/reviews/6pf9>.
"Eu lia o que diziam no começo…", *Time Out*, 22 de janeiro de 2008
"Continuam me chamando…", *Metro*, <www.metro.co.uk/showbiz/85604-adele-not-bothered-by-amy-comparison>.
"Nunca fiz nenhuma alegação sobre meu sucesso", *Q*, maio de 2008
"A indústria musical me declarou…", *Time Out*, 22 de janeiro de 2008.
"A confiança de tirar o fôlego…", *The Sunday Telegraph*, 3 de fevereiro de 2008.
"Adkins recebeu o tipo de atenção…", crítica, *The Guardian*, 31 de janeiro de, 2008.
"Não vou me desgastar…", *Q*, maio de 2008.
"'Valerie'…", YouTube, <www.youtube.com/watch?v=TZFhst2AHGA&feature=fvst>.
"É tão bom estar aqui…", *NME*, 20 de fevereiro de 2008.
"Idiotas de merda…", *Q*, maio de 2008.

19: Sobre um Garoto

"É como a visão de uma criança sobre o amor", *The Independent*, 5 de fevereiro de 2008.
"voz envelhecida e o rosto à Botticelli", *NME*, 1º de fevereiro de 2008.
"Os melhores, na minha opinião, são *Debut* (estreia) de Björk", *Blues & Soul*, julho de 2008.

"Para mim, esse álbum representa muito a minha idade", *ibid.*
"Mesmo quando eu era pequena...", *Daily Telegraph*, 31 de janeiro de 2008.
"Eu odeio... Na verdade, fico ofendida com...", *Blues & Soul*, julho de 2008.
"Escrever o álbum exigiu muito de mim...", <http://blogcritics.org/music/article/interview-adele-singer-and-songwriter/page-2/#ixzz1Z9T2IW3khe>.
"Fico sentada sozinha em meu quarto...", *The Guardian*, 27 de janeiro de 2008.
"A ideia da XL...", Richard Russell, *The Guardian*, 23 de novembro de 2007.
"Eu nunca, em nenhum momento, pensei...", *Blues & Soul*, julho de 2008.
Jim Abbiss interview, *Sound on Sound*, setembro de 2006.
"A ideia é: devo desistir...", *The Sun*, 8 de janeiro de 2008.
"porque eu queria uma música para tocar no rádio...", *Blues & Soul*, julho de 2008.
"Fui ao estúdio de Eg na manhã seguinte...", *ibid.*
"algum esquisito na internet", *Daily Mail*, 10 de setembro de 2008.
"um grito estrondoso...", *NME*, 1º de fevereiro de 2008.
"começa parecendo quase uma Portishead vintage...", *The Observer*, 20 de janeiro de 2008.
"Pensei que eu seria mais conhecida por músicas mais acústicas...", *Blues & Soul*, julho de 2008.
"Sacha foi quem me ensinou...", James Blunt, <www.sachaskarbek.com>.
"Quando toquei a música...", *Blues & Soul*, julho de 2008.
"Ela disse 'tenho uma música...", Mark Ronson, *Q*, maio de 2008.
'Quando Mark Ronson joga Adele...", crítica, Digital Spy, <www.digitalspy.co.uk/music/albumreviews/a88205/adele-19.html>.
"com sua produção brilhante e panorâmica...", crítica, *NME*, 1º de fevereiro de 2008.
"temos vontade de trazer para ela um prato de biscoitos HobNobs...", crítica, *The Independent*, 5 de fevereiro de 2008.

"Ninguém contou em palavras e música...", crítica, *The Times*, 25 de janeiro de 2008.
"a ser aplaudida de pé", crítica, Digital Spy, <www.digitalspy.co.uk/music/albumreviews/a88205/adele-19.html>.
"um pastiche *Motown* típico sobre ser maltratado", crítica, *NME*, 1º de fevereiro de 2008.
"uma balada simples enfraquecida por frases de cartões de papelaria...", crítica, *Rolling Stone*, 22 de maio de 2001.
"invoca uma paixão...", crítica, *The Observer*, 20 de janeiro de 2008.
"Eu nem me lembro do motivo...", *Live At The Royal Albert Hall DVD*, 2011.
"Uma combinação daquela voz...", Jonathan Dickins, Hit Quarters, <www.hitquarters.com/index.php3?page=intrview/opar/intrview_Jonathan_Dickins_Interview.html#ixzz1af3diod0>.
"Ela fala mais ou menos de minha mãe e de mim...", *Blues & Soul*, julho de 2008.
"Eu estava muito irritada...", *Q*, maio de 2008.
"Trata-se de Londres...", *The Sun*, 18 de janeiro de 2008.
"Aquele piano, ainda assim, provoca nosso coração...", crítica, <Drowned In Sound, http://drownedinsound.com/releases/12483/reviews/2874741adele-19>.
"*riff* genial de piano...", crítica, *NME*, 1º de fevereiro de 2008.
"maneira como ela alonga as vogais...", crítica, *The Observer*, 20 de janeiro de 2008.
"*19* já parece o trabalho...", *Q*, maio de 2008.
"Ele adorou...", *The Sun*, 18 de janeiro de 2008.

Três: Correndo atrás de Calçadas

"Ontem, estávamos lá fora...", *Nylon*, julho de 2009.
"O sucesso instantâneo...", *The Independent*, 5 de fevereiro de 2008.
"Eu aprendo mais sobre os Estados Unidos o tempo todo...", Jonathan Dickins, Hit Quarters, <www.hitquarters.com/index.php3?page=intrview/opar/intrview_Jonathan_Dickins_Interview.html#ixzz1ZiTvnvbh>.
"Eu amo cantar...", *NOW*, 27 de março de 2008.

"Simplesmente não consigo parar de pensar no quanto a voz dela é incrível...", crítica, <www.musicsnobbery.com/2008/03/adele-joes-pub.html>.

"Acabei de ver uma estrela sendo construída", crítica, *Goldmine*, <www.goldminemag.com/tag/joes-pub>.

"Muito obrigada por terem vindo...", crítica, *The Independent*, 7 de maio de 2008.

"Durante a apresentação de uma hora...", crítica, *Rolling Stone*, 13 de junho de 2008.

"Quero escreveu meu segundo álbum em Nova York ...", *The Daily Mirror*, 20 de julho de 2008.

"Tudo está acontecendo tão rápido...", blogcritics, <http://blogcritics.org/music/article/interview-adele-singer-and-songwriter/page2/#ixzz1ZigYKwju>.

"'Chasing Pavements' é uma frase muito inglesa...", *Blues & Soul*, julho de 2008.

"Quatro horas depois, eu saí de lá. Minha nossa, eu corria pela Broadway, muito bêbada", *Daily Telegraph*, 10 de dezembro de 2008.

"Esse pássaro britânico muito comentado...", crítica, *Entertainment Weekly*, 6 de junho de 2008.

"seis caras fedidos...", *Daily Telegraph*, 10 de dezembro de 2008.

"Eu participei do Live Lounge da Radio 1...", *The Daily Mirror*, 20 de julho de 2008.

"Foi a coisa mais importante da minha vida toda...", Digital Spy, <www.digitalspy.co.uk/music/news/a305347/adele-writing-album-brokemy-heart.html>.

"Foi um dos melhores shows de todos os tempos...", Battery In Your Leg, <http://batteryinyourleg.com/blog/2008/11/18/adele/>.

"Eu caí em problemas por ter desperdiçado o tempo das pessoas...", *Daily Mail*, 13 de fevereiro de 2009.

"Tinha chegado ao ponto...", *Daily Mail*, 13 de fevereiro de 2009

"nós chamamos esse período...", *Nylon*, julho de 2009.

"eu estava muito infeliz em casa...", contactmusic, <www.contactmusic.com/news/adele-explains-2008-booze-lovemeltdown_1105845>.

"minha boca toda fica vermelha...", *The Observer*, 27 de janeiro de 2008.
"Tento não reclamar disso...", *Observer Music Monthly*, 15 de março de 2009.
"o álbum... chegou em junho...", *Richmond Times-Dispatch*, 23 de outubro de 2008.
"Uma pessoa do serviço secreto...", *Nylon*, julho de 2009.
"O vestido listrado...", crítica, *Entertainment Weekly*, 20 de setembro de 2008, <http://popwatch.ew.com/2008/10/20/adele-snl-sales/>.
"Há dois meses...", *Entertainment Weekly*, 20 de outubro de 2008.
"Eu pensei 'nossa...", Jonathan Dickins, Radio 4.
"A combinação de Adele de vocais sensuais...", *Richmond Times-Dispatch*, 23 de outubro de 2008.
"não fez parte da minha geração...", *Richmond Times-Dispatch*, 23 de outubro de 2008.
"Eu me apaixonei por ele assim que o conheci", *Herald Sun*, 13 de janeiro de 2011.
"Mas eu simplesmente não estava nem um pouco preparada para o meu sucesso...", *Observer Music Monthly*, 15 de março de 2009.
<www.guardian.co.uk/music/video/2009/mar/15/adele-adkins-grammy-tour>.

Quatro: E o Prêmio Vai para

"Sinto falta de Utterly Butterly...", *The Guardian*, 15 de março de 2009.
"Embora eu tenha tempo para ficar sozinha...:", contactmusic, <www.contactmusic.com/news/adele-admits-to-strugglingwith-second-album_1086551>.
"Ele era bem pão-duro...", US *Vogue*, abril de 2009.
"Seria ótimo ganhar um..." BBC, <http://news.bbc.co.uk/1/hi/entertainment/7767508.stm>.
"O que eu quis dizer é que um Grammy é como um Oscar...", *Los Angeles Times*, 9 de dezembro de 2008.
"A xícara de chá...", *The Independent*, 23 de dezembro de 2008.

"com tanta sinceridade...", review, melophobe, <http://www.melophobe.com/concert-reviews/adele-somerville-theatre-somerville-ma/>.
"Convincente ao nos fazer acreditar...", crítica, *Variety*, 1º de fevereiro de 2009.
"Estou pronta para ir para casa agora...", *Observer Music Monthly*, 15 de março de 2009.
"É uma balada para barítono...", *Sunday Times*, 9 de janeiro de 2011.
"Eu me borrei de medo...", CBC Arts Online, <www.youtube.com/watch?v=aHBdTfEkICk>.
"Eu tive de subir ao palco...", Starpulse, 13 de janeiro de 2011, <www.starpulse.com/news/index.php/2011/01/13/singer_adele_still_embarrassed_by_tamp>.
"um borrão loiro...", *The Guardian*, 15 de março de 2009.
"Todos ficaram pensando...", Radio 1, Live Lounge.
"Quando ela se apresenta...", Hamish Bowles, US *Vogue*, abril 2009.
"sair do próprio corpo...", *Daily Mail*, 20 de janeiro de 2011.
"Eu liguei para ela depois...", *Glamour.*
"Vou embora e vou vestir os meus jeans...", YouTube, <www.youtube.com/watch?v=pOP3wk9tH98>.
"de longe, meu álbum favorito...", YouTube, <www.youtube.com/watch?v=GPCvBuE-36o>.
"Ele me impressionou demais...", *Nylon*, julho de 2009.
"Talvez eu deva pedir dois *milkshakes*...", US *Vogue*, abril de 2009.
"Com os problemas financeiros...", *Nylon*, julho de 2009.
"Da última vez que estive no Brit Awards...", BBC, <news.bbc.co.uk/newsbeat/hi/music/newsid_7884000/7884130.stm>.
"O ano tem apenas três meses de idade...", DFW, <www.dfw.com/2009/03/16/107549/review-adele-is-flawless-in-dallas.html>.
"Naquelas viagens longas, longas de ônibus...", MSN, <http://music.uk.msn.com/xclusives/adele/article.aspx?cp-documentid=155829034>.
"Eu a amo muito...", CBC Arts Online, <www.youtube.com/watch?v=aHBdTfEkICk>.
"Eu acredito em cada palavra...", *ibid.*

"uma alienígena vinda do espaço", crítica, *Los Angeles Times*, 29 de junho de 2009.

Bolsas e Roupas

"Nunca olhei para a capa de uma revista...", *the gentlewoman*, Primavera/Verão de 2011.
"Acho que custou 500 libras...", US *Vogue*, abril de 2009.
"Estou preocupada, achando que ficarei bêbada...", *Daily Mail*, 10 de setembro de 2008.
"Adele é a antítese...", *The Daily Mirror*, 20 de julho de 2008.
"Eu disse 'eu tenho cinco bundas...'", *Los Angeles Times*, 21 de junho de 2009.
"Eu a conheci quando ela tinha apenas 20 anos...", Barbara Tfank, *Vogue*, outubro de 2011.
"Ela estava com um penteado bem alto e interessante...", Barbara Tfank, E-Online, 9 de fevereiro de 2009, <http://uk.eonline.com/news/marc_malkin/adeles_grammy_weekend_from_band-aids/99159#ixzz1drojihHD>.
"Ela se parece mais com Marilyn Monroe...", Barbara Tfank, *Daily Mail*, 13 de fevereiro de 2009.
"Alguma coisa de Michael Kors ...'", *Daily Mail*, 13 de fevereiro de 2009.
"Eu gosto de ficar bonita...", *ibid*.
"Pensei que eu fosse a última pessoa...", YouTube, <www.youtube.com/watch?v=MkbbTrBX3Ck>.
"Antes, eu pensava 'para que...", Hollywood Worx, 21 de junho de 2009, <http://hollywoodworx.com/archives/1176>.
"recitar os nomes de suas marcas favoritas..." *Nylon*, julho de 2009.
"usar roupas confortáveis...", Hollywood Worx, 21 de junho de 2009, <http://hollywoodworx.com/archives/1176>.
"um dos nomes mais inspiradores da moda para vestir...", Barbara Tfank, *Vogue*, outubro de 2011.
"Quando conheci Adele...", Gaelle Paul citado pelo *Los Angeles Times*, 21 de junho de 2009, <http://articles.latimes.com/2009/jun/21/image/igadele21/2>.
"Se me derem coisas de graça...", *ibid*.

"Eu pensei 'ó, dane-se'...", YouTube, <www.youtube.com/watch?v=Do5vPsALD-g&feature=relmfu>.
"a conversa amigável...", crítica, *The Observer*, 10 de julho de 2011.
"eu não toco mais violão...", crítica, New Reviews, <www.new-reviews.co.uk/?p=4851>.
"Sinto-me mulher...", *Q*, julho de 2011.
"A passarinha cantora Adele...", *Heat*, 10 de dezembro de 2010, <www.heatworld.com/Star-Style/2010/12/the-royal-variety-performance---what-theywore/?iid=6>.
"Adele não apenas arrasou no VMA...", *Rolling Stone*, <www.rollingstone.com/music/photos/the-2011-mtv-video-musicawards-best-and-worst-dressed-20110829/best-dressed-adele0563099#ixzz1frDRx0l4>.
"Adele usou o exato mesmo vestido preto tradicional...", *Examiner*, <www.examiner.com/music-industry-in-los-angeles/2011mtv-vmas-10-worst-dressed-include-justin-bieber-lady-gaga-adele-photos#ixzz1frFIFpQD>.
"minha vida é cheia de drama...", *Rolling Stone*, abril de 2011.

Cinco: Dias de Cão

"Mas, é claro, acabou...", *Nylon*, fevereiro de 2011.
"Eles sabem que não produzo nada...", entrevista nos bastidores da Smooth Radio, 12 de janeiro de 2011, <www.youtube.com/watch?v=IIDT7skbtt0>.
"Eu me mudei e tentei ser descolada...", Digital Spy, <www.digitalspy.co.uk/showbiz/news/a181237/adele-moves-back-in-withher-mother.html>.
"Tenho pilhas de livros de culinária...",YouTube, <www.youtube.com/watch?NR=1&v=WiMH445103E>.
"Ele fica com medo...", Digital Spy, <www.digitalspy.co.uk/showbiz/news/a181237/adele-moves-back-in-with-her-mother.html>.
"Ele me fez virar adulta..." *Rolling Stone*, 24 de abril de 2011.
"Ele fez isso após ouvir essa música...", crítica, CanCulture, <www.canculture.com/2011/05/19/adele-plays-first-arena-gig-at-acc/>.
"bem, isso não vai dar certo...", 89.3 The Current, Minnesota Public Radio, 21 de outubro de 2010, <http://minnesota.publicradio.org/display/web/2010/10/21/adele-live/>.

"Eu nunca fico brava...", *Calgary Sun*, 13 de março de 2011, <www.calgarysun.com/entertainment/music/2011/03/10/17569906.html>.
"Ela estava obviamente muito frágil...", Paul Epworth, *Rolling Stone*, 28 de novembro de 2011.
"tão patético quanto o primeiro...", CBC Arts Online, <www.youtube.com/watch?v=aHBdTfEkICk>.
"Todos os meus amigos...", *Rolling Stone*, 24 de abril de 2011.
"Garotos. Ainda tenho os mesmos problemas...", Digital Spy, <www.digitalspy.co.uk/music/news/a158208/adele-halfway-through-newalbum.html>. <www.youtube.com/watch?v=aHBdTfEkICk>.
"Tenho um grande armário...", *Elle*, 15 de junho de 2009. "Eu pensava 'certo...'", *Variety*, 5 de fevereiro de 2011, <www.variety.com/article/VR1118031551>.
"Fiz um grande esforço...", MSN, 12 de janeiro de 2011, <http://music.uk.msn.com/xclusives/adele/article.aspx?cp-documentid=155829693>.
"Quando eu estava fazendo o *19*...", *Variety*, 5 de fevereiro de 2011, <www.variety.com/article/VR1118031551>.
"Desta vez, ninguém fez nada errado...", *Daily Mail*, 20 de janeiro de 2011.

Seis: Tristeza na Califórina

"Tem sido uma experiência emocionante...", Paul Epworth, BBC6 Music, 15 de fevereiro de 2010.
"mais infames produtores de música moderna", <www.discogs.com.> <www.discogs.com/artist/Rick+Rubin>.
"urso de tamanho médio com uma barba longa e cinza", *The New York Times*, 2 de setembro de 2007.
"vamos fazer um álbum juntos?...", <www.clashmusic.com>, 17 de janeiro de 2011, <www.clashmusic.com/news/adele-on-rick-rubin-teamup>.
"Eu tinha vontade de dizer...", jam.canoe.ca, <http://jam.canoe.ca/Music/Artists/A/adele/2011/03/10/17569861.html>.
"Acho que foi um desafio para nós dois...", <www.spin.com>, 28 de maio de 2010, <www.spin.com/articles/exclusive-adele-studio>.

"Sou muito pálida para o sol...", *Calgary Sun*, 13 de março de 2011, <www.calgarysun.com/entertainment/music/2011/03/10/17569906.html>.
"Foi uma experiência muito surreal...", *The Sun*, 15 de outubro de 2011.
"Quando ele está falando...", <www.spin.com, 28 de maio de 2010>.
"Ele é simplesmente tão sábio...", <www.clashmusic.com>, 17 de janeiro de 2011, <www.clashmusic.com/feature/hometown-hero-adele-interview>.
"Tudo o que faço...", Rick Rubin, *The New York Times*, 2 de setembro de 2007.
"A voz dela é um condutor direto...", Zane Lowe, *The Guardian*, 23 de novembro de 2007.
"Podemos sentir a força de vida dela...", Rick Rubin, *Billboard*, 28 de janeiro de 2011, <www.billboard.com/#/features/adele-the-billboard-coverstory-1005015182.story?page=2>.
"O que importa é a canção...", <www.spin.com>, 28 de maio de 2010, <www.spin.com/articles/exclusive-adele-studio>.
"Não consultávamos o que estava bem nas paradas de sucesso...", MSN Music, 12 de janeiro de 2011, <http://music.uk.msn.com/xclusives/adele/article.aspx?cpdocumentid=155829693>.
"No entanto, quando a tocamos...", *Variety*, 5 de fevereiro de 2011, <www.variety.com/article/VR1118031551>.
"É bem crua...", *ibid*.
"Então eu coloquei para que ela ouvisse...", *ibid*.
"Não queria viajar muito...", <www.clashmusic.com>, 17 de janeiro de 2011, <www.clashmusic.com/feature/hometown-hero-adeleinterview>.
"Eu pensava, assim, 'quem diabos ele acha que é?'...", *The Hollywood Reporter*, 18 de agosto de 2011, <www.hollywoodreporter.com/review/adele-at-palladium-concert-review-225095>.
"o *19...* foi tão avassalador para mim...", Ryan Tedder, BBC Radio 1 Newsbeat, 14 de dezembro de 2009, <www.bbc.co.uk/newsbeat/10003361>.
"... passar pela máquina de Ryan Tedder...", *ibid*.

"... simplesmente deram certo ...", Jonathan Dickins, *Music Week*, 28 de maio de 2011, <www.musicweek.com/story.asp?sectioncode=2&storycode=1045395>.

"Louie, o cachorrinho muito amoroso dela...", Fraser T Smith, *BBC Radio 1 Newsbeat*, 10 de junho de 2011, <www.bbc.co.uk/newsbeat/13717976>.

"Adele é, de verdade, a pessoa mais talentosa...", Greg Wells, www.americansongwriter.com, 21 de novembro de 2011, <www.americansongwriter.com/2011/11/adele-one-and-only/>.

"Ela é uma artista muito visionária...", Dan Wilson, <www.spinner.com>, 24 de março de 2011, <www.spinner.com/2011/03/24/danwilsonadele/>.

"Ele disse algo muito verdadeiro sobre ela...", Dan Wilson, *Cities97*, 23 de agosto de 2011.

"Escutei o *21* muitas vezes...", *ibid*.

"Eu estava exausta de ser tão má...", MTV, 18 de fevereiro de 2011, <www.mtv.com/news/articles/1658345/adele-21.jhtml>.

"Não continuei as aulas...", *Metro*, 23 de fevereiro de 2011, <www.metro.co.uk/showbiz/856432-adele-bitter-break-up-drove-me-to-drink#ixzz1f1MDBXlW>.

"Bem, eu ainda cantaria no chuveiro...", <www.out.com>, <www2.out.com/features/2011/05/Adele-Lady-Sings-TheBlues/?slideshow_title=Adele-Lady-Sings-The-Blues&theID=1#Top>.

21: Sobre uma Mulher

"Eu fiquei muito brava…", entrevista para www.people.com citada no *Metro*, 23 de fevereiro de 2011, <http://www.metro.co.uk/showbiz/856432adele-bitter-break-up-drove-me-to-drink#ixzz1eMZjKNqv>.

"Meu primeiro álbum é cerca de 80% eu e meu…", Smooth Radio, 12 de janeiro de 2011, <www.youtube.com/watch?v=IIDT7skbtt0>.

"Sou bem desapegada com meu material…", *Rolling Stone*, 17 de fevereiro de 2011, <www.rollingstone.com/culture/blogs/rollingstone-video-blog/adele-on-21-the-songs-on-here-are-the-mostarticulate-ive-ever-written-20110217#ixzz1gGCZEEAt>.

"As pessoas sempre acham que eu sou séria…", MSN Music, 12 de janeiro de 2011, <http://music.uk.msn.com/xclusives/adele/article.aspx?cpdocumentid=155829034>.

"Sinto-me muito mais corajosa…", Smooth Radio, 12 de janeiro de 2011, <www.youtube.com/watch?v=IIDT7skbtt0>.

"estou mais interessada em ter uma obra…", BBC6 Music, 7 de outubro de 2009, <www.bbc.co.uk/6music/news/20091007_adele.shtml>.

"Não fiz um álbum *country*…", BBC Radio 1 Live Lounge, 27 de janeiro de 2011, <www.bbc.co.uk/programmes/p00dkmnv>.

"Gravações contemporâneas podem levar três minutos…", *Daily Telegraph*, 19 de janeiro de 2011.

"Ela com certeza foi exposta a coisas…", Paul Epworth, *Billboard*, 28 de janeiro de 2011, <www.billboard.com/#/features/adele-the-billboard-cover-story-1005015182.story?page=1>.

"Fiquei muito envolvida com o quanto ela era corajosa e mal-educada…", 89.3 The Current, Minnesota Public Radio, 21 de outubro de 2010, <http://minnesota.publicradio.org/display/web/2010/10/21/adele-live/>.

"A experiência de compor este álbum foi muito cansativa…", *Daily Telegraph*, 19 de janeiro de 2011.

"Eu, por fim, estava em casa…", <www.clashmusic.com, 17 de janeiro de 2011>, <www.clashmusic.com/feature/hometown-hero-adeleinterview>.

"Sou maníaca por controle…", *Daily Mail*, 20 de janeiro de 2011.

"Era... um título óbvio...", idolator.com, 23 de novembro de 2010, <http://idolator.com/5694122/adele-idolator-interview-21>.
"Eu o amo...", MSN Music, 12 de janeiro de 2011, <http://music.uk.msn.com/xclusives/adele/article.aspx?cp-documentid=155829034>.
"E acho que algumas das músicas de lá...", *Rolling Stone*, 17 de fevereiro de 2011, <www.rollingstone.com/culture/blogs/rollingstone-video-blog/adele-on-21-the-songs-on-here-are-the-mostarticulate-ive-ever-written-20110217#ixzz1gGCZEEAt>.
"E segui em frente, 'sinta o bater do meu coração, Paul!'...", jam.canoe.ca,<http://jam.canoe.ca/Music/Artists/A/adele/2011/03/10/17569861.html>.
"as fizesse pensar 'nossa, parece que ela vai matá-lo...'" *the gentlewoman*, primavera e verão de 2011.
"Sou muito sarcástico, de humor muito maldoso...", MSN Music, 12 de janeiro de 2011, <http://music.uk.msn.com/xclusives/adele/article.aspx?cpdocumentid=155829034>.
"Quando vou ver um show...", 89.3 The Current, Minnesota Public Radio, October 21, 2010, <http://minnesota.publicradio.org/display/web/2010/10/21/adele-live/>.
"Ela vaiou, ela berrou...", crítica, *The Observer*, 23 de janeiro de 2011.
"... um pouco longo demais...", <www.blackbookmag.com, 31 de janeiro de 2011>, <www.blackbookmag.com/music/adele-opens-up-about-therelationship-that-inspired-her-new-album-1.37349>.
"Foi assim que me senti, sabe...", *Rolling Stone*, 17 de fevereiro de 2011, <www.rollingstone.com/culture/blogs/rolling-stone-videoblog/adele-on-21-the-songs-on-here-are-the-most-articulate-iveever-written-20110217>.
"Muitas coisas aconteceram a ela desde o primeiro álbum...", Rick Krim, *Billboard*, 28 de janeiro de 2011, <www.billboard.com/features/adelethe-billboard-cover-story-1005015182.story#/features/adele-thebillboard-cover-story-1005015182.story>.
"É sobre um garoto que conheci no verão...", CBC Arts Online, 1º de maio de 2009, <www.youtube.com/watch?v=aHBdTfEkICk>.

"*motown* com esteroides...", crítica, about.com, <http://top40.about.com/od/adele/fr/Adele-21.htm>.

"... uma música do gênero *swamp* tão perfeitamente sombria...", crítica, *NME*, 24 de janeiro de 2011.

"Por mais que eu ame o *19*...", Ryan Tedder, *Billboard*, 28 de janeiro de 2011, <www.billboard.com/features/adele-the-billboard-coverstory-1005015182.story#/features/adele-the-billboard-coverstory-1005015182.story>.

"... não deve ser levada a sério...", idolator.com, 23 de novembro de 2010, <http://idolator.com/5694122/adele-idolator-interview-21>.

"'Turning Tables' coloca Adele em uma classe própria...", crítica, <www.thecouchsessions.com>, 18 de fevereiro de 2011, <www.thecouchsessions.com/2011/02/album-review-adele-21/>.

"Essa é uma balada que vai tentar seu melhor...", crítica, <www.contactmusic.com>, <www.contactmusic.com/album-review/adele-21>.

"Quando eu estava no estúdio em Malibu...", <www.cmt.com>, 4 de fevereiro de 2011, <www.cmt.com/news/country-music/1657301/adeleinspired-by-lady-antebellums-need-you-now.jhtml>.

"Com seus versos adocicados...", <www.mtv.co.uk, 21 de janeiro de 2011>, <www.mtv.co.uk/news/adele/254508-adele-21-track-by-trackreview>.

"... elementos de Phil Spector nos seus dias de sucesso...", crítica, noripcord.com, 25 de janeiro de 2011, <www.noripcord.com/reviews/music/adele/21>.

"... o único verdadeiro tiro n'água do álbum...", crítica, musicom.com, <www.musicomh.com/albums/adele-2_0111.htm>.

"... uma catarse poderosa e de olho no futuro...", crítica, about.com, <http://top40.about.com/od/adele/fr/Adele-21.htm>.

"pegada à Aretha Franklin...", crítica, <www.soulculture.co.uk>, 26 de janeiro de 2011, <www.soulculture.co.uk/reviews/adele-21-albumreview/>.

"*gospel* de bar à Rolling Stones", MSN Music, 12 de janeiro de 2011, <http://music.uk.msn.com/xclusives/adele/article.aspx?cp>.

"... tentá-lo a ligar para seu último amor...", crítica, <www.thecouchsessions.com>, 18 de fevereiro de 2011, <www.thecouchsessions.com/2011/02/album-review-adele-21/>.

"'One And Only' pode ser a música do seu casamento...", crítica, <www.thecouchsessions.com>, 18 de fevereiro de 2011, <www.thecouchsessions.com/2011/02/album-review-adele-21/>.
"foi muito estranho porque...", <www.popservations.com, 27 de fevereiro de 2011>, <www.popservations.com/cover-story/adele-coversthe-cure/>.
"Ela me deserdaria se não gostasse...", *Variety*, 5 de fevereiro de 2011, <www.variety.com/article/VR1118031551>.
"Eu acho muito importante...", *Rolling Stone*, 17 de fevereiro de 2011, <www.rollingstone.com/culture/blogs/rolling-stone-video-blog/adele-on21-the-songs-on-here-are-the-most-articulate-ive-ever-written20110217#ixzz1ftOfybnB>.
"Nosso relacionamento era tão intenso que eu pensei que iríamos nos casar...", *Q*, julho de 2011.
"Não tentamos abri-la...", Dan Wilson, *Billboard*, 28 de janeiro de 2011, <www.billboard.com/features/adele-the-billboardcover-story-1005015182.story#/features/adele-the-billboard-covers-tory-1005015182.story?page=2>.
"É um lugar com teto alto...", Dan Wilson, <www.startribune.com>, 8 de setembro de 2011, <www.startribune.com/entertainment/blogs/129508563.html>.
"No final do segundo dia...", Dan Wilson, *Cities97*, 23 de agosto de 2011.
"Quando ela canta...", *ibid*.
"Depois de escrevê-la, senti-me mais em paz...", *Q*, julho de 2011.
"Pode ser clichê...", crítica, MTV, 21 de janeiro de 2011, <www.mtv.co.uk/news/adele/254508-adele-21-track-by-track-review>.
"É a minha música favorita entre as que eu já escrevi...", <www.blackbookmag.com>, 31 de janeiro de 2011, <www.blackbookmag.com/music/adele-opens-up-about-the-relationship-that-inspired-her-newalbum-1.37349>.
"Acho que nunca escreverei uma canção melhor do que essa...", *Cosmopolitan*, dezembro de 2011.

"Quando ela canta, há um véu finíssimo...", Dan Wilson, *Cities97*, 23 de agosto de 2011.

Sete: Dor Gostosa

"Eu só queria fazer boas músicas...", <www.spin.com>, 28 de maio de 2010, <www.spin.com/articles/exclusive-adele-studio>.

"para tocar algumas músicas e dizer 'olá, voltei'", Scott Greer, *Billboard*, 28 de janeiro de 2011, <www.billboard.com/features/adele-the-billboardcover-story-1005015182.story#/features/adele-the-billboard-coverstory-1005015182.story?page=3>.

"Eu ia dar o nome de 'Rolling In The Deep'...", 89.3 The Current, Minnesota Public Radio, 21 de outubro de 2010, <http://minnesota.publicradio.org/display/web/2010/10/21/adele-live/>.

"Queremos ter certeza de que todos os lugares estão arrumados com perfeição...", entrevista de Ben Beardsworth, *Music Week*, 15 de novembro de 2010, <http://www.musicweek.com/story.asp?sectioncode=1&storycode=1043294>.

"... Por sorte, a filmagem estava de longe...", Smooth Radio, 12 de janeiro de 2011, <www.youtube.com/watch?v=IIDT7skbtt0&feature=autoplay&list=PL6FCA6E096B41DBFC&lf=rellist&playnext=1)>.

"... pensamento nada revolucionário...", crítica, <www.holymoly.com>, 25 de janeiro de 2011, <www.holymoly.com>/reviews/music/live-review-adele-album-launch-tabernacle-london-2401201152545>.

"Era uma mistura de Whitney Houston com Obama...", <www.dailyrecord.co.uk>, 28 de janeiro de 2011, <www.dailyrecord.co.uk/showbiz/music-news/2011/01/28/chart-topper-adele-paris-policeescort-made-me-feel-like-whitney-houston-meets-barackobama-86908-22881499/>.

"Durante o dia inteiro eu pensei 'vai ser um desastre'...", *The Observer*, 27 de março de 2011.

"Eu achei que foi uma merda, na verdade...", *Q*, julho de 2011.

"Às vezes, a sorte simplesmente sorri para você...", Jonathan Dickins, *The Observer*, 27 de março de 2011.

"Ele não tem o direito...", *Rolling Stone*, 24 de abril de 2011.

"Ele deu ao jornal fotos pessoais de infância...", *Q*, julho de 2011.
"Eu tenho ódio de estar nelas...", *ibid.*
"Havia um bilhete dizendo...", <www.out.com>, <www2.out.com/features/2011/05/Adele-Lady-Sings-The-Blues/?slideshow_title=Adele-Lady-Sings-The-Blues&theID=2#Top>.
"Recebo muitas cartas de pessoas...", *ibid.*
"Eu estava em casa, sou tão patriota...", *Q*, julho de 2011.
"Tenho medo de plateias...", *Rolling Stone*, 28 de abril de 2011.

Oito: Pouca Voz

"Não estou fumando, não estou bebendo álcool...", people.com, 5 de abril de 2011, <www.people.com/people/videos/0,,20479173,00.html>.
"preferia que minha voz ficasse meio estragada...", <www.thisislondon.co.uk, 10 de junho de 2011>, <www.thisislondon.co.uk/showbiz/article-23958890adele-prefers-smoking-to-sound.do>.
"Tive de ficar em silêncio por nove dias...", *The Observer*, 27 de março de 2011.
"desde o momento que Adele pisou no palco...", crítica, <www.about.com>, 28 de maio de 2011, <http://top40.about.com/od/concerts/fr/adeleconcert-review-denver-colorado-may-2011.htm>.
"Ir a um show de Adele...", review, <www.sgn.org>, 12 de agosto de 2011, <www.sgn.org/sgnnews39_33/page22.cfm>.
"Todas as notas eram claras e poderosas...", crítica, *Newcastle Journal*, 17 de setembro de 2011, <www.journallive.co.uk/culture-newcastle/music-in-newcastle/2011/09/17/review-adele-at-o2-academynewcastle-61634-29436885/>.

O "grande" Problema

"Não faço música para os olhos...", *Rolling Stone*, 28 de abril de 2011, <www.rollingstone.com/music/news/adele-opens-up-about-herinspirations-looks-and-stage-fright-in-new-rolling-stone-coverstory-20110413>.
"Quem não tem a foto tratada?...", *Los Angeles Times*, 21 de junho de 2009, <http://articles.latimes.com/2009/jun/21/image/ig-adele21/2>.

"Quem não passa por tratamento de foto?", *Los Angeles Times*, 21 de junho de 2009, <http://articles.latimes.com/2009/jun/21/image/ig-adele21/2>.
"Tenho o mesmo peso que tinha aos 15 anos…", *ibid.*
"As Spice Girls, quando eu tinha nove anos…", *Q*, julho de 2011.
"Detesto a ideia…", *the gentlewoman*, primavera e verão de 2011.
"Nunca caí nesse feitiço…", *Q*, julho de 2011.
"Eu não incentivaria ninguém a ser doente de tão gordo…", *ibid.*
"Eu não tenho uma mensagem…", *Vogue*, outubro de 2011.
"confirmado: Gaga não usará seu vestido de carne…", como informado pelo *Daily Mail*, 14 de novembro de 2011.

Nove: O Segredo do seu Sucesso

"Se meu álbum puder fazer alguém dizer…", <www.salon.com>, 25 de fevereiro de 2011, <www.salon.com/2011/02/25/adele_heartbreak_heroine_gay_icon/>.
"Quero fazer álbuns para sempre…", *The Guardian*, 11 de dezembro de 2008.
"triunfo do antimarketing…", *The Word*, outubro de 2011.
"sabíamos que as pessoas precisavam conhecê-la…", Steve Barnett, *Billboard*, 28 de janeiro de 2011, <www.billboard.com/#/features/adele-thebillboard-cover-story-1005015182.story?page=2>.
"… é apenas música, apenas música de excelente qualidade…", Richard Russell, *The Guardian*, 29 de maio de 2011.
"Eu não a conheci…", *the gentlewoman*, primavera e verão de 2011
"Todas elas tiveram de aguentar muita merda…", *ibid.*
"*Gay* ou heterossexual, de 21 ou 65 anos…", <www. salon.com>, 25 de fevereiro de 2011, <www.salon.com/2011/02/25/adele_heartbreak_heroine_gay_icon/>.
"Quero que as pessoas se sintam em casa quando me virem…", *the gentlewoman*, primavera e verão de 2011.
"O segredo para os grandes cantores…", Jonathan Dickins, *Billboard*, 28 de janeiro de 2011, <www.billboard.com/#/features/adele-the-billboard-coverstory-1005015182.story?page=2>.

"é muito mais fácil tentar se esconder atrás de uma fachada...", Paul Epworth, *NME*, 13 de maio de 2011, <www.nme.com/nme-video/paul-epworthat-the-great-escape-2011/942847065001>.
"A Nova Chatice...", *The Guardian*, 8 de outubro de 2011.

Garota da Realidade

"A ideia toda de ser uma celebridade...", *The Observer*, 15 de março de 2009.
"Sempre acho que posso fazer melhor...", 89.3 The Current, Minnesota Public Radio, 21 de outubro de 2010, <http://minnesota.publicradio.org/display/web/2010/10/21/adele-live/>.
"Era um apartamento bonito e pequeno no oeste de Londres...", Jo Whiley, *Vogue*, outubro de 2011.
"A questão é: quanto maior é o desespero...", *Vogue*, outubro de 2011.
"Eu não me acalmo de verdade...", *Observer Music Monthly*, 15 de março de 2011, <www.guardian.co.uk/music/video/2009/mar/15/adeleadkins-grammy-tour>.
"Não consigo parar de falar...", *The Observer*, 27 de março de 2011.
"Quando ouço artistas dizerem...", *ibid*.
"Não farei festivais...", *Q*, julho de 2011.
"Diga o número 18 mil para ela...", Jonathan Dickins, *Vogue*, outubro de 2011.
"Estou na pior profissão...", *the gentlewoman*, primavera e verão de 2011.
"Veja Meryl Streep...", *Vogue*, outubro de 2011.
"fiquei de joelhos e chorei...", BBC Radio 1 Live Lounge, 27 de janeiro de 2011, <www.bbc.co.uk/programmes/p00dkmnv>.
"como um sonho mesmo...", *Q*, fevereiro de 2011.
"eu realmente ouvi o xixi sair dela...", *The Graham Norton Show*, abril de 2011.
"Meus melhores momentos são sempre no Reino Unido...", ITN Showbiz, 31 de dezembro de 2008 <www.youtube.com/watch?v=C08dSExKElk>.

"O controle de qualidade é vital...", *Billboard*, 9 de dezembro de 2011, <www.billboard.com/column/the-juice/features/news/adele-artistof-the-year-q-a-my-career-isn-1005641752.story#/column/the-juice/features/news/adele-artist-of-the-year-q-a-my-careerisn-1005641752.story>.

"Eu acho muito desnecessário...", *Q*, julho de 2011.

"Não quero me ver estampada por toda parte...", *Vogue*, outubro de 2011.

"Há tantas pessoas que acreditam na própria fama...", <www.out.com>, <www2.out.com/features/2011/05/Adele-LadySings-The-Blues/?slideshow_title=Adele-Lady-Sings-TheBlues&theID=5#Top

"Não acreditem no alvoroço...">, <www.clashmusic.com>, 17 de janeiro de 2011, <www.clashmusic.com/feature/hometown-hero-adeleinterview>.

"Às vezes, não sei o que me dá para fazer isso...", *Calgary Sun*, 13 de março de 2011, <www.calgarysun.com/entertainment/music/2011/03/10/17569906.html>.

"As pessoas começam a nos tratar de maneira diferente...", *Q*, julho de 2011.

"Cuido bem do meu dinheiro...", *ibid*.

"Eu dou a palavra final em tudo...", BBC Radio 4, 3 de abril de 2011, <www.bbc.co.uk/programmes/b00zzmsh>.

"Quanto mais sucesso eu tenho...", *Q*, julho de 2011.

"Estou fazendo isso desde os 19 anos...", *ibid*.

"Vou criar bases...", *Billboard*, 9 de dezembro de 2011, <www.billboard.com/column/the-juice/features/news/adeleartist-of-the-year-q-a-my-career-isn-1005641752.story#/column/the-juice/features/news/adele-artist-of-the-year-q-a-my-careerisn-1005641752.story>.

"Tem sido brilhante...", *ibid*.

"Quando se trata de continuar sendo eu mesma...", *ibid*.

"Sou incrivelmente reservada...", *ibid*.

Epílogo: Quando Todos se Importavam

"Faça o trabalho e componho músicas…", <www.clashmusic.com>, 17 de janeiro de 2011, <www.clashmusic.com/feature/hometown-heroadele-interview>.

"Não estou esperando que meu próximo álbum seja tão bem-sucedido quanto este…", *NME*, 4 de julho de 2011, <www.nme.com/news/adele/57747>.

Leitura Recomendada

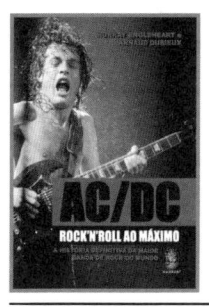

ACDC

Rock'n'Roll ao Máximo

Murray Engleheart e Arnaud Durieux

Há 150 milhões de álbuns, o AC/DC estava fazendo apresentações inesquecíveis no programa de televisão Countdown, da ABC Television – Bon Scott vestido de colegial endiabrado em uma ocasião, Angus Young com uma fantasia de gorila em outra.

Pink Floyd

Primórdios

Barry Miles

Um relato revelador do início da carreira do Pink Floyd, de suas raízes em Cambridge ao *status* de culto na Londres dos anos 1960. Um retrato detalhado de um grupo lendário em sua ascensão. Moon.

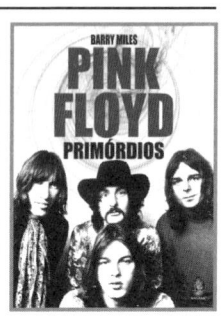

Estilo Madonna

Carol Clerk

Eis uma amostra do estilo inconfundível de uma deusa da cultura pop. Como ela consegue? A resposta pode ser encontrada entre as imagens dessa obra voltada para o estilo de Madonna Louise Ciccone, desde a infância em Michigan até a maternidade britânica.

Lady Gaga

Brandon Hurst

O autor de celebridades Brandon Hurst traça a ascensão meteórica para a fama e o conjunto musical desta enfant terrible e nova queridinha dos tabloides.
Da assinatura do acordo com a Streamline Records em 2007 ao ganho de dois Grammys até o momento, Lady Gaga abalou a cena do entretenimento mundial com seu estilo inimitável e capturou a imaginação de milhões de pessoas.

www.madras.com.br

MADRAS® Editora — CADASTRO/MALA DIRETA

Envie este cadastro preenchido e passará a receber informações dos nossos lançamentos, nas áreas que determinar.

Nome _____
RG _____ CPF _____
Endereço Residencial _____
Bairro _____ Cidade _____ Estado _____
CEP _____ Fone _____
E-mail _____
Sexo ❏ Fem. ❏ Masc.   Nascimento _____
Profissão _____ Escolaridade (Nível/Curso) _____

Você compra livros:
❏ livrarias   ❏ feiras   ❏ telefone   ❏ Sedex livro (reembolso postal mais rápido)
❏ outros: _____

Quais os tipos de literatura que você lê:
❏ Jurídicos   ❏ Pedagogia   ❏ Business   ❏ Romances/espíritas
❏ Esoterismo   ❏ Psicologia ❏ Saúde   ❏ Espíritas/doutrinas
❏ Bruxaria   ❏ Autoajuda   ❏ Maçonaria ❏ Outros:

Qual a sua opinião a respeito desta obra? _____
_____

Indique amigos que gostariam de receber MALA DIRETA:
Nome _____
Endereço Residencial _____
Bairro _____ Cidade _____ CEP _____

Nome do livro adquirido: ***Alguém como Adele***

Para receber catálogos, lista de preços e outras informações, escreva para:

MADRAS EDITORA LTDA.
Rua Paulo Gonçalves, 88 – Santana – 02403-020 – São Paulo/SP
Caixa Postal 12183 – CEP 02013-970 – SP
Tel.: (11) 2281-5555 – Fax.:(11) 2959-3090
www.madras.com.br

Este livro foi composto em Times New Roman, corpo 12/14,4.
Papel Offset 75g
Impressão e Acabamento
Neo Graf Ind Gráfica e Editora
Rua João Ranieri, 742 – Bonsucesso – Guarulhos
CEP 07177-120 – Tel/Fax: 3333 2474